하나님의 마음을 배우다

하나님의 마음을 배우다

지은이 | 김신일
초판 발행 | 2025. 10. 22
등록번호 | 제1988-000080호
등록된 곳 | 서울특별시 용산구 서빙고로65길 38
발행처 | 사단법인 두란노서원
영업부 | 2078-3333   FAX | 080-749-3705
출판부 | 2078-3331

책 값은 뒤표지에 있습니다.
ISBN 978-89-531-5183-3 03230

독자의 의견을 기다립니다.
tpress@duranno.com   http://www.duranno.com

ⓒ 이 출판물은 저작권법에 의해 보호를 받는 저작물이므로
무단 전재와 무단 복제, 무단 사용을 할 수 없습니다.

두란노서원은 바울 사도가 3차 전도여행 때 에베소에서 성령 받은 제자들을 따로 세워 하나님의 말씀으로 양육하던 장소입니다. 사도행전 19장 8-20절의 정신에 따라 첫째 목회자를 돕는 사역과 평신도를 훈련시키는 사역, 둘째 세계선교(TIM)와 문서선교(단행본·잡지) 사역, 셋째 예수문화 및 경배와 찬양 사역, 그리고 가정·상담 사역 등을 감당하고 있습니다. 1980년 12월 22일에 창립된 두란노서원은 주님 오실 때까지 이 사역들을 계속할 것입니다.

하나님의 마음을 배우다

✜

김신일

지금 읽어야 할 12소선지서 이야기

두란노

✳ 차례

추천사   6

프롤로그   14

1부   회개로 부르시는 하나님

01   "사랑" 배반 속에도 기다리시는 하나님 | 호세아   20

02   "심판" 사랑과 은혜의 또 다른 표현 | 요엘   46

03   "정의" 하나님의 시선은 세상을 향해 있다 | 아모스   70

04   "교만" 하나님이 가장 미워하시는 것 | 오바댜   94

2부 정의와 회복을 이루시는 하나님

05 "구원" 니느웨와 일꾼 모두 | 요나   120

06 "예배" 참된 예배는 참된 삶 | 미가   144

07 "위로" 하나님은 내 편이시다 | 나훔   168

08 "역설" 절망 속에서 믿음으로 살다 | 하박국   192

3부 기쁨과 새 영을 주시는 하나님

09 "기쁨" 심판 중에 피할 길 | 스바냐   222

10 "회복" 하나님 백성의 우선순위 | 학개   248

11 "성령" 여전하신 구원과 능력의 영 | 스가랴   276

12 "열망" 바른 신앙, 바른 예배로 | 말라기   302

에필로그   330

추천사

하나님의 말씀은 늘 우리를 새롭게 빚고 다시 일어서게 하는 생명의 능력입니다. 그러나 우리는 종종 12권의 소선지서를 낯설고 어렵게만 느끼며, 그 안에 담긴 하나님의 깊은 마음을 놓치곤 합니다.

김신일 목사님의《하나님의 마음을 배우다》는 감추인 보화를 빛 가운데 꺼내어 보여 주는 귀한 책입니다. 12권의 소선지서는 마치 하나님의 마음을 담은 12개의 보석과 같고, 찬란한 다이아몬드 속에 숨겨진 12가지 빛깔처럼 각기 다른 색채로 우리를 비추어 줍니다. 그 속에는 심판 가운데서도 멈추지 않는 사랑, 눈물 속에서도 끝까지 품으시는 자비, 그리고 돌아오기를 애타게 기다리시는 아버지의 마음이 담겨 있습니다.

저자는 선한 목자이자 영혼을 깊이 사랑하는 탁월한 설교자입니다. 하나님의 말씀을 단순한 해설이 아니라, 살아 있는 하나님의 심장으로 우리에게 전해 줍니다. 저자의 글을 읽다 보면, 마치 하나님이 직접 우리를 향해 속삭이시는 듯한 울림을 경험하게 됩니다. 흑암 속에 감추인 보화와 같은 소선지서를 통해, 우리는 하나님이 어떤 분인지를 더 깊이 알게 될 것입니다. 또한 그분의 성품을 닮아가고 싶은 간절한 갈망에 사로잡히게 될 것입니다.

이 책은 단순한 성경 해설서가 아니라, 독자를 하나님의 품으로 이끄는 초대장입니다. 저는 이 책을 하나님을 더 알고 싶은 모든 분에게 기쁨으로 추천합니다. 또한 하나님의 마음을 품고 살기를 원하는 모든 분에게 마음 다해 추천합니다.《하나님의 마음을 배우다》를 읽는 여정 속에서, 여러분은 하나님의 마음에 더 가까이 나아가게 될 것입니다. 하나님의 풍성한 사랑 안에서 놀라운 은혜를 체험하게 될 것입니다.

◆ 강준민 | LA 새생명비전교회 담임목사

김신일 목사님은 오랫동안 신학을 공부한 학자이지만 성경 본문의 분석과 해석에만 천착하는 학자는 아닙니다. 그는 어느 곳보다 치열한 목회 현장에서 수많은 눈물과 기도의 시간을 거쳐 말씀을 삶으로 전해 온 설교자요, 목회자입니다. 개인적으로는 김신일 목사님과의 교제를 통해 그의 겸손함과 하나님의 말씀을 향한 순수한 열정을 알고 있기에, 이 책이 단순한 설교집이 아니라 '목자의 심장'에서 흘러나온 메시지임을 확신합니다.

《하나님의 마음을 배우다》의 백미는 12개의 소선지서를 각각의 고유한 색채로 풀어내면서도 그 안에 담긴 하나님의 동일한 음성을 드러내는 데 있습니다. 호세아서의 '우리는 호세아가 아니라 고멜'이라는 도전을 통해 하나님의 신실한 사랑, 헤세드에 집중하게 합니다. 요엘서를 통해서는 '여호와의 날' 심판과 회개의 촉구, 성령 강림의 약속을 통해 오늘날 말씀 강단에서 사라져 가는 회개의 메시지가 회복되어야 함을 독려합니다. 아모스서를 통해서는 예배와 삶의 불일치 속에 드러나는 신앙생활의 허점을 드러내며, 오바댜서를 통해서는 교만한 에돔의 멸망을 통해 우리 안에 있는 교만과 자기 의를 버리도록 강권합니다.

그 외에도 요나, 미가, 나훔 선지자 등을 통해 전달되는 하나님의 음성은 우리 안에 잠들어 있는 하나님을 향한 경외심을 일깨우기에 충분합니다. 더 이상 종교성이 아니라, 하나님의 살아 있는 음성을 듣고 신앙의 본질을 추구하며 믿음으로 사는 진정한 신앙인의 표상을 따라가도록 우리를 인도합니다.

기존의 소선지서 주석이나 학문적 연구서는 신학적 깊이는 있으나 설교 현장에서 바로 사용하기에는 어려울 때가 있습니다. 하지만 《하나님의 마음을 배우다》는 학문적 정밀성을 해치지 않으면서도, 설교 현장의 언어로 풀어내어 설교자들에게 큰 도움이 되리라 생각합니다. 예화와 간증, 현대적 사례를 곁들여 성도들의 삶에 직결되도록 연결한 점은 다른 해설서와 확연히 구별된다고 하겠습니다. 또한 12권의 선지서를 한 권의 책으로 묶은 것은 소선지서를 통전적 시각으로 볼 수 있게 한다는 점에서 탁월하다고 생각합니다.

《하나님의 마음을 배우다》는 소선지서를 설교하려는 목회자들의 강단에 가장 필요하고 확실한 도구가 되리라 확신합니다. 소선지서 설교에 있어 풍성한 신학적 배경을 바탕으로 목회 현장에 적절하게 적용되는 살아 있는 설교가 되도록 도울 것입니다. 하나님의 말씀을 통해 회개와 회복, 복음의 본질을 선포하고자 하는 설교자들은 이 책을 통해 큰 유익을 얻게 되리라 생각합니다.

짧지만 결코 가볍지 않으며, 수천 년 전의 외침이지만 오늘날에도 절실하게 필요한 선지자들의 메시지를 함께 나누고자 하는 마음으로 이 책을 적극 추천합니다.

◆ 백운주 | 증가교회 담임목사, 전 서울신학대학교 이사장

김신일 목사님의 《하나님의 마음을 배우다》는 소선지서의 역사와 예언을 관통하며 심판과 자비, 정의와 사랑이 교차하는 하나님의 마음의 지형을 정교하게 그려 낸다. 저자는 예언의 엄중함과 위로를 분리하지 않고, 정의는 사랑 안에서 완성된다는 성경적 역설을 설득력 있게 드러낸다. 문장마다 저자의 따뜻하고 인격적인 영성이 은근히 스며 있다. 강단에서 전해지던 그의 특유의 인간미와 은은한 위트가 글에서도 빛을 발하여, 독자로 하여금 하나님 앞에서 경외감을 잃지 않으면서도 미소를 머금게 하는 신앙의 여정을 걷게 한다.

이 책은 하나님을 아는 지식이 단순한 교리나 감정의 고양에 머무르지 않고, 회개와 순종, 존재의 변화를 촉구하는 관계적 앎임을 일깨운다. 오늘의 교회와 신앙인의 실존을 비추는 투명한 거울이자, 강단과 일상의 신앙 속에 하나님을 향한 경외와 기쁨을 다시 불러일으키는 귀한 선물이 될 것이다.

◆ 권혁빈 | LA 씨드교회 담임목사

성경은 널리 알려진 책이지만, 쉽게 이해되는 책은 아니다. 성경은 역사적 렌즈, 문학적 렌즈, 정경적 렌즈를 통해야 비로소 그 속뜻을 엿볼 수 있다. 구약성경 가운데 예언서는 율법서, 역사서, 시가서와는 달리 특정한 역사적 상황에서, 특정한 사람들에게, 특정한 예언자를 통해서 주신 하나님의 말씀을 모은 것이다.

모든 예언서는 1차 청중 혹은 독자에게 주어진 의미가 먼저 규명되어야 한다(역사적 해석). 예언자의 육성은 문서화되면서 문학의 양식을 옷 입고 표현된다. 예언의 문학적 양식도 파악되어야 예언의 본뜻에 접근할 수 있다(문학적 해석). 예언서는 유대교와는 달리 신약성경을 포함한 정경적 맥락에서 기독교적으로 해석되어야 한다(정경적 해석).

이 책은 이러한 기독교적 해석의 연구 과정을 거쳐서, 대중 친화적인 표현으로 쉽게 선포된 설교집이다. 열두 예언서 전체를 정경적 순서에 따라서 시리즈로 설교한 내용이 한 권의 책으로 묶였다. 저자는 열두 예언서 각 권의 전체 구성과 역사적 상황을 짚어 주고, 가급적이면 각 예언서에 속한 모든 본문을 다루려고 노력하며, 자연스럽게 각 예언자의 핵심 메시지에 집중하여 오늘의 청중에게 강력한 메시지를 전하고 있다.

각 예언서의 내용 전부를 한 편의 설교에 담아내는 솜씨가 예사롭지 않다. 또한 독자는 이 책 각 장의 제목들만 보아도 각 예언자의 핵심 메시지를 정확하게 소개받을 수 있다. 예언서 전문가 못지않은 깊이 있는 전문 지식을 가지고 본문의 핵심 내용을 포착하여 설교에 쉽고 정확하게 녹여 내고 있는 점도 높이 평가된다. 본인의 처녀 목회부터 지금까지의 목회와 인생과 삶이 여기저기 예화로 잘 섞여 있어서 흥미를 더하고, 저자의 인품과 삶도 훈훈하고 정겹게 다가온다. 이 책에 담긴 열두 예언서에 관한 설교가 한 교회에서만 선포되고 묻혀 버리는 것은 엄청난 손실이다.

◆ **차준희 | 한세대학교 구약학 교수, 한국구약학연구소 소장**

책을 읽는 동안, 설교자 김신일 목사님의 인격과 신학, 영성이 한 문장 안에서 자연스럽게 포개지는 장면들을 여러 번 만났습니다. 미국에서의 학문적 훈련과 목회 현장의 체취, 그리고 김해제일교회에서 다져진 회중 친화적 언어가 균형을 이룹니다. 무엇보다 저자는 한국 교회 강단에서 상대적으로 소홀히 다루어져 온 소선지서를 정면으로 마주합니다. 역사적 맥락을 치밀하게 짚어 가면서, 진지한 신학적 통찰을 통해 우리가 피할 수 없지만 우리를 불편하게 하는 주제(책망과 심판, 그리고 그 심판 한복판에서 만나는 소망과 하나님의 사랑)를 비껴가지 않습니다.

그러나 이 책이 학문적 해설서에 머물지 않는 이유는 저자가 늘 삶의 자리로 독자를 데려오기 때문입니다. 그의 설교는 유쾌하고 담백한 입담 속에서도 성도를 인격적으로 대하는 자상함이 배어 있고, 동시에 본문 앞에서는 놀랄 만큼 진지합니다. 그래서 메시지는 높지도 낮지도 않게, 우리의 오늘과 맞물려 울립니다.

소선지서는 많은 이들에게 낯선 땅과 같지만, 이 책은 그 낯섦이야말로 하나님을 다시 만나는 통로가 될 수 있음을 보여 줍니다. 저자는 과장되지 않은 유머와 따뜻한 배려, 그리고 확고한 성서적 통찰 속에서, 우리를 그 신세계의 낯설지만 경이로운 여행지로 이끌어 주는 '믿을 만한 전문적인 가이드'입니다. 신앙과 삶의 생동성을 새롭게 찾고 싶은 모든 독자에게 이 책을 기쁨과 신뢰로 추천합니다.

◆ 오성현 | 서울신학대학교 조직신학 교수

책을 읽으면서 저자의 얼굴이 떠올랐습니다. 옆에서 이야기를 나누는 느낌도 들고, 강단에서 설교하는 모습도 그려집니다. 솔직한 글쓰기가 이런 것일까요? 말씀을 읽고, 묵상하고, 기도하고, 적용한 흔적이 고스란히 남아 있는, 오랜 기간 알고 지낸 김신일 목사님 그대로입니다. 진실한 증언의 힘이 느껴집니다. 하나님의 마음을 가득 담아 신실하게 전하기 때문이겠지요.

저자는 소선지서를 다루면서 망원경으로 보다가, 현미경을 사용하기도 합니다. 방대한 내용인데 촘촘함을 놓치지 않습니다. 명쾌하고 정밀하면서, 친절하고 따뜻합니다. 넓은 품으로 다양한 것들을 포용하고, 세밀하게 타인을 챙기는 평소 저자의 모습이 분명하게 나타납니다. 저자가 증인이 되어 들려주는 하나님의 마음에 관한 이야기가 하나님의 마음을 닮아 가고 주님의 마음으로 살아가려는 우리의 여정에 믿음직스럽고 소중한 길벗이 되어 줄 것이라 확신합니다.

◆ **안덕원** | 횃불트리니티신학대학원대학교 실천신학 교수

《하나님의 마음을 배우다》는 소선지서의 메시지를 단순한 교훈으로 머물게 하지 않는다. 호세아의 눈물, 요엘의 경고, 아모스의 정의, 오바댜의 교훈, 요나의 자비, 미가의 소망, 나훔의 심판, 하박국의 믿음, 스바냐의 남은 자, 학개의 회복, 스가랴의 비전, 말라기의 책망까지 열두 선지자의 외침은 모두 결국 하나님의 마음을 증언하는 사건으로 다시 들려온다. 저자는 목회의 현장에서 만난 사람들의

이야기를 곁들여, 이 말씀들이 더 이상 먼 과거의 기록이 아니라 오늘을 사는 우리를 향한 하나님의 초대임을 보여 준다.

이 책에서 저자는 단순한 해설자가 아니다. 그는 예언자들의 절규를 자기 시대의 강단 위에 다시 불러내는 증언자다. 심판을 말하면서도 끝내 사랑을 드러내고, 회개를 촉구하면서도 소망으로 이끌어 가는 흐름은 저자가 평생 붙들어 온 목회의 고뇌와 선교적 열정에서 비롯되었다. 그의 글에는 학문적 주석에서 발견하기 어려운 또 다른 진실, 곧 말씀 앞에서 몸으로 씨름하는 설교자의 눈물이 배어 있다.

짧지만 깊은 울림이 있다. 익숙하게 성경을 읽던 이들도 다시 멈추어 서게 되고, 잊고 지내던 하나님의 사랑을 새롭게 깨닫게 된다. 그러므로 《하나님의 마음을 배우다》는 단순한 성경 해설서가 아니라, 독자 스스로 하나님의 마음을 배우고 응답하도록 이끄는 동반자이자, 오늘의 교회와 강단을 향해 여전히 울려 퍼지는 하나님의 음성을 증언하는 책이다.

◆ 김진산 | 목사, 터치바이블선교회 대표

프롤로그

열두 소선지서에는 우리에게 친숙한 이야기들이 여럿 담겨 있습니다. 음탕한 여인 고멜과 결혼했던 호세아 이야기, 물고기 뱃속에서 살아 나온 요나 이야기, "그럼에도 불구하고"의 주인공 하박국 이야기, 그리고 십일조에 대한 가르침에 단골로 등장하는 말라기 이야기 등등이 그것들입니다. 하지만 그런 유명한 이야기들 외에 우리는 소선지서의 말씀과 그리 친밀하지 않습니다. 실제로 "열두 소선지서를 차례로 설교하겠습니다" 했더니 권사님 한 분이 오셔서 "목사님, 오바댜나 미가에 대한 설교는 처음 들어 보는 것 같아요"라고 하시더군요.

주일 강단에서 그 친숙하지 않은 소선지서들을 다루게 된 데에는 이유가 있습니다. 다시 고국으로 돌아와 사역을 시작한 지 얼마 안 되어, 갑자기 세상의 온갖 복잡함들이 확 다가왔기 때문입니다. 시대사조를 반영한 파리 올림픽 개회식의 낯 뜨거운 장면을 필두로 하여, 민족과 국가 간의 갈등, 분쟁, 그리고 전쟁, 또 대부분의 나라에서 관찰되고 있는 정치 사회적인 양극화 현상, 종교계의 왜곡과 타락, 그리고 그 뒤를 따르는 폐해 등등이 그것들이었습니다. 그뿐입니까? 지구촌 곳곳에서 일어나는 대규모의 자연재해들까지…. 그래서 오늘 우리의 삶은 무척이나 곤고합니다.

놀라운 것은, 이 모든 것이 지금으로부터 2500년에서 2800년 전 쯤, 선지자들이 활동하던 때의 그것들과 별반 다르지 않다는 사실입니다. 전혀 나아지지 않았어요. 당시 남북 이스라엘의 경제적인 상황은 꽤 좋은 편이었습니다. 하지만 그 번영이 신앙의 부흥으로 연결되지는 못했습니다.

선지자들의 고발에 따르면, 당시 이스라엘 백성은 혼합 종교의 모습을 따랐고, 사회 구조적인 악으로 신음했으며, 빈익빈 부익부 현상으로 인해 삶이 무척 버거웠습니다. 그뿐입니까? 동서남북 사방에서 깡패 같은 이웃 나라들이 힘 자랑을 하며 그들을 괴롭혔어요. 그런데 그런 암울한 상황 가운데, 남북 왕조의 한심한 왕들이 나서 우상을 숭배하며 백성들을 잘못된 길로 인도합니다. 심지어 거짓 선지자들까지 일어나 "아무리 그래도, 하나님이 우리를 지키신다. 예루살렘은 영원할 것이다"라는 거짓 메시지를 외쳤고, 자연재해들과 전쟁들이 계속하여 그들을 괴롭혔습니다. 정말 총체적인 난국이었지요. 바로 그런 시대의 한가운데, 하나님은 당신의 선지자들을 보내어 불붙는 마음을 토로하셨습니다. "오라 우리가 여호와께로 돌아가자 여호와께서 우리를 찢으셨으나 도로 낫게 하실 것이요 우리를 치셨으나 싸매어 주실 것임이라"(호 6:1). 비슷한 상황 가운데 설교자와 회중으로, 함께 질문해 보았습니다. "그날 그곳의 저들에게 선포된 하나님의 말씀이, 오늘 이곳의 우리에게 어떤 의미로 다가옵니까?" 간단한 작업이 아니었지요. 열두 소선지서를 한 주에 한 개씩의 주일 설교로 다루다 보니, 욕심만큼의 자세한 강해는 불가능했고 설교 준비 자체도 용이하지 않았습니다.

그러나 이를 설교자의 '앙가주망'(Engagement, 스스로를 그 도전에 묶는 것)으로 삼아, 매 시간 각 권에 드러나는 중요한 주제들을 꺼내어 성도들과 함께 씨름했습니다. 그리고 그 말씀의 주제들, "하나님의 사랑-호세아서, 심판-요엘서, 정의-아모스서, 교만-오바댜서, 구원-요나서, 예배-미가서, 위로-나훔서, 역설-하박국서, 기쁨-스바냐서, 회복-학개서, 성령-스가랴서, 열망-말라기서" 등등이 이 책의 각 장을 이루게 되었습니다.

책을 출판할 때마다 늘 의미와 무의미의 문제로 인해 주저하지만, 간절히 기도하는 바는 동일합니다. 그것은 이를 통해 하나님 나라의 한 모퉁이에 주님이 기뻐하시는 일이 생겨나는 것입니다. 순간, 징검다리 같은 이 작은 책자의 의미와 역할은 충분히 만족되고, 저자의 작은 수고 또한 큰 보람으로 화하게 될 것입니다. 이 작은 책자,《하나님의 마음을 배우다》를 통해 하나님의 마음을 보고 알아,

우리의 삶을 그리 조율하려는 선한 욕심이 일게만 된다면, 더 바랄 것이 없습니다. 영원히 사랑하는 나의 주님, 과분한 김해제일교회 공동체, 얼마 전 태어난 손녀 서윤을 포함한 가족들, 그리고 두란노 식구들에게 깊은 감사의 마음을 전합니다.

2025년 10월

김신일

1
---- PART ----

회개로 부르시는 하나님

1
chapter

"사랑" 배반 속에도 기다리시는 하나님
| 호세아 |

오라 우리가 여호와께로 돌아가자 여호와께서 우리를 찢으셨으나
도로 낫게 하실 것이요 | 호 6:1

설교 영상

1997년 단독 목회를 마치고 막 목사 안수를 받게 될 어간이었습니다. 전도사로 사역을 하다가 안수를 받을 때가 다가오니까 생각이 조금 복잡해지는 것을 느꼈습니다. 주님 앞에서의 인생에 무게감이 더해지면서 마지막으로 한 번 더 인간적인 계산을 하게 되었어요.

'야, 이거 건너지 못할 강인데 건너? 말아? 솔직히 여기까지는 여차하면 도망가도 되지만, 안수를 받아 버리면 도망도 못 가게 되는데 말이야.'

그러면서 진지하게 하나님의 부르심에 대해 고민하며 점검하는 시간을 가졌고, 결국 대학원 동기생 한 명과 함께 금요일 밤마다 삼각산을 오르내리기 시작했습니다. 옛 부흥사 목사님들이 하시던 말씀, "산에 올라가 소나무 뿌리를 하나 뽑아"라는 말씀이 기억났기 때문이에요.

기도하는 분들은 삼각산 꼭대기를 '능력봉'이라 부릅니다. 능력을 받아야 한다며 기를 쓰고 올라가 기도를 하는데, 특이한 분들이 많았습니다. 여하간 그분들 사이에 자리를 잡고, 커다란 바위로 이루어진 능력봉 위에서 부르짖었습니다.

"주여, 제 인생 아버지의 것입니다. 마음대로 빚으셔서 원하는 일에 사용하여 주시옵소서."

드디어 목사 안수를 받았습니다. 그러니까 지난주에는 전도사로 삼각산을 오른 것이고, 이번 주에는 목사로 오른 거예요. 그랬더니 세상이 좀 달라 보였습니다. 산세도 다르게 느껴지고, 날씨도 포근하고, 여하간 느낌이 좀 특이했어요. 더 놀라운 것은, 이전까지는 눈에 잘 들어오지도 않던 서울의 야경이 확~ 들어오면서, 특히 그 불야성 안에서 하나님을 모른 채 이리저리 마음대로 살아가고 있는 영혼들의 존재가 제 안에 자리하기 시작했다는 것입니다.

물론 철이 들려면 한참 더 있어야 했던 초짜 목사였지요. 그러나 그 순간 하나님 담아 주신 당신의 마음과 시선은 분명했습니다. 그것은 안타까움, 사랑, 그리고 기다림이었어요. 그날 이후 하나님은 제 안에 분명한 기도 제목 하나를 담아 주셨죠.

"아버지의 눈으로 세상을 보고, 아버지의 마음으로 영혼을 느끼며, 아버지가 꾸시는 꿈을 나도 꾸게 하소서."

호세아는 누구인가

호세아는 남북 이스라엘이 나뉘어 있던 주전 750년에서 725년경, 북이스라엘에서 활동했던 선지자입니다. 1장 1절은 당시의 시대적 배경을 이렇게 소개합니다.

> 웃시야와 요담과 아하스와 히스기야가 이어 유다 왕이 된 시대 곧 요아스의 아들 여로보암이 이스라엘 왕이 된 시대에 브에리의 아들 호세아에게 임한 여호와의 말씀이라 호 1:1

당시 북이스라엘은 여로보암 2세의 다스림 아래 제2의 전성기를 구가하고 있었지만, 영적으로는 심한 암흑기를 통과하고 있었습니다. 바로 그런 상황 가운데 하나님은 호세아라는 인물을 택하셔서 이스라엘 백성을 향한 당신의 마음을 전하십니다.

모두 14장으로 구성되어 있는 호세아서는 1-3장에 호세아의 개인적인 경험, 특별히 불행했던 그의 결혼 생활을 담고 있고, 4-14장에는 그 경험을 시청각 교재로 한 하나님의 메시지를 담고 있습니다. 즉 죄악 속에 머물고 있던 이스라엘 백성과 그런 그들을 사랑으로 선대하시는 하나님의 손길을 만날 수 있어요.

물론 하나님은 강하게 책망하시며 당신의 심판을 선언하셨죠. 하지만 그 혹독한 메시지에 묻어 나오는 그분의 속내는 따로 있었습니다. 그것은 '내 백성이 이 말씀을 통해 다시금 내게로 돌이켜 내 품에 안기었으면' 하는 바람이었어요. 따라서 호세아서의 핵심 구절은 6장 1절과 3절이라 할 수 있습니다.

오라 우리가 여호와께로 돌아가자 여호와께서 우리를 찢으셨으나 도로 낫게 하실 것이요 우리를 치셨으나 싸매어 주실 것임이라 호 6:1

그러므로 우리가 여호와를 알자 힘써 여호와를 알자 호 6:3

호세아와 고멜 이야기

호세아서는 하나님이 그의 중매쟁이가 되기를 자처하시는 말씀으로 시작합니다.

여호와께서 호세아에게 이르시되 너는 가서 음란한 여자를 맞이하여 음란한 자식들을 낳으라 이 나라가 여호와를 떠나 크게 음란함이니라 하시니 호1:2

어느 날 하나님이 호세아에게 신붓감을 소개해 주겠노라 말씀하십니다. 얼마나 설레었을까요? 하지만 곧 그의 핑크빛 기대는 산산조각이 났습니다. 왜냐하면 하나님이 소개해 주신 여인이 많고 많은 여자들 가운데 가장 품행이 나쁘기로 소문난, 본문의 표현대로라면 "음란한 여자" 고멜이었기 때문입니다.

고멜이라는 여인이 결혼 생활을 하다가 인생의 중간에 일어난 어떤 일 때문에 망가진 여인이 아니라는 점을 기억하십시오. 그녀는 처음부터 음란한 모습으로 등장합니다. 본래 그런 여자였다는 것입니다. 그런데 하나님이 "그런 고멜에게 장가들라"고 말씀하신 것입니다. 결국 그녀의 정체를 알고 있었음에도, 선지자의 운명이라 할까요? 호세아는 누가 보더라도 자격 없는 고멜, 그 음란한 여인을 사랑으로 품고 가정을 꾸려 나갑니다.

이것이 호세아와 고멜 이야기의 핵심이에요. 그리고 하나님은 그것이 하나님과 이스라엘 백성 사이에 일어났던 일임을 보여 주셨습니다. 따라서 이스라엘 백성은 그 일을 지켜보면서 알아채야 했습니다. 감사해야 했습니다. 그리고 더 신실하게 하나님을 좇아야 했습니다. 하지만 그들은 하나님의 사랑을 감사하지 아니하고 오히려 밖으로 겉도는 삶을 택합니다. 실제로 이스라엘 백성은 가나안의 거짓 신들과 우상들을 쫓아다녔습니다. 먼저는 바알 신을 좇고, 이어 아세라 신을 좇고, 나중에는 앗수르와 애굽이라는 나라까지 좇으며 그 여정을 걸어요. 참 안타깝습니다.

이야기를 더 진행하기 전에 우리가 꼭 기억해야 할 점이 있습니다. 그것은 이 이야기 속에서 우리는 호세아가 아니라는 사실입니다. 우리는 호세아가 아니라 고멜이에요. 끝까지 그 사실을 잊으면 안 됩니다. 우리는 죄인이 될 뻔한 사람이었거나 죄의 성향이 좀 짙었던, 그 정도의 존재가 아니었습니다. 대신 우리는 고멜처럼 처음부터 이미 죄인이었습니다. 고멜이 처음부터 "음란한 여자"로 불렸던 것처럼 우리도 이미 "죄인"이라 불렸고, 고멜처럼 이미 정죄를 당했고, 그래서 마땅히 멸망을 향하고 있던 존재들이었어요. 그런데 하나님이 그런 죄인 된 우리에게 먼저 다가오셨고 무조건적인 사랑을 베풀어 주셨습니다.

우리가 아직 죄인 되었을 때에 그리스도께서 우리를 위하여 죽으심으로 하나님께서 우리에 대한 자기의 사랑을 확증하셨느니라 롬 5:8

불쌍한 호세아는 고멜이 음란한 여자인 줄 알면서도 하나님 말씀에 순종하여 장가들었고, 결혼 생활을 이어 갔으며, 곧 자녀들을 갖게 됩니다. 첫째 아들 이스르엘, 둘째 딸 로루하마, 그리고 셋째 아들 로암미가 차례로 태어났어요.

그런데 문제가 생겼죠. 아이들이 아빠를 전혀 닮지를 않은 것입니다. 자연히 아내의 부정에 대한 의혹, 그리고 그로 인한 불안감이 날마다 증폭되었습니다. 여러분 같으면 이 상황에서 어떻게 반응했겠습니까? 유전자 검사가 없는 시대였지만, 심증과 물증은 차고 넘쳤습니다. "내 너 이럴 줄 알았다. 내가 너를 어떻게 선대했는데 감히 나를 배신해?" 그러면서 그녀를 쫓아내지 않았겠습니까?

그런데 이 무슨 운명의 장난입니까? 하나님은 호세아에게 "그 아내를 받아 주라" 하십니다. 아니 아내뿐 아니라 다른 남자와의 사이에서 태어났을 것으로 의심되는 아이들도 친자식들로 받아들이라 하십니다. 결국 호세아는 혼신의 힘을 다하여, 자기가 행할 수 있는 최고의 용서와 사랑을 베풉니다. 결코 쉽지 않았던 그 용서와 사랑을 말입니다.

자, 그러면 그 큰 은혜와 사랑을 받은 고멜이 어떻게 해야 합니까? 정신을 차리고 더 잘해야 하는 것이 정상이죠. 그러나 이 야기는 그렇게 전개되지 않아요. 고멜은 다시 또 다른 남자들을 만나고, 이번에는 아이들까지 내팽개친 채 가출을 선택합니다. 그게 다가 아니었어요. 얼마 지나지 않아 그녀는 따라나섰던 남자에게 배신을 당하고, 결국 또다시 윤락가로 팔려 가는 신세가 되고 말았습니다.

그 모든 걸 지켜본 호세아의 가슴에 자리하게 된 배신감과 상처는 이루 말할 수가 없었습니다. 남편 호세아의 헌신적인 사랑과 용서를 한순간 시궁창에 처박아 버리고, 또 다른 남자들을 찾아 떠나갔던 여인 고멜. 어떤 막장 드라마도 그 정도까지는 아닐 거예요. 그런데 더 기가 막힌 일이 벌어집니다. 즉 음란함을 못 이겨 남편이고 자식이고 다 뒤로한 채 떠났던 그 여인이, 정작 자기의 형편이 어려워지자 다시금 본남편을 그리워하고 있더라는 것입니다. 2장 7절에 그 이야기가 나와요.

> 그가 그 사랑하는 자를 따라갈지라도 미치지 못하며 그들을 찾을지라도 만나지 못할 것이라 그제야 그가 이르기를 내가 본남편에게로 돌아가리니 그때의 내 형편이 지금보다 나았음이라 하리라 호 2:7

기가 막히지 않습니까? 너무 뻔뻔해요. 아니 그 고멜의 모습을 지켜보고 있는 우리가 더 흥분합니다. 할 수만 있으면 직접 그 상황 속으로 들어가 "고멜, 당신은 인간도 아니야!"라고 외치고 싶습니다. 하지만 순간 하나님이 우리에게 말씀하시죠. "잊었니? 넌 호세아가 아니라 고멜이야." "예? 뭐라고요?"

그렇습니다. 호세아서에 등장하는 고멜의 이야기는 사실 당시 이스라엘 백성의 이야기, 그리고 죄인이었던 우리의 이야기입니다. 생각해 보세요. 오늘 우리도 얼마나 자주, 고멜이 호세아를 우습게 여기며 행하던 것같이, 하나님 앞에 행하며 살아가고 있습니까? 마치 그날의 고멜이 남편에게 변덕 부리고 기분 내키는 대로 행동하며 막말하고 투정하면서 자기의 결혼 생활을 이어 간 것처럼, 우리 또한 그렇게 하나님을 대하며 살아가고 있지는 않습니까?

여호와가 그들을 사랑하나니

그런데 놀라운 것은, 그 순간 정말 말도 안 되는 모습을 지니고 있던 고멜, 이스라엘 백성을 향하여 하나님 아버지께서 가지고 계신 특별한 '마음'이 있었다는 것입니다.

> 여호와께서 내게 이르시되 이스라엘 자손이 다른 신을 섬기고 건포도 과자를 즐길지라도 여호와가 그들을 사랑하나니 호 3:1상

예? 뭐라고요? 이것이 바로 호세아서에 담겨 있는 죄인들을 향한 우리 하나님의 사랑입니다. 그동안 받았던 남편의 사랑, 즉 하나님의 큰 사랑에도 불구하고 이스라엘은 끝없이 다른 신들을 좇아가고, 세상이 주는 달콤함, 즉 가나안의 건포도 과자를 즐기고, 자기가 원하는 남자들을 좇으며 배신하고 또 도망쳤습니다. 그런데 그리할지라도 하나님은 그런 고멜, 그런

이스라엘 백성을 끝까지 사랑하신다는 겁니다. 그래서 하신 말씀이에요.

너는 또 가서 타인의 사랑을 받아 음녀가 된 그 여자를 사랑하라 하시기로 호 3:1하

도대체 이게 말이 됩니까? 당연히 안 되죠. 하여 우리가 항의합니다. "하나님, 이건요 정말로 다 둘러엎어야 해요." 책상을 쾅쾅쾅 내리칩니다. 그러나 놀랍게도 잠시 후, 그 말씀을 들은 호세아가 묵묵히 움직이기 시작합니다.

내가[즉 호세아가] 은 열다섯 개와 보리 한 호멜 반으로 나를 위하여 그를 사고 그에게 이르기를 너는 많은 날 동안 나와 함께 지내고 음행하지 말며 다른 남자를 따르지 말라 나도 네게 그리하리라 하였노라 호 3:2-3

남편 호세아가 자신을 배신하고 다른 남자들을 따라나섰다가 또다시 윤락가로 팔려 간 아내를 다시금 되찾아 왔다는 뜻입니다. 그 빚들을 다 갚아 주고 되사온 거죠. 또다시 아내로 맞아들이기 위해서요. 이게 도대체 가능한 일입니까? 정말 기가 막히고 눈물이 앞을 가려요. 아니 이를 지켜보는 우리의 입술이 파르르 떨립니다. "이건 정말 너무한 거야! 고멜은 진짜, 진짜

로… 나빠. 하나님도 너무하신 거야. 이건 말이 안 돼!"

바로 그 순간, "그렇게 행하라" 말씀하신 하나님 아버지의 마음이 우리에게 전달됩니다. "호세아야, 너무너무 괴롭고 마음 아프지? 그런데 좋아, 그것이 지금의 내 마음이란다. 내 백성 이스라엘이 나를 버리고 바알과 아세라와 몰렉 신에게로 가고, 그러면서 영적인 간음을 거듭 행하고 있어 내 마음이 그렇게나 아프다. 내가 진짜 너무너무 분하고 억울하고 속이 상해 죽을 것 같아. 그런데 호세아야, 내 백성 이스라엘이 고멜처럼 계속하여 나를 버리고 거짓 신들을 좇아가지만, 나는 그래도, 나는 끝까지 그들을 버리지 않을 거란다. 나는 그들을 끝까지 사랑하련다. 그리고 결국은 그들을 구속해 낼 거야. 내가 내 백성들의 죗값을 다 갚아 주고 되사오려고 해. 나는 끝까지 그들의 남편이 되어 주려고 해."

바로 이것이 호세아서에 담아 우리에게 보여 주시는 하나님 아버지의 마음, 곧 나를 향한 사랑입니다. 예, 그날 부정한 아내 고멜을 향한 호세아의 끝없는 순애보는 곧 죄인 된 나를 향한 하나님의 한량없는 사랑을 보여 주고 있어요.

하나님의 사랑, 헤세드

소선지서를 대하다 보면 자주 만나게 되는 단어가 하나 있습니다. 그것은 바로 '헤세드'입니다. 하나님의 사랑을 우리는 '헤세드의 사랑'이라고 부릅니다. 직역하면 '하나님의 신실하신 사랑', '하나님의 인애', '끝없는 사랑', '자비와 긍휼이 담긴 사랑', 그리고 '끝까지 사랑하시는 인내가 담긴 사랑'이에요. 더 놀라운 것은, 그 사랑이 바로 오늘의 우리를 향한 하나님의 사랑이라는 것입니다.

호세아서에 나타난 하나님의 이스라엘을 향한 사랑, 아니 죄인 된 나를 향한 사랑을 단순히 듣고 이해하는 것으로 그치지 않기를 바랍니다. 대신 그 놀라운 하나님의 사랑이 고멜은 물론, 벌레만도 못한 죄인인 '나'를 향한 것임을 은혜로 받고, 놀라고 감사로 반응하는 우리 모두가 되기를 기도합니다.

"하늘을 두루마리 삼고 바다를 먹물 삼아도 한없는 하나님의 사랑 다 기록할 수 없겠네" 새찬송가 304장 "그 크신 하나님의 사랑"

우리가 왜 자꾸 흔들릴까요? 안 되는 것을 알면서도 왜 그렇게 하나님을 무시하고 그분의 은혜를 싸구려로 취급하며 막 대하는 것일까요? 틀림없어요. 그것은 우리가 하나님의 우리를 향한 사랑을 잘 모르기 때문입니다. 아니 전에는 알았는데 어느덧 잊어버렸기 때문입니다. 은혜는 딱 기억할 때까지만이죠. 잊으면 더 이상 은혜가 아닙니다. 그 사랑을 잊으면 우리는 고멜처럼, 그러니까 이스라엘 백성처럼 순간순간 눈앞에 나타나는 바알을 좇고, 우상을 좇고, 건포도 과자를 좇고, 기름을 좇는 엉뚱한 행동들을 하게 되어 있어요.

호세아서를 읽다 보면 우리는 당연히 고멜에게 분노합니다. 아니 솔직히 호세아를 향해 "그런 사랑을 행하라!" 명하시는 하나님이 너무너무 매정하게 느껴져요. 심지어 하나님께 막 따지고 싶습니다. "아니 하나님, 입장을 바꿔 놓고 생각해 보세요. 호세아가 너무 불쌍합니다. 그만 좀 하십시오." 그런데 그 순간, 하나님이 말씀하시는 거예요. "사랑하는 종아, 네가 왜 화를 내니? 네가 호세아가 아니라 내가 호세아란다. 너는 고멜이야. 모르겠니? 죄인 된 고멜을 향하여 끝없는 사랑으로 추적하는 호세아는 네가 아니라 바로 나야."

그 순간 우리는 할 말을 잃습니다. "아, 고멜의 이야기가, 이스라엘의 이야기가 실은 나의 이야기였구나!" 충격을 받아요. 그리고 조용히 찬양하기 시작합니다.

> "음탕한 저 고멜과 같이도 방황하던 나에게 너그런 주님의 용서가 내 맘을 녹이셨네 오 주님 나 이제 갑니다 날 받아 주소서 이제는 주님만 위하여 죽도록 충성하리" 복음성가 "탕자처럼"

광야 길, 하나님 추적의 손길

호세아서를 묵상하던 중, 한순간 큰 도전으로 다가온 말씀이 있어요. 2장 3절입니다. 하나님이 고멜과도 같은 이스라엘에게 돌아오라 말씀하시는데, 그 말씀 끝에 이렇게 경고하십니다.

그렇지 아니하면[돌이키지 아니하면] 내가 … 그로 광야같이 되게 하며 마른땅같이 되게 하여 목말라 죽게 할 것이며 호 2:3

이 말씀을 대하는데, 믿음의 길을 가다가 종종 답답하고 컬컬해지곤 하는 우리 삶의 형편들이 떠올랐습니다. 예외 없죠. 우리의 인생에는 광야와 같은 곤고한 순간들이 있습니다. 물론 우리는 하나님을 믿습니다. 하지만 중간중간 은혜가 사라지고, 외로움이 급습하며, 방향 감각을 잃을 때가 있어요. 무언가 채워지지 않습니다. 공허합니다. 답답합니다. '이게 다일까?' 의구심마저 듭니다.

그런데 호세아서의 말씀이 그 이유를 밝혀 줍니다. 하나님이 그렇게 하실 수 있다는 것입니다. "[돌이키지 아니하면] 내가 … 그로 광야같이 되게 하며 마른땅같이 되게 하여 목말라 죽게 할 것이며." 실제로 그런 일이 있을 수 있다는 거예요. 우리의 영적인 간음, 영적인 음란함 때문에 말입니다.

처음 예수를 믿고는 너무 기뻤습니다. 하나님을 전심으로 사랑하고, 그분께 시선을 고정한 채로 새 믿음의 여정을 시작했습니다. 잘 가고 있었어요. 그러던 한순간, 이런저런 계기로 인해 엉뚱한 것들에게 시선을 돌리고 그것들을 좇습니다.

하나님이 주시는 '기쁨'이 아니라 거짓 신들과 우상이 주는 '즐거움'에 마음을 빼앗기는 것이죠. "육신의 정욕과 안목의 정욕과 이생의 자랑"(요일 2:16)이 순간순간 우리를 흔들어 결국

"먹음직도 하고 보암직도 하고 지혜롭게 할 만큼 탐스럽기도 한"(창 3:6) 유혹들을 따라갑니다. 정확히 그날 고멜이 걸었던 삶의 궤적이에요. 순간, 하나님의 경고가 내 삶에 현실이 됩니다. 그분이 나를 광야로, 마른땅으로, 목마름으로 이끌어 가신 거예요. '어? 도대체 무슨 일이지?'

바로 그 순간, 하나님 지적하세요. "네가 입으로는 나를 섬긴다 하지만 네 마음은 내게서 떠났도다." 그게 문제라는 것입니다. 혹시 오늘 우리가 그런 형편 중에 있을지 모르겠습니다. 우리가 그날의 이스라엘 백성처럼 우상을 좇고, 가나안의 풍요를 좇았던 거죠. 물론 나는 아니라 합니다. 하지만 솔직히 '풍요'라는 바알이 하나님보다 더 좋을 때가 있습니다. '즐거움'이라는 아세라가 더 좋아 보입니다. 힘 있어 보이는 '앗수르와 애굽'이 너무 멋져 보이는 것입니다.

더 이상의 설명이 필요 없죠. "하나님, 조금만 기다리세요. 제가 이것만 대박 나면, 제가 이 즐거움과 기쁨을 일단 맛보면, 그때 다시 돌아올게요. 그때는 제가 알아서 하나님을 하나님으로 대접해 드릴게요." 영적인 간음입니다. 주의하세요. 그날 이스라엘이 하나님을 완전히 떠난 것이 아니었습니다. 그 결혼 생활을 부정하지 않았습니다. 하지만 하나님과 바알을 함께 섬겼습니다. 그때 들려오는 하나님의 경고를 들어 보십시오. "내가 반드시 네 인생을 광야같이 되게 하고, 마른땅같이 되게 하고, 목말라 죽게 할 것이다."

하나님의 경고, 하나님의 사랑

그러므로 호세아서의 말씀 앞에 혹시 내가 21세기의 바알과 아세라를 좇고 있는 사람은 아닌지, 우리 삶의 발걸음을 되돌아보기를 권합니다. 아무리 못 본 체해도 우리 주변에는 우리의 발걸음을 유혹하는 바알들이 가득합니다. 세상의 번영, 물질적 풍요, '한 방'으로 표현되는 대박 사건, 이런저런 쾌락, 적당히 해서 빨리 승승장구하고 싶은 욕망 등. 그래서 우리는 연약함 중에 그 유혹을 따라가는 고멜이 되기가 너무도 쉬워요.

혹시 우리는 이스라엘 백성처럼 단순히 하나님의 은혜와 사랑을 무시하는 것만이 아니라, 그것들을 가지고 엉뚱한 바벨탑을 쌓으며, 엉뚱한 단을 치장하고 있을지도 모릅니다.

하나님이 주신 인생, 하나님이 맡기신 물질, 시간, 지식, 명예, 건강, 직분인데 그것들을 엉뚱한 데로 가져다가 우상의 단을 쌓습니다. 소위 예레미야서에서 하나님 말씀하신 "터진 웅덩이"(렘 2:13)에 쏟아붓는 겁니다. 그래서 2장 8절에서 하나님이 탄식하신 것입니다.

곡식과 새 포도주와 기름은 내가 그에게 준 것이요 그들이 바알을 위하여 쓴 은과 금도 내가 그에게 더하여 준 것이거늘 그가 알지 못하도다 호 2:8

너무 억울하다 하시는 거예요. 어째서입니까? 이스라엘 백성에게 허락된 곡식, 새 포도주, 그리고 기름은 실제로 하나님이 주신 것이요, 그들의 은과 금도 다 당신이 주신 것인데, 이스라엘이 그것들을 가지고 바알을 흠모하여 우상을 만들고 우상의 제단들을 장식하고 있기 때문이었습니다. 하여 참다못한 하나님이 결국 진노하십니다.

> 그들은 번성할수록 내게 범죄하니 내가 그들의 영화를 변하여 욕이 되게 하리라 호 4:7

오늘 우리는 하나님이 인생에 허락해 주신 것들을 어떻게 사용하고 있습니까? 기억하십시오. 오늘 우리가 소유하고 누리고 있는 모든 것은 예외 없이, 하나님이 잠깐의 기회 동안 우리에게 맡겨 놓으신 것들입니다. 그것이 달란트, 므나, 불의한 청지기, 그리고 포도원 품꾼의 비유가 가르쳐 주는 바입니다. 예수님의 그 비유 하나하나를 유의 깊게 살펴보십시오. 모든 비유의 끝에는 주인이 그들에게 맡겨 놓았던 것들에 대한 책임을 묻는 장면이 나옵니다.

이렇게 흘러가던 우리의 인생은 어느 날 '세상 모든 사람이 가는 길'을 지나 '죽음'으로 완성하실 주님 앞에 서게 될 것입니다. 그곳에서 주님은 한평생 우리에게 맡겨 두었던 것들에 대해 물으실 겁니다. "너 무엇 하다 왔니? 내가 맡긴 시간과 은사와 기회들을 가지고 무엇을 했니?"

진지하게 고민하십시오. 주님은 그 순간 절대, 신사적으로 그냥 넘어가지 않으실 것입니다. 그분은 "그것들을 내가 계수할 것이다"라고 분명히 말씀하셨습니다. 그렇다면 하나님의 이 말씀으로 스스로의 인생에 대한 중간 평가를 해 보십시오. "내가 네게 맡겨 놓은 인생을 어떻게 사용했니? 아니 오늘 어떻게 사용하고 있니?" 더 이상의 기회가 주어지지 않는 그날 말고 지금 '아직 기회가 있을 때' 대답하십시오. 여러분의 대답은 무엇입니까? "어, 제가 잘 몰라서 그랬는데요. 깜빡했는데요." 그 핑계는 절대로 통하지 않을 것입니다. 주님은 그 순간 주인이 이렇게 말한다 하셨습니다.

> 악하고 게으른 종아 나는 심지 않은 데서 거두고 헤치지 않은 데서 모으는 줄로 네가 알았느냐 마 25:26

> 이 무익한 종을 바깥 어두운 데로 내쫓으라 거기서 슬피 울며 이를 갈리라 하니라 마 25:30

하지만 정반대의 대답을 하는 이들도 있을 것입니다. "주님, 제게 맡기신 기회와 은사와 달란트를 사용하여 인생에 이런 열매를 남겼습니다." 순간 주님은 틀림없이 이렇게 말씀하실 것입니다.

잘하였도다 착하고 충성된 종아 네가 적은 일에 충성하였으매 내가 많은 것을 네게 맡기리니 네 주인의 즐거움에 참여할지어다 마 25:23

그날 고멜은 "너 내가 맡긴 인생과 기회를 통해 무엇을 했니?"라는 주님의 질문에 이렇게 대답해야 했을 겁니다. "음, 여러 남자들을 따라다녔습니다." 그렇다면 우리는요? 그분의 질문에 무엇이라 대답할 것입니까? 기억하세요. 오늘 우리 인생의 자랑이나 소망으로 붙들고 있는 모든 것은 그날 하나도 예외 없이 우리 자신의 것이 아니었음이 드러날 거예요. 우리의 생명, 건강, 은사, 직분, 권리, 물질, 자녀 등 모든 것이 말이에요.

예, 그것들이 곧 가나안의 기름이죠. 그것들이 우리가 가나안에서 얻은 곡식, 은, 금입니다. 그런데 이스라엘 백성은 하나님이 맡겨 주신 그것들을 가지고 우상들을 섬기고 그것들의 제단을 꾸미는 데 사용하다가 하나님 앞에 서게 된 것입니다. 순간 하나님이 선언하십니다. "내 반드시 망하게 하리라."

하나님이 맡기신 모든 것을 그분의 뜻대로, 그분의 나라와 그분의 영광을 위해 사용하는 자들이 되기를 기도합니다. 그들이 하늘 나라에 상급을 쌓는 이들입니다. 그들이 바로 반석 위에 집을 짓는 지혜로운 건축자들이에요. 우리는 모두 청지기임을 기억하십시오. 그리고 모든 가나안의 기름, 곡식, 은, 금을 하나님이 기뻐하시는 일을 위해 제대로 사용하십시오.

달라스연합교회를 섬길 때 여러 해 열심히 준비해서 다음 세대를 위한 영어권 공동체(LFCC)를 세우는 일을 시작했습니다. 하나님의 은혜로 공동체는 잘 자라났고, 사역의 열매로 곧 UT 달라스에서 ACTS Ministry라는 캠퍼스 사역이 시작되었어요. 참으로 수고로운 일, 그러나 귀한 섬김의 손길들을 통해 일주일에 한 번씩 꼬박꼬박 밥을 준비했고, 강의실 하나를 빌려 예배하고, 친구들을 초대하고, 밥 먹고 교제하는 사역이었습니다. 물론 쉽지 않았죠. 하지만 지속적인 섬김을 통해 서서히 열매들이 맺혔고 간증들도 생겨났습니다. 그 이야기 중에 하나입니다.

어느 날 인도에서 온 유학생 빅크럼이라는 형제가 드디어 예수님을 주(主)로 영접하는 일이 일어났습니다. 정말 기뻤죠. 1년 넘게 진행된 사역의 여정 중 그 형제가 인도에서는 몰랐던 예수님을 알게 되고 고민하다가, 한순간 예수님을 믿게 된 것입니다. 그러니 영어권 공동체는 물론, 한어권 공동체에도 큰 은혜요 간증거리가 되었습니다.

얼마 후, 이 형제가 마음에 작정을 하고 인도에 계신 부모님께 그 사실을 말씀드렸습니다. "어머니, 아버지, 제가 기독교 신앙을 갖게 되었습니다." 이후 어떤 일이 일어났을까요? 정말로 드라마에서나 나올 법한 이야기들이 펼쳐졌습니다.

인도의 가족들에게 정말 난리가 난 거죠. 생각해 보십시오. 인도에서 미국으로 유학을 보낼 정도라면 그 형제는 나름 그 집안의 자부심이요 긍지였을 것입니다. 그런데 갑자기 청천벽력 같은 소식을 듣게 되었으니, 온 집안이 발칵 뒤집힌 것입니다. "뭐라고? 예수를 믿어? 네가 우리의 기대를 이렇게 무시해?" 그러고는 그 형제가 기독교 신앙을 포기할 때까지 모든 경제적 지원을 끊겠다 했고, 정말로 그렇게 해 버렸습니다. 바야흐로 가문의 핍박이었어요.

물론, 주님을 따르기 위해 고난을 감내하는 것은 그 형제의 몫입니다. 하지만 그 과정을 격려하며 함께 통과해야 하는 건 우리 모두의 일이었어요. 하여 교회도 그 형제가 이를 잘 감당할 수 있도록, 또 그 형제가 훗날 그 집안을 위해 선교사적인 삶을 살 수 있도록 함께 기도했습니다. 그리고 그를 위해 소정의 장학금도 마련했죠. 그때 그 생각을 한 것입니다. '아, 이것이 하나님이 주신 가나안의 기름이요 은과 금이지. 그분의 나라를 위해 사용하는 것이 마땅하지.' 하나님이 주신 것이니, 당연히 그분을 위해 사용하는 것이 맞는 것이었어요.

그런데 호세아 시대 이스라엘 백성은 그러지 않았던 것입니다. 그들은 하나님이 주신 것들을 잘못 사용했습니다. 우선 자신들을 위해 사용했습니다. 그다음엔 그것들을 거짓 신들을 위해 내어놓았습니다. 실제로 그들은 우상의 제단을 화려하게 꾸미는 데 열중했습니다. 주신 분이 하나님이신데 엉뚱한 곳에 헛되이 사용했어요. 그 순간 하나님의 매서운 경고와 심판이 임합니다.

> 내 백성이 지식이 없으므로 망하는도다 네가 지식을 버렸으니 나도 너를 버려 내 제사장이 되지 못하게 할 것이요 네가 네 하나님의 율법을 잊었으니 나도 네 자녀들을 잊어버리리라 호 4:6

그들에게 하나님을 향한 지식이 없어서 망하게 되었다는 것입니다. 아니 그들의 자녀들까지도 반드시 망하게 될 것이라는 말씀이에요. 그 이유가 호세아 8장에 나옵니다.

> 그들이 또 그 은, 금으로 자기를 위하여 우상을 만들었나니 결국은 파괴되고 말리라 호 8:4

한마디로, 우상 숭배 때문이었다는 것입니다. 영적인 간음이었어요. 그리고 결국 그 모든 것이 하나님의 말씀 그대로 다 파괴되고 말았습니다.

경고, 또 다른 사랑

그러니 암울합니다. 두렵습니다. 실제로 호세아서는 이런 하나님의 진노와 심판 이야기를 한동안 반복하고 있어요. 그런데 한순간, 이해할 수 없는 일 하나가 벌어집니다. 아니 많이 이상합니다. 왜냐하면 그 끔찍한 메시지가, 심지어 그 질책과 꾸짖음의 메시지마저도 다시금 저들을 향한 사랑의 메시지로 화하고 있기 때문입니다. 역설적이게도, 호세아서는 계속되는 하나님 사랑의 메시지를 점점 더 큰 소리로 증언하고 있어요.

분명 무시무시한 하나님의 경고와 진노의 메시지가 맞습니다. "내가 너희를 반드시 심판하겠다." 그런데 조금 지나서 보니 그 심판의 메시지마저도 우리를 향한 하나님 사랑의 절절한 고백과 애절한 설득, 아니 애원으로 바뀌어 가고 있는 거예요. 그렇습니다. 하나님은 우리를 향한 당신의 속내를 결코 감추지 못하십니다. 그 증거가 바로 이 말씀이에요.

오라 우리가 여호와께로 돌아가자 여호와께서 우리를 찢으셨으나 도로 낫게 하실 것이요 우리를 치셨으나 싸매어 주실 것임이라 호 6:1

"사랑하는 이스라엘아, 내가 고멜과 같은 너희를 기다린다. 그러므로 돌아오라. 어서 돌아오라." 참으로 우리의 가슴을 울리는 하나님의 부르심입니다.

불행히도 이스라엘은 끝까지 돌이키지 않습니다. 마지막 순간까지도 그들은 우상들과 헛된 신들을 의지했고 나중에는 이방 나라들, 즉 앗수르와 애굽을 차례로 의지했습니다. 결국 그들의 우상 숭배가 나라의 멸망을 가져왔죠.

하지만 역설적이게도, 그 와중에 변치 않는 것이 하나 있습니다. 그들을 향한 하나님의 절절한 사랑입니다. 하나님의 집념이 그곳에 자리하고 있어요. 호세아 14장 3절은 결국 이스라엘이 이런 고백을 하게 될 것이라 예언합니다.

> 우리가 앗수르의 구원을 의지하지 아니하며 말을 타지 아니하며 다시는 우리의 손으로 만든 것을 향하여 너희는 우리의 신이라 하지 아니하오리니 이는 고아가 주로 말미암아 긍휼을 얻음이니이다 할지니라 호 14:3

결국 이스라엘이 깨닫게 될 것이라는 말씀이지요. 결국 자신들을 지켜 주는 것은 처음부터 끝까지 오직 하나님의 사랑, '헤세드의 사랑'뿐이라는 사실을요.

여호와께로 돌아오라

믿음의 길을 걷다가 보면 중간중간 내 삶이 건조한 광야처럼 변해 있다고 느낄 때가 있습니다. 종종 불안감이 엄습합니다. 향방을 잃습니다. 무력해지기도 하고, 심지어 죄의 악순환에 빠져 허우적댈 때도 있습니다. 무엇 때문입니까? 호세아서에 따르면, 나를 향한 하나님의 사랑과 은혜를 충분히 알고 있지 못하기 때문입니다. 하나님의 사랑에 대한 지식이 내게 없어요. 그때 하나님이 다시 말씀하시며 제안하십니다.

> 오라 우리가 여호와께로 돌아가자 … 그러므로 우리가 여호와를 알자 힘써 여호와를 알자 호 6:1, 3

오늘도 세상에는 여전히 바알들을 좇다가, 그 풍요를 좇다가, 그것만 준다면 양심이 아니라 영혼까지도 팔아넘기는 인생들이 많습니다. 그러면서도 뻔뻔하게 말합니다. "다 그런 거지. 요즘 다 이 정도는 해. 나중에 잘되면, 그때 신앙적인 제자리를 찾지 뭐. 요즘 이 정도도 안 하는 사람이 있나?"

그러나 기억하십시오. 호세아의 지적처럼 오늘 우리가 망하는 이유는 돈이 없어서가 아니고, 건강이 없어서가 아니고, '하나님을 아는 지식이 없어서, 그분의 나를 향한 사랑을 몰라서'라는 사실을 말입니다. 그날 이스라엘은 알았어야 했어요. "이스라엘아! 네 여호와께로 돌아오라." 처절하게 외치시는 하나님의 음성을 들었어야 했습니다. "나 외에는 구원자가 없느니라." 하나님의 사랑의 손길과 음성을 알았어야 했습니다.

엄마가 부엌에서 양파를 다듬고 있습니다. 그 모습이 신기해서 물끄러미 바라보고 있는 꼬마 아가씨가 묻습니다. "엄마, 그게 뭐예요?" "응, 이건 양파란다." "와! 신기하네요. 자꾸 뭐가 벗겨져요. 뭐죠?" "이건 양파를 싸고 있는 껍질이란다. 속에 있는 양파를 보호해 주느라 여러 겹으로 둘러싸여 있는 거야."

아이가 잠깐 생각하는 듯하더니 눈을 크게 뜨며 말합니다. "아, 우리 사람에게도 비슷한 게 있어요." 엄마가 "그렇지, 우리에게도 그런 게 있어"라고 말하고는 곧 "우리의 피부가 우리를 보호하는 양파의 껍질 같은 거야"라고 말해 주려는데, 아이가 먼저 외칩니다. "나도 알아요. 그건 바로 하나님의 사랑이죠."

순간 엄마는 망치로 얻어맞은 듯한 충격을 받습니다. "그래… 그렇지. 오늘도 우리를 보호하고 또 감싸고 있는 것은 우리의 피부가 아니지. 하나님의 사랑이지."

그렇습니다. 오늘 우리의 인생을 둘러싸고 또 보호하고 있는 것은 오직 우리 하나님의 사랑이라는 사실을 기억해야 합니다. 하나님의 신실하신 '헤세드의 사랑'이 고멜과도 같은 우리를 추적하고 있습니다. 오늘도 하나님은 우리가 그 사실을 알게 되기를 원하십니다. 그래서 호세아와 고멜이라는 시청각 교재를 통해 말씀하고 계시는 겁니다.

하나님의 사랑은 지금도 우리를 추적하고 있습니다. "이스라엘아, 네 하나님 여호와께로 돌아오라" 말씀하시면서 말입니다. 그러므로 하나님의 나를 향한 사랑을 결단코 잊지 마십시오. 그 사랑을 받으십시오. 누리십시오. 그리고 날마다 더 묵상하십시오. "아, 오늘도 내 삶을 지키는 것은 하나님의 사랑이지." 그리고 나서 그 사랑을 받은 자답게 살아가십시오. 그것이 호세아서를 통해 하나님의 사랑을 거듭 확인한 우리의 바른 반응입니다.

> 이스라엘이여 너는 행복한 사람이로다 여호와의 구원을 너같이 얻은 백성이 누구냐 신 33:29

2
chapter

"심판" 사랑과 은혜의 또 다른 표현
| 요엘 |

누구든지 여호와의 이름을 부르는 자는
구원을 얻으리니 | 욜 2:32

설교 영상

열두 개의 소선지서 중에 두 번째 책인 요엘서의 중심 메시지는 "여호와의 날이라 불리는 그분의 심판"입니다. 사실 요엘서의 내용은 소화하기에 결코 만만치 않습니다. 누가 심판 이야기를 좋아하겠습니까? 하지만 이 말씀을 주시는 하나님 아버지의 속내를 알게 되면, 이 말씀 또한 하나님 사랑과 은혜의 또 다른 표현이라는 것을 깨닫고 기꺼이 감사로 받을 수 있습니다.

"여호와의 날", 심판 이야기

요엘 선지자가 어느 시기의 선지자였는지에 대해서는 의견이 분분합니다. 성경 내용을 근거로 하여 초기 선지자라 볼 수도 있고, 또 후기 선지자라고도 볼 수 있기 때문입니다. 하지만 중심 주제는 분명합니다. "여호와의 날"이라 불리는 그분의 "심판", "회개 촉구", 그리고 그런 이들에게 주실 "성령님에 대한 약속"이 그것입니다.

요엘 선지자의 메시지는 임박한 "여호와의 날"에 대한 선포로 시작됩니다. 그 당시 이스라엘 백성은 하나님을 떠나 세상과 우상을 숭배하며 자기들 마음대로 살아가고 있었습니다. 그래서 하나님은 당신의 진노와 심판의 메시지를 삼중적으로 선포하시는데, "여호와의 날"이라는 말을 다섯 번이나 반복하여 사용하십니다.

우선, "여호와의 날", 하나님의 심판은 자연재해라는 형식으로 다가옵니다.

> 팥중이가 남긴 것을 메뚜기가 먹고 메뚜기가 남긴 것을 느치가 먹고 느치가 남긴 것을 황충이 먹었도다 욜 1:4

이는 팥중이, 메뚜기, 느치, 그리고 황충의 습격이 있어 풍요를 상징하던 포도나무, 밀, 보리, 무화과, 석류, 대추나무 등이 사라지고 모든 초지가 황폐하게 될 것이라는 뜻입니다. 그런데 그게 다가 아니었어요.

두 번째, 이스라엘에게 다가오는 "여호와의 날"은 앗수르나 바벨론 같은 이웃 나라의 침략으로 인한 것이기도 했습니다. 결국 이스라엘은 멸망당하고, 백성들은 포로로 잡혀가 열방에 흩어진 나그네가 될 것이라는 말씀이에요. 근래 우리는 가자 지구나 우크라이나의 전쟁 난민들이 얼마나 끔찍한 비극에 처해 있는지를 목도하고 있습니다. 힘없는 나라, 국민을 지켜 주지 못하는 나라의 백성들, 이스라엘이 바로 그런 형편에 처하게 될 것이라는 말씀입니다.

세 번째, 요엘의 입에서 나온 "여호와의 날"은 종말론적 의미에서의 '심판의 날'을 의미합니다.

> 여호와의 크고 두려운 날이 이르기 전에 해가 어두워지고 달이 핏빛같이 변하려니와 욜 2:31

그날은 세상 모든 사람에게 임할 최후 심판의 날을 뜻합니다. 특별히 3장 14절에는 인류 역사의 마지막 순간에 일어날 일이 묘사되어 있습니다.

> 사람이 많음이여, 심판의 골짜기에 사람이 많음이여, 심판의 골짜기에 여호와의 날이 가까움이로다 욜 3:14

"심판의 골짜기"라는 용어를 들으면 무엇이 연상됩니까? 저는 요한계시록에 나오는 최후 심판의 장면이 떠오릅니다.

> 또 내가 보니 죽은 자들이 큰 자나 작은 자나 그 보좌 앞에 서 있는데 책들이 펴 있고 또 다른 책이 펴졌으니 곧 생명책이라 죽은 자들이 자기 행위를 따라 책들에 기록된 대로 심판을 받으니
> 계 20:12

이처럼 요엘서는 하나님의 심판을 삼중적인 시간과 삼중적인 렌즈로 바라보고 또 선포합니다. "이스라엘아, 너희의 죄와 패역함으로 인하여 여호와의 날이 시시각각으로 너희에게 다가오고 있다. 그러므로 너희는 이제라도 금식하며 울며 애통하고, 마음을 다하여 내게로 돌아오라." 자연히 2장에서 선지자의 메시지는 회개를 촉구하는 내용으로 바뀝니다.

> 너희는 옷을 찢지 말고 마음을 찢고 너희 하나님 여호와께로 돌

아울지어다 욜 2:13

결국 요엘서를 통해 하나님이 우리에게 주시는 말씀의 주제는 "심판과 회개"입니다. "하나님의 심판, 여호와의 날을 두려워하기에, 오늘 빨리 내게로 돌이켜 나아오라. 그리하면 소망의 날이 이를 것이다." 이것이 요엘서의 주제예요. 자, 그날의 이스라엘을 향하여 선포된 요엘의 메시지는 오늘 이 땅에서 믿음의 길을 가고 있는 우리에게 무엇을 가르쳐 줍니까? 요엘서의 세 가지 중심 주제를 살피며 해답을 얻어 보겠습니다.

"여호와의 날"을 유념하며

우선 우리는 요엘서를 통해 '우리 앞에는 늘 하나님의 심판이 놓여 있다는 것을 유념하며 살아야겠다'는 생각을 하게 됩니다. "여호와의 날"을 쉽게 설명하면, '우리의 모든 것이 하나님 앞에 드러나는 심판의 날'이라 할 수 있어요.

요엘서는 총 세 장으로 이루어져 있는데, 짧은 세 장 속에 "여호와의 날"이라는 단어가 다섯 번이나 반복하여 등장합니다. 그날은 단순히 '열방에 임할 마지막 심판의 날'이라고 볼 수도 있지만, 실은 과거와 현재와 미래를 막론하고 하나님이 원하실 때면 언제든 우리의 역사와 인생 속으로 개입해 들어오시는 날이라 볼 수도 있습니다.

사실 시간이라는 개념은 하나님께 속해 있는 것이기에, 우리의 '과거와 현재와 미래'라는 구분이 그분께는 별 의미가 없습니다. 따라서 하나님은 언제 어디든 갑자기 개입하시며 당신의 하나님 됨을 나타내 보이실 수 있으세요.

어떤 이들에게 그날은 심판의 날, 보응의 날이 되기도 하고, 동시에 어떤 이들에게는 축복의 날이 되기도 합니다. 분명 그날은 하나님의 의와 우리의 책임이 조우하는 날이며, 하나님의 영원한 원리가 드러나는 날입니다.

많은 경우에 우리는 "여호와의 날"을 우리 앞에 다가오고 있는 역사의 마지막 날, 종말의 날로 이해합니다. "1992년 10월 28일에 종말이 오고 휴거가 일어날 것이다"라고 외쳤던 다미선교회의 시한부 종말론 소동을 기억할 것입니다. "그렇지 않다. 성경에 기록된 예수님의 말씀은 그런 뜻이 아니다"라고 설명하고 또 가르쳤지만, 여전히 많은 이들이 미혹되어 큰 사회적 문제가 된 사건이었습니다. 이처럼 사람들은 특정한 '미래의 그날'에 그들의 관심을 집중시킵니다. 그러나 건강한 성도는 언제나 '매일매일이 여호와의 날이 될 수 있다'는 사실을 기억하며 살아갑니다.

앞에서 요엘서의 심판이 삼중적으로 임했다고 언급했습니다. 그런데 그 일은 오늘 우리의 삶에도 얼마든지 일어날 수 있습니다. 첫째, 먼저는 '메뚜기 재앙'이죠. 우리는 모두 수고하고 애쓰며 인생길을 걷고 있습니다. 하지만 한순간, 하나님이 보내시는 메뚜기 떼로 모든 수고가 헛된 것으로 화할 수 있습니다.

하나님의 개입은 언제든 총체적일 수 있어요. 예를 들어, 느부갓네살왕에게는 이성의 영역에 개입하셨습니다. 히스기야왕에게는 적국의 침공으로 개입하셨습니다. 그래서 하나님은 그들의 삶으로부터 소유, 운명, 지위까지도 다 앗아 가셨습니다. 모두 하나님이 보내신 메뚜기 떼의 심판이라 할 수 있습니다.

재미있는 이야기가 있어요. 어떤 사람이 목사님께 물었답니다. "목사님 교회는 성도가 몇 명이나 됩니까?" 목사님이 미소를 머금은 채 대답합니다. "우리 교회 성도는 150명입니다." 그 사람이 다시 질문합니다. "그중에 십일조를 하는 분은 몇 명이나 됩니까?" 목사님이 잠시 생각하더니 말합니다. "우리 교회는 150명 전부가 십일조를 드립니다." 그랬더니 그분이 깜짝 놀라 묻습니다. "정말로요? 진짜로 150명 모두가 십일조 생활을 해요?" 그때 목사님이 웃으며 이렇게 대답하더랍니다. "예, 저희 교회 성도 150명 중에 50명은 교회를 통해 십일조를 드리고, 나머지 100명은 하나님이 직접 거두어 가십니다."

물론 십일조가 메뚜기 떼라는 뜻은 절대 아닙니다. 하지만 하나님이 원하시면, 그분은 얼마든지 사고로도, 병원으로도, 경찰서나 법원을 통해서라도 우리에게 메뚜기 떼를 보내실 수 있다는 것입니다. 그 메뚜기 떼는 국지적일 수도 있고 전체적일 수도 있어요. 그러므로 혹시 인생의 여정 가운데 그런 일들을 만난다면, 빨리 점검해 보십시오. '아, 여호와의 날이 온 것일지도 모른다. 그렇다면 이 경고 앞에 빨리 내 삶을 다시 점검하자.'

이것이 "여호와의 날" 앞에 우리가 취해야 할 지혜로운 태도입니다.

비단 메뚜기 떼뿐이겠습니까? 둘째로 이스라엘에 바벨론의 군대가 쳐들어와 예루살렘을 파괴하고 수많은 생명을 해하였던 일 또한 "여호와의 날"이었습니다. 십수 년 전, 동일본 지진으로 인해 큰 쓰나미가 몰려왔던 날도 누군가에겐 "여호와의 날"이었습니다. 1950년 6월 25일, 한국전쟁이 발발했던 그날도 누군가에게는 "여호와의 날"이었어요. 현대 문명사에 큰 충격을 가져다준 9·11테러 사건도, 러시아가 우크라이나를 침공하고, 또 하마스가 이스라엘을 급습했던 일도 누군가에게는 분명한 "여호와의 날"이었습니다.

지금까지 저도 개인적으로 여러 번 "여호와의 날" 앞에 서곤 했습니다. 유학 시절, 논문 리서치를 위해 디트로이트로 향하던 한겨울의 고속도로에서였는데 눈길이 무척 미끄러웠습니다. 한순간 제 바로 앞에 달리던 차가 완전히 뒤집혀 버리는 대형 사고를 목도했습니다. 정말 영점 몇 초 후에 제가 지나가야 할 그 위치에 있던 차가 그 사고를 당한 거예요.

로스앤젤레스에서도 비슷한 경험을 했습니다. 이번에는 아내와 같이 차에 타고 있었습니다. 고속도로를 달리다가 출구 쪽으로 막 나가려 하는데, 저 뒤에서부터 빠른 속도를 줄이지 않은 채 휙 달려 들어와 제 앞으로 끼어들던 차가 자기 속도를 이기지 못하고 다시 튀어나와 애꿎은 옆 차선의 차를 들이받는 장면도 목격했습니다. 그것도 영점 몇 초의 순간이었어요. 예외 없죠. 그것들 모두가 제게는 "여호와의 날"이었습니다.

우리 중 누구든 경험해 보았을 것입니다. 우리 인생을 위협하는 수많은 앗수르와 바벨론의 군대들을 맞닥뜨렸던 그런 날 말입니다. 질병일 수도 있고, 사고일 수도 있고, 가정적인 위기였을 수도 있습니다. 아니 오늘, 실제적인 어려움 가운데 처해 있는 분도 있을 수 있어요. 그때 "여호와의 날"을 기억하자는 것입니다. '아, 나는 언제든지 여호와의 날을 만날 수 있는 제한적인 인생이지. 그분이 하나님이시고 나는 아니지.'

사실 아침에 집을 나서면서 '오늘이 내 인생의 마지막 날이 될 거야' 그걸 알고 집을 나서는 이가 어디 있겠습니까? 현관문을 뒤로하며 '난 오늘 저녁 틀림없이 이 집으로 돌아오게 될 거야'라고 누가 자신할 수 있겠습니까? 언제든 "여호와의 날"을 만날 수 있다는 사실을 유념하고 사는 이들이 지혜롭습니다.

또한 "여호와의 날"은 우리 모두가 하나님 앞에서 최종적인 인생의 결산을 하게 되는 '심판의 날'을 의미하기도 합니다. 누구나 맞이하게 될 그날은 정말로 '페이 데이(Pay Day), 결산의 날'입니다. 우리는 모두 그날, 우리 인생과 역사의 주인이신 하나님 앞에 모든 것을 다 드러낸 채로 서게 될 것입니다. 그날은 '하나님의 의와 우리의 책임이 조우하는 날'이에요. 그날 그곳에는 정말 다양한 사람들이 자리하고 있을 것입니다. "할렐루야! 드디어 고대하던 날이 왔군요." 춤추며 주님 앞으로 향하는 이가 있을 거예요. 반대로 그 직전까지 마음대로 행하며, "봐라. 하나님이 어디 있느냐? 하나님이 있다면, 나 같은 사람에게 벼락을 내렸어야지" 조롱하다가 비명과 함께 심판의 나락으로 떨어지는 이도 있을 것입니다.

베드로는 요엘이 예언했던 그날을 이렇게 묘사했습니다.

사랑하는 자들아 주께는 하루가 천 년 같고 천 년이 하루 같다는 이 한 가지를 잊지 말라 주의 약속은 어떤 이들이 더디다고 생각하는 것같이 더딘 것이 아니라 오직 주께서는 너희를 대하여 오래 참으사 아무도 멸망하지 아니하고 다 회개하기에 이르기를 원하시느니라 그러나 주의 날이 도둑같이 오리니 그날에는 하늘이 큰 소리로 떠나가고 물질이 뜨거운 불에 풀어지고 땅과 그 중에 있는 모든 일이 드러나리로다 벧후 3:8-10

그러면 우리는 어떻게 해야 합니까?

이 모든 것이 이렇게 풀어지리니 너희가 어떠한 사람이 되어야 마땅하냐 거룩한 행실과 경건함으로 하나님의 날이 임하기를 바라보고 간절히 사모하라 그날에 하늘이 불에 타서 풀어지고 물질이 뜨거운 불에 녹아지려니와 우리는 그의 약속대로 의가 있는 곳인 새 하늘과 새 땅을 바라보도다 벧후 3:11-13

"여호와의 날"을 늘 삼중적으로 이해하고 그날을 유념하며 살아가는 지혜로운 성도들이 되기를 기도합니다. 우리의 인생은 순간순간 다가오는 "여호와의 날"들로 가득 차 있어요. 언제 하나님의 뜻 가운데 메뚜기의 습격, 이웃 나라의 침략과 수탈, 또는 개인적인 종말이라는 "여호와의 날"을 만날지 모릅니다. 그러므로 오스왈드 챔버스(Oswald Chambers)의 조언을 기억하십시오.

"당신의 삶을 정산하실 분은 사람들이 아니라, 오직 하나님이시라는 것을 결코 잊지 마십시오."

만일 우리가 주인 되신 하나님을 유념하고 살면, 오늘 우리의 삶과 우리의 선택은, 그리고 우리의 행동과 삶의 우선순위는 늘 특별할 수밖에 없습니다. 그러므로 요엘서의 말씀을 대하되, 특히 '크고 심히 두려운 여호와의 날'을 기억하고, 이를 인생의 좌표로 재설정하십시오. 그리고 그리로 향하여 나아가십시오.

수년 전, 저희 집 둘째 아이가 여름 방학의 인턴십을 해야 한다고, 그래서 차가 필요하다 하여, 달라스에서부터 애틀랜타까지 12시간 반 정도 걸리는 길을 운전해서 가져다준 적이 있습니다. 자연스레 스마트폰의 내비게이션을 쓰게 되었는데, 충전 케이블의 연결 부분이 잘못되어서 충전이 잘 되지를 않는 거예요. 그러니까 중간중간, 얼마 남지 않은 배터리가 닳을까 봐 알 만한 길이 나오면 전원을 껐다가, 길이 조금 헷갈리면 다시 켜서 확인하기를 여러 번 반복하면서 힘들게 갔습니다.

그때 스마트폰을 다시 켤 때마다 이미 설정되어 있던 내 비게이션이 기계음으로 이런 소리를 냈습니다. "리캘큐레이팅"(Recalculating). 직역하면 "안내를 다시 시작합니다"가 되겠네요. 그러면서 맨 처음에 설정해 놓은 길 중에, 제가 어디쯤 가고 있는지를 파란색 선 위에서 재확인시켜 주곤 했어요.

저는 성도가 "여호와의 날"을 유념하는 것이 이런 것이라고 생각합니다. 중간중간, 하나님이 우리로 정신을 차리게 해 주실 때가 있습니다. 때론 현재형의 말씀으로, 때로는 힘든 삶의 경험을 통해 그분이 다가오십니다.

오래전 캐나다에서 살 때, 한순간 탈수 증세로 인해 막내아이와 함께 앰뷸런스를 타던 순간이 제겐 "여호와의 날"이었습니다. 그 짧은 몇 분의 시간 동안 제 삶 전체를 다시 점검해 보았던 기억이 나네요. "사랑하는 가족이 수술실로 들어가며 손을 흔드는 순간이 '여호와의 날'이었어요"라고 고백하던 성도들도 있었습니다. 그 순간, 우리 인생의 전원 버튼을 다시 누르는 것이죠. "리캘큐레이팅." 그러면 순간 하나님의 큰 지도 속에서 내 위치를 파악하고, 제대로 가고 있는지를 재점검할 수 있습니다.

기억하십시오. 오늘도 세상은 하나님의 말씀대로 움직여 가고 있습니다.

너는 이것을 알라 말세에 고통하는 때가 이르러 사람들이 자기를 사랑하며 돈을 사랑하며 자랑하며 교만하며 비방하며 부모

를 거역하며 감사하지 아니하며 거룩하지 아니하며 무정하며 원통함을 풀지 아니하며 모함하며 절제하지 못하며 사나우며 선한 것을 좋아하지 아니하며 배신하며 조급하며 자만하며 쾌락을 사랑하기를 하나님 사랑하는 것보다 더하며 딤후 3:1-4

민족이 민족을, 나라가 나라를 대적하여 일어나겠고 곳곳에 기근과 지진이 있으리니 마 24:7

이러므로 너희도 준비하고 있으라 생각하지 않은 때에 인자가 오리라 마 24:44

오늘 우리는 어떤 모습으로 살아가고 있습니까? 요엘 선지자가 선포한 "여호와의 날"을 늘 유념함으로 매일매일 그날을 준비하며 살아가는 우리가 되기를 기도합니다.

회개함을 실천하며

요엘서에서 우리가 두 번째로 기억해야 할 것은, 물론 요엘서가 계속하여 "여호와의 날", 심판을 이야기하지만, 그 속에 담긴 하나님의 마음은 여전히 우리를 향한 사랑이요, 인내요, 돌이킴에 있다는 사실입니다. 그래서 요엘서에는 "그러므로 회개하라", "그러므로 돌이키라"는 말씀이 계속 반복되고 있습니다.

여호와의 말씀에 너희는 이제라도 금식하고 울며 애통하고 마음을 다하여 내게로 돌아오라 하셨나니 너희는 옷을 찢지 말고 마음을 찢고 너희 하나님 여호와께로 돌아올지어다 그는 은혜로우시며 자비로우시며 노하기를 더디 하시며 인애가 크시사 뜻을 돌이켜 재앙을 내리지 아니하시나니 욜 2:12-13

이 말씀에 담겨 있는 하나님의 속내를 이해했습니까? "내가 너희를 심판하리라. 크고 두려운 날, 여호와의 날이 곧 너희에게 닥칠 것이다. 내가 메뚜기 떼를 보낼 것이다. 내가 이웃 나라들을 들어 너희를 칠 것이다. 그래서 내가 너희를 심판하리라." 하나님은 계속하여 심판을 이야기하세요. 하지만 끝내 "그러므로 돌아오라", 여기에 관심이 있으십니다. 그렇습니다. 하나님의 뜻은 당신의 백성이 심판대 앞에서 정죄받고 멸망하는 것이 아니라, 한 사람이라도 더 정신을 차리고, 회개하고, 돌이켜 회복되는 데 있습니다.

우리는 하나님의 이 마음이 확연히 드러났던 역사 속의 한 날을 기억합니다. 요나 선지자 때죠.

사십 일이 지나면 니느웨가 무너지리라 욘 3:4

히브리어로 단 다섯 개의 단어만을 불성실하게 선포했던 요나. 하지만 하나님의 말씀이 살아 역사했습니다. 곧 니느웨 백성은 죄를 뉘우치며 회개의 자리로 나아갔고, 결국 하나님의 용서를 받아 멸망을 면하게 되었습니다. 물론 그걸 싫어한 요나가 불평하며 외칩니다.

주께서는 은혜로우시며 자비로우시며 노하기를 더디 하시며 인애가 크시사 뜻을 돌이켜 재앙을 내리지 아니하시는 하나님이신 줄을 내가 알았음이니이다 욘 4:2

정확히 요엘 2장에 나오는 하나님의 기대였지요. 비록 요나는 하나님 아버지의 마음을 완전히 이해하지 못했지만, 그가 내뱉은 불평의 내용은 정확히 옳았습니다. 하나님은 은혜로우십니다. 자비로우시며 인애가 크십니다. 그래서 결국 뜻을 돌이켜 재앙을 내리지 않기를 원하십니다.

그 증거가 바로 저의 인생이요, 여러분의 인생이지요. 동의하시나요? 만일 하나님이 우리가 행한 대로, 우리가 당신을 대접했던 대로 우리에게 행하시고 대접하신다면, 오늘 우리 중에 누가 멀쩡히 자리할 수 있겠습니까? 그러므로 얼른 하나님이 기대하시는 회개의 자리로 나아오십시오.

보라 지금은 은혜 받을 만한 때요 보라 지금은 구원의 날이로다
고후 6:2

언젠가부터 강단에 "회개하라"는 메시지가 사라졌습니다. 설교하기에 부담이 되거든요. 너무 적나라한 메시지가 외쳐져야 하거든요. 하지만 기억하십시오. "회개하라"는 메시지만큼 우리를 향한 하나님의 진한 사랑 표현은 없습니다.

하나님이 왜 우리를 이렇게까지 봐주고 계신 걸까요? 이유는 한 가지뿐입니다. 곧 당신의 사랑 때문에 우리의 회개를 기다리고 계신 것입니다. 그래서 참고 인내하시는 것이죠. 물론 하나님은 필요에 따라 메뚜기 떼를 보내십니다. 이웃 나라의 군대를 보내기도 하십니다. 하지만 결국 그분은 마지막 심판의 날이 이르기 전 요구하십니다. "회개하라. 너희가 이제라도 마음을 찢으며 내게로 돌아오면 구원을 얻으려니와 끝내 거절하면 심판을 당하리라." 그것이 하나님의 마음이에요.

회개와 그로 인한 부흥, 또는 갱신에 대한 이야기를 할 때마다 빠지지 않는 것이 1907년 평양대부흥운동 이야기입니다. 1907년 1월 14일 오후 7시, 평양장대현교회에서 한국인 최초의 장로교 목사 안수를 앞두고 있던 길선주 장로가 평안도 전역에서 몰려온 신자 1,500여 명 앞에 섰습니다. 그리고 이내 흐느끼기 시작합니다.

"나는 아간과 같은 자입니다. 나 때문에 하나님이 축복하실 수 없었습니다. 약 1년 전에 임종을 앞둔 친구가 나를 자신의 집에 불러 부탁했습니다. '길 장로, 나는 곧 세상을 떠날 것 같소. 내 아내는 그만한 능력이 없으니 자네가 내 재산을 정리해 주면 좋겠소.' 난 그 부인 재산을 관리하던 중 욕심에 겨워, 그중의 1백 원을 수고비조로 인정하며 사취했습니다. 나는 하나님의 일을 방해했습니다. 내일 아침에는 그 돈을 미망인에게 돌려드리겠습니다. 나 때문에 온 회중이 은혜를 받지 못하고 있으니 나는 죄인 중의 죄인이올시다."

길 장로가 보여 준 통한의 회개는 그 자리에 있던 신자들과 외국인 선교사 모두를 울렸습니다. 이때부터 새벽 2시가 지나도록 선교사들과 교인들이 앞다퉈 자신의 죄를 회개하는 통성기도를 올려 드렸습니다. 선교사들은 자신의 교만과 편견을 회개했고, 교인들은 선교사에 대한 미움과 질시를 뉘우쳤습니다. 회개는 또 다른 회개를 낳았으며, 이는 평양대부흥운동의 시발점이 되었습니다. 그리고 한국 교회는 놀라운 성령의 역사를 경험합니다.

그날, 즉 1월 14일 저녁 집회에 대한 이길함 선교사의 증언이 생생한 자료로 남아 있습니다.

"기도 후 누군가 자신의 죄를 고백했습니다. 우리는 하나님의 성령이 우리 모두에게 임했음을 느낄 수 있었어요. 죄를 고백하기 위해 차례를 기다리는 사람이 줄을 이었으며, 그들은 모두 죄를 고백한 뒤 바닥에 꿇어 엎드려 울부짖었습니다. 팔꿈치로 마룻바닥을 치며, 자신의 죄에 대해 심한 고뇌에 빠졌으며, 곳곳에서 '나를 도와주소서. 내가 용서받을 수 있나요' 하는 외침들이 그치지 않았지요. 특히 우리 가운데 강씨로 알려진 한 교인은 오랫동안 적의를 품어 왔던 김씨에게 자신의 잘못을 고백했는데 그렇게 교만하고 덩치 큰 사람이 자신의 잘못을 고백하다가 쓰러지고 통곡하는 모습은 하나님의 강한 역사를 설명해 준 대표적인 사례로 잊을 수 없는 사건입니다."

요엘서의 말씀이 우리에게 주는 두 번째 도전이 바로 회개의 역사입니다. 하나님의 심판에 대해 들었습니까? 그렇다면 우리가 살 길은 단 하나, 회개하는 것뿐입니다. 회개가 오늘의 우리를 되살릴 것입니다. 회개가 우리에게 다가온 메뚜기 떼와 바벨론의 군대를 물러가게 해 줄 것입니다. 그리고 회개가 우리를 다시금 소생시켜 줄 것입니다. 함께 고백해 봅시다. "하나님의 심판에는 회개가 정답입니다."

주께서 행하실 큰일을

이어지는 요엘서의 세 번째 주제는 그때, 회개하는 이들에게 주시는 놀라운 "하나님의 약속"에 관한 것입니다. 지금까지 끔찍한 심판을 선포하시던 하나님의 목소리 톤이 갑자기 바뀝니다.

> 땅이여 두려워하지 말고 기뻐하며 즐거워할지어다 여호와께서 큰일을 행하셨음이로다 욜 2:21

그간 이스라엘 백성은 "울지어다. 곡할지어다. 부르짖을지어다"라는 말씀을 주로 들었는데, 이제 말씀에 순종하여 회개하는 이들에게는 세 번째 소망의 메시지, 약속의 메시지가 주어진다는 것입니다. "여호와께서 큰일을 행하셨음이로다." 과연 무슨 일이 일어날까요? "두려워하지 말고 기뻐하며 즐거워할지어다." 왜 그렇게 말씀하시는 것일까요?

말씀이 이어집니다. 그때 하나님은 가장 먼저, 그간 보냈던 모든 재앙을 거두겠다 약속하십니다. 분명 자연재해가 있었죠. 당신이 보내신 끔찍한 메뚜기 떼와 그로 인한 기근 말입니다. 그런데 2장 후반부에 가면, 심판과 회개를 통과한 이들에게는 그 모든 메뚜기 떼가 사해와 지중해로 몰려가 사라지게 될 것이라 하십니다. 또 흉년이 깃들었던 땅에 하나님이 다시금 이른 비와 늦은 비를 주심으로, 그 땅이 다시 곡식과 새 포도주와 풍족한 기름으로 채워지게 될 것이라 하십니다.

혹 여러분의 인생에 그간 메뚜기 떼가 날아왔고, 큰 기근이 몰려와 너무 힘든 여정을 통과해 왔습니까? 요엘서의 말씀대로, 특히 '여호와의 날을 유념하여 진실된 회개로 나아가는 성도들에게' 마당에 밀이 가득하고 독마다 새 포도주와 기름이 넘쳐 나는 놀라운 복이 있게 되기를 기도합니다.

또 있습니다. 이제 하나님은 "남은 자가 있을 것이라"라고 약속하심으로, 그간 바벨론으로 잡혀간 포로들이 다시 그 땅으로 돌아오게 될 것이라 말씀하십니다.

> 그때에 여호와께서 자기의 땅을 극진히 사랑하시어 그의 백성을 불쌍히 여기실 것이라 욜 2:18

전심으로 회개하며 나아가면, 하나님은 우리가 사는 이 땅도 회복시켜 주시고, 식물도 짐승도 회복시키시며, 심지어 우리의 심령을 고치고 회복시키셔서 당신의 '남은 자', '그루터기'로 화하게 하시겠다는 약속이지요. 얼마나 놀라운 말씀입니까?

하지만 요엘서에는 이 모든 일보다 더 큰일 하나가 약속되어 있습니다. 바로 심판을 유념하고 회개함으로 나아가는 이들에게 하나님의 성령을 풍성히 부어 주신다는 약속이지요. 할렐루야! 바로 그 약속의 말씀 때문에 요엘 선지자에게 '성령의 예언자' 또는 '오순절의 예언자'라는 별명이 붙게 된 것입니다.

> 그 후에 내가 내 영을 만민에게 부어 주리니 너희 자녀들이 장래 일을 말할 것이며 너희 늙은이는 꿈을 꾸며 너희 젊은이는 이상을 볼 것이며 그때에 내가 또 내 영을 남종과 여종에게 부어 줄 것이며 내가 이적을 하늘과 땅에 베풀리니 곧 피와 불과 연기 기둥이라 욜 2:28-30

우리는 사도행전 2장을 통해, 이 예언의 말씀이 오순절 성령 강림 사건으로 성취되었다는 것을 알고 있습니다. 구약 시대에 특별한 하나님의 사람들에게 종종 임하셨던 성령이, 이제 새로운 시대를 맞아 모든 믿는 자에게 임하시고, 역사하시고, 또 동행해 주십니다. 특별한 이들에게만이 아닙니다. 이는 모든 믿는 이에게 주시는 하나님의 선물입니다. 따라서 '성령을 선물로 받는 축복'이 요엘서에 나오는 가장 중요한 하나님의 약속이라 할 수 있어요.

결국 1장 "여호와의 날"이라는 심판의 메시지로 시작된 요엘서는 2장 "회개의 과정"을 통과한 이들에게 주시는 축복과 함께, 3장에서 회복된 이들의 모습을 아름답게 그리며 마쳐집니다.

> 여호와께서 시온에서 부르짖고 예루살렘에서 목소리를 내시리니 하늘과 땅이 진동하리로다 그러나 여호와께서 그의 백성의 피난처, 이스라엘 자손의 산성이 되시리로다 그런즉 너희가 나는 내 성산 시온에 사는 너희 하나님 여호와인 줄 알 것이라 예루살렘이 거룩하리니 다시는 이방 사람이 그 가운데로 통행하지 못하리로다 그날에 산들이 단 포도주를 떨어뜨릴 것이며 작은 산들이 젖을 흘릴 것이며 유다 모든 시내가 물을 흘릴 것이며 여호와의 성전에서 샘이 흘러나와서 싯딤 골짜기에 대리라 욜 3:16-18

하나님의 심판과 우리의 회개

목회자로 살아오면서 저 자신에게도 그렇고 성도들에게도 결코 쉽지 않은 일이 하나 있습니다. 그것은 바로 '회개'입니다.

"회개합시다." 말은 쉽죠. 하지만 정말로 회개가 일어나는 것은 쉽지 않아요. 회개가 있으려면 반드시 지금까지 걸어온 길이나 방식이 잘못되었다는 것을 심각하게 깨달아야 하고, 또 그 잘못된 것을 대가를 치르더라도 고쳐 내려는 결단을 해야 하기 때문입니다.

우선 우리는 우리 자신이 잘못되어 있다는 것을 잘 보지 못합니다. 그리고 일단 그 잘못을 알게 되었어도, 대가를 치르면서 그것을 고치는 것을 별로 원치 않아요. 에머슨(Michael O. Emerson)과 스미스(Christian Smith)는 그것이 현대 복음주의자들이 가지고 있는 맹점이라 지적하는데, 동의합니다.

그런 이유에서였을까요? 하나님이 종종 우리의 인생에 행하시는 일이 있습니다. 그것이 바로 "여호와의 날", 하나님의 심판이에요. 그걸 통해 하나님은 우리의 주의를 끄십니다. 왜요? 사랑하시니까요. 왜요? 다시 당신이 원하는 모습으로 빚기를 원하시니까요. 그분의 손길은 때로 재난의 모습으로 다가옵니다. 그래서 우리에게는 종종 메뚜기 떼와 기근, 또 끔찍한 앗수르와 바벨론의 침공이 다가와요. 틀림없습니다. 하나님의 손길, "여호와의 날"입니다.

그 과정을 통해 하나님이 원하시는 것은 한 가지, 우리가 당신으로부터 얼마나 멀어져 있는지를 알게 하시는 겁니다. 광야의 이스라엘이 그랬습니다. 왕정 시대의 사울과 다윗이 그랬습니다. 또 열왕들의 인생과 백성들의 경험이 그러했습니다. 그렇습니다. 진정 여호와의 날에는 우리의 회개가 정답입니다.

그때, 구하십시오. "아버지, 나의 눈을 들어 당신의 눈을 마주치게 하시고, 아버지의 시선으로 오늘의 나를 바라보게 하시옵소서." 그때가 바로 은혜의 때입니다. 그 순간 우리는 "내 속에 정한 마음을 창조하시고 내 속에 정직한 영을 새롭게 하소서"라고 기도하게 되죠. 그 순간 우리는 우리의 옷이 아니라 마음을 찢고, 그간 내가 하나님의 마음을 얼마나 아프게 했는지를 알게 됩니다. 그리고 그 아픔이 결국 나를 고쳐 냅니다. 기억하십시오. 그때, 그 고통을 감내하며 그 여정을 통과한 자, 그들에게 소망이 있습니다.

오해하지 마십시오. 저는 우리에게 일어나고 있는 힘든 일이 다 하나님의 심판 때문이라고 말하지 않았습니다. 하지만 요엘서의 말씀을 대하면서, 하나님의 현재형 도전을 알아챈 분이 있기를 바랍니다. 오늘 나의 인생에 메뚜기 떼의 습격이라 여겨질 만한 일이 있습니까? 적군의 침략처럼 느껴지는 곤고한 일은요? 정말 모든 소망이 끊어졌다 느낄 만큼 처절한 상황에 처한 분은 아니 계세요? 혹시 그 일을 통해 하나님이 나에게 "회개하고 돌이키라"고 말씀하고 계시는 것은 아닙니까? 그 크고 두려운 "여호와의 날"이 이르기 전에 말입니다.

얼른 회개하십시오. 그때 우리는 은혜로우시며 자비로우시며 노하기를 더디 하시고 재앙 내리기를 원치 않으시는 하나님에 의해, 약속하신 '회복의 은혜'를 입게 될 것입니다. 그 순간 우리의 삶에 와 있던 메뚜기 떼가 사라지게 될 것입니다. 그때 우리는 포로 된 자리에서 놓임을 받게 될 것이고, 그때 우리는 약속하신 성령을 충만히 받아 누리는 '복'을 얻게 될 것입니다.

3
chapter

"정의" 하나님의 시선은 세상을 향해 있다
| 아모스 |

너희는 여호와를 찾으라 그리하면 살리라 | 암 5:6

설교 영상

지구촌 사람들에 대한 이런 이야기를 들어 보았습니까? "만일 이 땅에 살고 있는 사람들을 100명이라 한다면, 그중에 30명은 하루 세 끼 충분한 음식을 섭취하며 살고 있지만, 50명은 충분치 않은 음식으로 살고 있고, 나머지 20명은 매일매일 굶주림과 생명의 위협 아래 살고 있다."

우리는 오늘날 세상에서 가장 풍요로운 나라 중 하나인 한국 땅에 살고 있어 그 불균형을 잘 느끼지 못하지만, 통계를 계속 보면 놀랄 겁니다. "100명 중에 단 6명이 전체 부의 60퍼센트를 차지하고 있으며, 74명이 나머지의 38퍼센트를, 그리고 20명이 고작 남겨진 2퍼센트를 나누어 쓰며 생활하고 있다."

이건 어떻습니까? "오늘날 자기 차를 운전하고 다니는 사람은 세상 사람들 100명 중 7명 안에 드는 부자이다." "세상 사람들 100명 중에 오직 1명만이 대학 교육의 혜택을 받았고, 100명 중 단 2명만이 컴퓨터를 소유하고 있다." 혹시 차를 소유하고 있습니까? 그렇다면 지구촌 전체 사람들 중에 상위 7퍼센트의 수준으로 살고 있는 것입니다. 혹시 집에 컴퓨터가 있습니까? 그렇다면 지구촌에서 가장 잘살고 있는 상위 2퍼센트의 수준으로 살아가고 있는 것입니다.

여기서 하고자 하는 말은 "그러므로 우리가 오늘 무언가 크게 잘못하고 있습니다"가 아니라, "그런 놀라운 특권과 축복을 받았다면, 그에 따르는 책임과 의무 또한 고민하며, 더 나은 세상을 향한 실천적인 삶을 살아야 합니다"라는 것입니다. 그리고 그 말을 성경에 나오는 용어로 설명할 때, 아모스서가 말하는 "정의" 또는 "공의"가 됩니다.

아모스는 누구인가

이 장에서 우리가 만나려고 하는 선지자는 아모스입니다. 아모스는 하나님의 정의를 선포한 선지자, 하나님의 공의를 선포하는 것을 사명으로 삼았던 선지자였습니다. 그는 예루살렘 남쪽의 드고아에서 목자, 그리고 농부로 살던 평범한 사람이었는데, 어느 날 하나님의 부르심을 받아 말씀을 선포하게 되었습니다. 흥미로운 것은, 남유다 사람이었던 그가 북이스라엘 종교의 중심지인 벧엘에 가서 예언 사역을 진행해야 했다는 것입니다. 자연히 갈등이 생길 수밖에 없었어요.

당시 북이스라엘은 주전 793년부터 시작된 여로보암 2세의 강한 리더십 아래 제2의 전성기를 구가하고 있었습니다. 영토가 가장 넓었고, 또 가장 부강했으며, 국제적으로도 영향력이 대단했습니다. 하지만 외적인 부강함에 비해, 슬프게도 하나님을 찾지 않았습니다. 오히려 백성들은 우상을 좇았고 쾌락과 풍요, 탐욕을 추구했습니다. 결국 하나님이 찾으시는 정의와 공의는 온데간데없고, 힘 있는 자들이 세상을 주무르는 사회가 되었습니다.

지독한 이기주의, 부익부 빈익빈, 도덕과 윤리의 실종, 불성실, 불신앙, 부정직, 부패, 사치, 방탕 등, 한마디로 북이스라엘은 심각한 영적 위기에 빠져들었습니다. 바로 그때, 혜성처럼 나타나 불타는 하나님의 마음을 전한 이가 있었으니, 그가 바로 아모스입니다.

아모스서는 총 아홉 장으로 되어 있습니다. 1장과 2장에는 이스라엘과 주변국들의 죄악들, 그리고 그들을 향한 하나님의 심판 예언이 담겨 있습니다. 다메섹, 블레셋, 두로, 에돔, 암몬, 모압, 그리고 남북 이스라엘 등 하나님은 각각의 나라들이 하나님 앞에 어떻게 범죄했으며, 그래서 어떻게 심판할 것인지를 조목조목 밝히십니다.

이어지는 3장부터 6장에서는 "이 말씀을 들으라 … 그러므로 심판이 있으리라"는 형식의 말씀이 네 번 반복되며, 당시 이스라엘이 하나님의 기대에서 얼마나 멀어져 있었는지, 그리고 그들을 향한 하나님의 진노가 얼마나 컸는지를 말씀합니다. 그리고 마지막 7장에서 9장에는 다섯 개의 환상이 등장합니다. 그것들은 각각 메뚜기 환상, 삼키는 불 환상, 다림줄 환상, 광주리 환상, 그리고 깨어진 성소의 환상입니다. 그리고 그 중간인 7장에 유명한 '아모스와 아마샤의 논쟁'이 나오고, 제일 마지막 부분인 9장에는 만일 이스라엘이 회개하고 돌아오면 다시금 회복시켜 주겠다는 하나님의 소망의 약속이 담겨 있습니다. 결국 아모스서도 앞선 요엘서처럼 '심판 가운데도 분명히 자리하는 하나님의 은혜 이야기'로 마쳐지고 있어요.

아모스서에서도 세 가지 중요한 주제를 다루기 원합니다.

첫 번째는 아모스서를 통해 보는 "세상을 향한 하나님의 시선"에 관한 것입니다. 이를 위해 "하나님은 어떤 분이신가?"를 질문해 보겠습니다. 두 번째는 아모스서의 중심 주제인 "하나님의 정의"에 관한 것입니다. "하나님은 무엇을 바라시는가?"의 문제죠. 그리고 세 번째는 "아모스와 아마샤의 거짓 선지자 논쟁"에 관한 것입니다.

하나님의 보편적인 관심

가장 먼저 우리는 아모스서를 통하여 "하나님의 세상을 향한 보편적인 관심", 즉 하나님의 이 땅을 향한 시선이 어떤 것인지를 알게 됩니다. 특별히 1장과 2장에 자세히 기록된, 하나님의 각 나라와 족속을 향한 죄의 지적과 심판 선언은 우리 하나님이 단지 북이스라엘만의 하나님이 아니라, 세상 모든 나라와 족속의 하나님이시라는 사실을 보여 줍니다. "다메섹의 서너 가지 죄로 말미암아 … 가사의 서너 가지 죄로 말미암아 … 두로의 죄로 말미암아 … 에돔의 죄로 말미암아 … 모압의 죄로 말미암아 … 유다의 죄로 말미암아…."

하나님의 의도는 분명합니다. 주변 나라들의 죄와 이스라엘의 죄 사이에는 특별한 차이가 없다는 것입니다. 모두 "그들의 서너 가지 죄로 말미암아 심판을 받게 되었다"고 말씀하세요. 다 죄인이라는 겁니다. 모두 하나님의 감찰하시는 시선 아래 있다는 것입니다.

우리는 종종 오해합니다. "구약성경에 나오는 하나님은 주로 유대인들과 이스라엘에게만 당신의 시선을 향하고 계신다"라고요. 그렇지 않습니다. 하나님이 이스라엘을 택하실 때, 이미 당신의 마음과 시선에는 온 세상, 열방이 포함되어 있었습니다. 예를 들어, 창세기 3장 타락과 구원의 이야기에도, 또 12장 아브라함의 선택 이야기에도, 나아가 출애굽기 19장 시내산의 언약 이야기에도 결국은 그들로 말미암아 온 세상이 당신의 축복을 받게 될 것이라는 하나님의 마음이 담겨 있습니다.

'이스라엘 민족이 온 세상을 향한 복의 근원, 또는 구원의 통로가 되는 것', 그래서 '온 세상 사람들이 결국 하나님을 알게 되고, 돌이켜 당신을 예배하는 백성들이 되게 하는 것'이 하나님의 원래 계획이었습니다.

아모스 1장과 2장을 보면, 이스라엘 주변의 나라들, 다메섹, 가사, 두로, 에돔, 암몬, 모압, 아모리, 블레셋 등에 도대체 무슨 일이 있는지, 또 무슨 죄악들이 행해지고 있는지를 하나님이 다 보고 또 알고 있다는 말씀이 나옵니다. 이는 당신이 온 세상을 다스리는 주권자이시라는 뜻이지요.

그런데 이스라엘이 실수를 했어요. 즉 하나님의 부르심, 열방을 향한 제사장 나라로서의 의무를 선민의식, 협소한 특권의식으로 바꿔 오해한 것입니다. 그 놀라운 축복에는 특권뿐 아니라 '제사장 나라가 되는' 책임도 함께 담겨 있는데, 그들은 하나님의 기대를 완전히 저버렸고, 그분을 '자신들만을 위한 하나님'으로 좁혀 이해했습니다.

동일한 실수가 오늘 예수를 믿고 있는 우리에게도 얼마든지 재현될 수 있다는 것을 기억하겠습니다. 오늘날 성도들이 진정한 의미에서 이 세상의 소망이 되지 못하는 이유가 무엇일까요? 왜 "소금과 빛으로 살라!" 하신 주님의 명령이 어느덧 우리에게 큰 부담으로 바뀌어 자리하게 되었을까요? 그것은 하나님의 넓은 시선과 관심을 잊어버린 채, 그분을 개인적인 영역에서만 받아들이고, 심지어 나만을 위해서, 우리 교회만을 위해서 존재하시는 분으로 오해했기 때문입니다.

오늘날 세상의 소망이 되기보다는 놀림거리, 심지어는 걱정거리가 되어 버린 한국 교회의 모습을 떠올려 보십시오. 세계에서 가장 큰 교회 1위에서 몇 위까지를 모두 한국 땅에서 찾아볼 수 있습니다. 하지만 동시에 문제없는 대형 교회를 찾기가 쉽지 않습니다.

이런저런 우리의 부끄러운 자화상들을 이야기하자면 끝이 없어요. 건전한 상식을 파괴하는 자기중심적인 해석과 왜곡들, 반복되는 범법 행위들. 어떤 때는 윤리도 없습니다. 도덕도 없습니다. 자기중심적인 성경 해석들이 판을 치고, 주님의 몸으로서의 전체 교회, 공동체성을 보지 못한 채 이기적인 모습을 보이는 교회와 단체들이 너무 많습니다. 도대체 왜 이런 현상이 자리하고 있는 것일까요? 틀림없어요. 하나님을 자기중심적으로 보고 이해하는 데서 비롯된 것입니다. 즉 하나님의 '보편성'

을 잊은 겁니다.

우리 하나님은 모든 열방의 민족들이 당신께로 돌아와 구원받고 예배하며, 결국 당신의 백성이 되기를 원하시는 분입니다. 그 당연한 사실을 이해하고 심각하게 받아들일 때, 우리는 비로소 나 중심적인 신앙 태도를 벗어 버리고, 세상을 향한 하나님의 섭리와 움직임에 축복의 통로로 참여할 수 있습니다.

"나 같은 죄인 살리신"(새찬송가 305장)이라는 찬송을 우리는 잘 알고 또 사랑합니다. 그 찬송시를 쓴 작가는 존 뉴턴(John Newton)이라는 전직 노예선 선장이었어요. 예수를 알기 전, 너무도 흉악했던 삶이었으나, 하나님의 기적적인 은혜로 변화된 후 그의 남은 생은 하나님의 사랑과 은혜를 전하는 데 사용됩니다. 전해지는 바에 따르면, 그는 '노예선 선장 존 뉴턴'이라 불리는 것에 대하여 전혀 마음 상해하지 않았다 합니다. 왜냐하면 그 별명이야말로 하나님의 살아 계심과 죄인을 향한 그분의 은혜를 드러내는 좋은 도구였기 때문이에요. 실제로 그는 자기가 살아 있는 이유가 거기에 있다고 생각했습니다.

"나는 너무도 악독했던 죄인, 노예선 선장이었습니다. 그런데 하나님이 그런 죄인을 사랑하셔서, 이렇게 십자가의 은혜로 구원해 주셨습니다. 여러분, 나 같은 죄인을 살리신 그분의 은혜를 보면, 이 세상에는 변화되지 못할 사람이 없다는 것을 알게 됩니다. 바로 저처럼, 여러분도 그분을 만나십시오. 그분의 은혜를 체험하십시오." 하나님은 나만의 하나님이 아니라, 모든 사람의 하나님이시라는 것입니다.

아모스서를 대하면서 가장 먼저 하나님의 '보편성'을 기억합시다. "하나님은 온 세상에 관심이 있으십니다." 시각을 확장하세요. 그리고 그 시각 아래 우리의 인생과 교회와 사명을 해석하겠습니다. 물론 하나님은 우리를 사랑하시죠. 하지만 우리만, 나만 사랑하시지 않습니다. 오히려 하나님은 나를 향한 사랑과 구원의 은혜가 점점 확대되어 가족들에게, 친구들에게, 이웃들에게, 그리고 결국 온 나라와 족속과 민족에게까지 미치는 데 관심이 있으십니다.

몇 년 전, 코로나19가 맹위를 떨쳐 사람들이 자유롭게 왕래하지 못할 때였는데, 교우 중에 한 분이 카톡으로 메시지를 보냈습니다. "목사님, 좀 의논 드리고 조언을 구할 일이 있는데 전화 드려도 되나요?" "예, 그럼요." 그분은 소위 명문대 출신이고, 유학을 나왔다가 미국에 머물러 살게 된 분으로 오랫동안 로스앤젤레스의 교육계에 있다가 교감 선생님으로 은퇴한 분이었습니다. 금방 전화가 왔죠. 의논하고자 했던 일은 평생을 친구로 지냈던 지인과 그분의 남편에 관한 것이었습니다.

친구 부부는 평생토록 예수를 믿지 않았고, 그래서 교회를 가 본 적도 없었습니다. 물론 사회적으로는 성공했고, 평안하게 인생길을 걸어왔어요. 하지만 이제 나이가 들고 특별히 남편의 건강에 이상이 생겨서 몸도 아프고 치매도 오고, 그래서 이제는 요양병원으로 옮겨야 하나 고민하는 상황인데, 예수님을 전하고 싶은데 방법이 없다는 거예요. 코로나가 한창이었기에 자유롭게 그 집을 드나들 수도 없고, 그렇다고 1년 가까이 대면 예배로 모이지 못하고 있는 교회에 가 보자 할 수도 없고, 또 갑자기 목사님을 모시고 그 집에 방문할 수도 없고…. 그래서 "어떻게 하면 좋아요. 제가 왜 그 오랜 시간 그들에게 복음을 전할 생각을 못했는지 모르겠어요" 하면서 막 울었습니다. 정신이 번쩍 들었어요.

그 성도의 마음을 말씀드리는 것입니다. 그분에게 담겨 있던 안타까움은 분명 하나님이 주신 마음이죠. 잃어버린 영혼이 복음을 듣고 구원에 이르기를 원하시는 아버지의 마음, 즉 그 영혼들에 대한 '보편적인 관심과 시각'이 담기자 울 수밖에 없었던 것입니다.

아모스서를 대할 때마다, 하나님이 세상 모든 사람을 향해 가지셨던 마음과 시각을 함께 갖게 되기를 바랍니다. '나만 구원받아 다행이고 또 행복한가?' 그렇지 않다는 거죠. 우리 하나님은 온 세상의 영혼들이 다 당신께로 돌아오기를 원하시는 '보편적 관심을 소유하신' 하나님입니다.

삶과 예배의 긴밀한 관계

두 번째로 아모스서를 통해 묵상하려는 것은 아모스서의 중심 주제인 "하나님의 정의" 또는 "하나님의 공의"에 관한 것입니다.

오직 정의를 물같이, 공의를 마르지 않는 강같이 흐르게 할지어다 암 5:24

앞서 언급한 대로 당시 북이스라엘은 겉으로 볼 때 다 잘 돌아가고 있는 듯했습니다. 나라는 부강했고 물질은 차고 넘쳤습니다. 자연히 세상적인 성공이 인생의 중요한 가치가 되었고, 영적인 태만이 이어졌어요. "왜 자꾸 뭐라고 그래? 우리가 뭐 문제 있어? 도대체 뭘 어쩌라고?" 그런 그들에게 하나님이 아모스를 통해 말씀하시는 것입니다. "그래, 문제 있다. 문제가 뭐냐고? 그것은 너희 안에 나의 정의, 나의 공의가 사라진 것이다. 도대체 그것이 어디 갔느냐?"

아모스서를 다시 읽어 보십시오. 선지자는 신사적으로 말하지 않아요. 아니 그는 아예 그런 식으로 말하는 법을 모릅니다. '혹시 너무 직설적으로 말하면 저 사람이 상처받을지 모르니 좀 더 완곡한 표현을 써야지. 혹시 그가 앉아 있는 쪽을 바라보고 이야기하면 시험에 들지 모르니까 저쪽을 보고 말해야지' 하지 않았어요. 왜요? 지금 아모스 선지자에게는 그들의 마음이 상하는 것보다 이미 상한 하나님 아버지의 마음이 더 중요했기 때문입니다. 따라서 그는 직설적으로 외쳤어요. "네가 죄인이다. 네가 정의를 왜곡했다. 너에게 심판이 임할 것이다." 실제로 그는 당시의 귀부인들에게 이렇게 외쳤습니다. "이 바산의 암소들아!"

특별히 아모스는 힘 있고 권력 있고 돈 좀 있다고 권력과 전횡을 일삼던 이들에게 강력한 회개를 촉구합니다. 그의 메시지를 구어체로 바꾸어 한번 외쳐 볼까요?

"잘 들어라, 이스라엘아! 지금 가난한 자들은 방 한 칸 없이 고생하는데, 너희 부자들은 겨울 별장, 여름 별장을 따로 두고서, 상아로 만든 침대에서 호위호식을 해? 힘없는 이들을 짓밟고, 착취하고, 힘겨운 세금을 거두고 부정 축재를 해? 사치와 안일에 빠져서 과소비를 하고, 먹고 마시고 춤추고 향락을 즐기느라 하나님을 잊어? 뇌물을 받고서 잘못을 범한 이들에 대해 눈을 감아 주고 힘 있는 자들에게는 최대한 편의를 제공해? 그러곤 또 와서 아무 일도 없었다는 듯이 제사를 지내고 예배를 드려? 고리대금을 취하여 가난한 자들의 피를 빨아먹어? 아버지와 아들이 한 젊은 여인에게 다녀 내 거룩한 이름을 더럽혀? 부당한 세를 거두고 그 돈으로 좋은 집을 지어?"

하나님의 말씀은 분명했습니다. 힘 있는 자가 공의롭지 못하게 약한 자를 압제하면, 그는 곧 하나님의 엄청난 진노 아래 서게 된다는 것입니다. 사치스러운 생활, 쾌락을 좇는 생활, 약자에 대한 착취, 도덕적 부패, 정치적인 부정, 생명력을 잃은 종교, 경제적으로도 심화되는 부익부 빈익빈, 그리고 토지 강탈 등…. 아모스는 그런 그들에 대한 하나님의 심판을 놓치지 않고 하나하나 선포합니다. 오죽하면 7장의 환상 가운데 하나님이 '다림줄'을 든 채로 등장하셨겠습니까? 다림줄이란 건물을 지을 때, 그 건물이 올곧게 섰는지 아니면 삐뚤게 섰는지를 보여 주는 측량 도구입니다. 그만큼 이스라엘은 망가져 있었어요. 그들은 빨리 돌이켜야 했습니다.

오늘 우리는 과연 잘 살고 있는 것입니까? 그냥 지금까지 살아왔던 방식으로 계속 가도 정말 아무런 문제가 없는 것일까요? 반드시 해야 할 고민이에요. 유감스럽게도 당시 북이스라엘의 백성들은 그런 고민을 전혀 하지 않았습니다. 왜요? 그들은 전혀 문제가 없다고 생각했거든요.

당시 그들은 최고의 전성기를 구가하고 있었습니다. 풍요로웠습니다. 나라도 부강했고, 세금도 많이 거두었고, 그래서 정말 폼이 났습니다. 제사도 안 드린 게 아니었습니다. 그들은 여호와께 때맞춰 제사를 드렸고, 절기도 지켰습니다. 물론 그러면서 가나안 사람들이 그러하듯, 바알과 아세라도 적당히 섞어 좇았죠. 결국 돈, 물질, 권력, 명예, 향락, 건강, 은퇴 준비… 그것들이 그들의 주된 관심사였고, '그냥 그렇게 사는 것이 다겠거니…'라고 생각했습니다. 그러니 하나님의 말씀이 들리지가 않는 거예요. "아니, 뭐가 그리 잘못되었다고 그러는 거야? 다들 그렇게 사는데?" 항변했어요. 그러나 하나님이 말씀하십니다. "아니다. 그게 맞는 게 아니야."

> 벧엘을 찾지 말며 길갈로 들어가지 말며 브엘세바로도 나아가지 말라 길갈은 반드시 사로잡히겠고 벧엘은 비참하게 될 것임이라 하셨나니 암 5:5

그렇게 하지 말고, 대신 이렇게 하라 하십니다.

너희는 여호와를 찾으라 그리하면 살리라 그렇지 않으면 그가 불같이 요셉의 집에 임하여 멸하시리니 벧엘에서 그 불들을 끌 자가 없으리라 암 5:6

이 말씀들은 무척 의미심장합니다. 우선, 여기에 나오는 지명들이 심상치 않아요. 벧엘과 길갈과 브엘세바가 차례로 나오는데, 공통점이 있습니다. 즉 그곳들은 모두 이스라엘에 있어 가장 거룩하고 의미 있는 지역, 즉 '성지'였습니다.

벧엘 하면 이스라엘은 바로 야곱을 떠올립니다. 야곱이 하나님 앞에 단을 쌓고서 인생을 새로이 출발했던 땅입니다. 길갈이라 하면 이스라엘은 40년 광야 시대를 마치고 요단강을 건너 드디어 가슴 벅참과 함께 약속의 땅에 들어왔던 때를 떠올립니다. 그 가슴 벅참으로 강바닥에서 돌을 열두 개 취하여 기념비를 쌓았고, 가나안 땅에서 최초의 유월절을 지켰으며, 말씀에 순종하여 모든 남성이 할례를 받은 곳이 길갈이었어요.

또 브엘세바 하면 그들은 자신들의 시조, 열국의 아비, 아브라함을 떠올립니다. 긴 나그네 세월을 통과하여 마침내 이르게 된, 에셀나무를 심고 영원하신 하나님의 이름을 부르며 예배했던 종교적 중심지가 브엘세바입니다. 그렇습니다. 이스라엘 백성은 그때에도 여전히 그곳들에서 제사를 지내고 있었습니다.

그런데 문제가 있었죠. 그들은 여전히 여호와 하나님께 제사를 드리고 절기를 지킨 것처럼 보였지만, 그것들은 모두 엉터리 제사였던 것입니다. 하나님은 그 모든 것을 거절하세요. "벧엘과 길갈과 브엘세바로 가지 말라. 그 성소로 가지 말라!" 왜요? "나는 그것이 싫다" 하십니다. "나는 그것들에 구역질이 난다"는 거예요. "너희들의 거짓 예배, 삶이 없는 예배, 입과 몸으로는 나를 섬긴다고 하고 나를 사랑한다고 하지만, 실제로는 여호와 하나님을 가벼이 여기고, 무시하고, 우상을 섬기고, 전혀 내가 원하는 대로 살지 않는 엉터리 삶의 열매를 가지고 어디를 나오려 하느냐?" 그게 이유였습니다. 그래서 하나님이 역정을 내십니다.

> 내가 너희 절기들을 미워하여 멸시하며 너희 성회들을 기뻐하지 아니하나니 너희가 내게 번제나 소제를 드릴지라도 내가 받지 아니할 것이요 너희의 살진 희생의 화목제도 내가 돌아보지 아니하리라 네 노랫소리를 내 앞에서 그칠지어다 네 비파 소리도 내가 듣지 아니하리라 암 5:21-23

"내게 그만 예배하라"는 겁니다. "내게 절기를 그만 지키라"는 거예요. "그만 찬송하라!" 하십니다. 왜요? 싫으시니까요. 가증한 제사와 절기가 당신은 싫다는 것입니다. "너희 자신을 위한 예배, 자기만족을 위한 제사와 절기와 예배와 찬송일 뿐이다. 나는 싫다. 다 가짜다"라는 것입니다.

그러면 어떻게 해야 합니까? 하나님은 그들에게 무엇을 바라십니까? 뜻밖에도 이어지는 말씀은 해법에 관한 것입니다. 그렇게 하지 말고 대신에 뭘 하라고요?

> 오직 정의를 물같이, 공의를 마르지 않는 강같이 흐르게 할지어다 암 5:24

아니 이게 갑자기 무슨 소리죠? 하나님은 지금껏, 예배 이야기, 절기 이야기를 해 오지 않으셨나요? 그런데 왜 갑자기 '정의 이야기', '공의 이야기'를 꺼내시는 걸까요?

사실 하나님은 다른 이야기를 하시려는 것이 아닙니다. 그분은 대신에 이렇게 말씀하시는 거예요. "이스라엘아, 너희들이 지금 제사, 제물, 예배, 찬송, 다 하고 있지만, 너희들이 벧엘에서, 길갈에서, 브엘세바에서 하는 모든 것은 다 엉터리이다. 그러므로 이제는 엉터리 제사, 엉터리 예배, 엉터리 절기, 다 때려치워라. 나는 더 이상 구역질 나서 그것들을 안 받겠다."

이유가 있었죠? "나는 너희들의 예배와 삶이 불일치하는 것을 더 이상 못 견디겠기 때문이다." 아, 그게 이유였네요. "나는 너희가 평상시에 '공의와 정의를 내팽개치고 살다가, 거룩한 척 나와서 드리는 가증한 예배를 더 이상 못 참겠다. 그건 다 가짜다. 나는 이제 위선자들의 예배가 싫다!" 그분의 말씀입니다.

주일에 교회 와서는 거룩한 예배자가 되지만, 그다음 날 일터에 나가서는 사기 치고, 거짓말하고, 부정직을 행하고, 약한 자들을 괴롭히고, 함께 일하는 일꾼들에게 매정하게 대하고, 강자에게 약하고 약자에게 강하게 굴며, 저울을 속이고, 부당한 이득을 취하면서 살아간다면, "그때 그들의 예배는 엉터리가 틀림없으니, 나는 이제 그 예배를 안 받겠다"고 하시는 겁니다.

오해하지 마십시오. 지금 이 말씀이 "그러므로 그런 너희들은 이제 앞으로는 절대로 예배에도 오지 말고 교회도 오지 말아라!" 그런 뜻입니까? 아니죠. "그런 삶을 빨리 고치고, 수정하고, 회개하고 돌이켜라. 제대로 해라"라는 뜻입니다.

천사의 얼굴을 하고서 주일에 교회 와 찬양하고 기도하고 말씀을 듣고 "할렐루야! 아멘!" 하지만, 막상 밖에 나가서는 '세상은 그렇게 해서는 살 수가 없어. 적당히 타협도 좀 하고, 필요하면 하얀 거짓말도 좀 하고, 또 정말 필요하면 예수 믿는 것도 드러내지 않은 채, 좀 더 빠른 방법을 찾아봐야 성공하지. 세상은 원래 그런 곳이니까 말야" 하면서 세상 사람들과 똑같이 윤리적이지 않은 결정을 하고, 거짓으로 이익을 창출하고, 약한 자들을 짓누르고, 그러면서도 돈을 사랑하고, 권력을 추구하고, 세상과 벗하면서 살아가는 성도와 교회! 그러면 안 된다고 하시는 겁니다. 그런 이들은 오지 말라고 하신 것입니다.

한번 대답해 보십시오. 오늘날 우리에게 교회가 없어서 문제입니까? 아니요. 예배와 삶이, 말씀과 행실이 따로 노는 성도와 교회들이 많은 게 문제입니다. 하나님은 양보하지 않으세요. 대신 요구하십니다. 똑바로 하라는 것입니다. 고치라는 것입니다. 정의롭게, 공의롭게 행하라는 것입니다. 그래야 그들의 제물과 그들의 예배와 그들의 찬송과 기도를 받겠다고 하시는 것입니다.

이는 보통 심각한 말씀이 아닙니다. 기억하십시오. 아모스서의 핵심 구절인 5장 24절, "오직 정의를 물같이, 공의를 마르지 않는 강같이 흐르게 할지어다"에서 '흐르다'라는 동사는 대충 흐르는 게 아니라 '강력하게 흐르다'라는 뜻입니다. 또 여기서 "강"은 때때로 마르는 겨울철의 시내가 아니라 1년 내내, 심지어 건기 때에도 마르지 않고 줄기차게 흐르는 '풍성한 수량의 강'을 의미합니다. 무슨 뜻입니까? 그만큼 '계속', 그만큼 '세게', 그만큼 '계속해서' 정의와 공의의 삶을 철저하게 살아 내라는 것입니다. 그런 다음에야 희생 제물, 절기, 노래, 비파를 가지고 하나님께로 나아올 수 있다는 것입니다.

따라서 아모스서를 통해 우리가 두 번째로 붙드는 말씀은 이것입니다. 하나님은 오늘도 '예배와 삶이 분리되어 있지 않은 예배자'를 찾으신다는 것입니다. 예배하러 나오는 주일의 시간만 중요한 것이 아니라, 예배 후 우리의 삶에서 '매일매일 하나님의 가치대로, 바르게, 정의롭게, 공의를 행하면서 윤리적으로 살아가느냐, 아니냐'가 중요하다는 겁니다. 그리고 그것이 '우리가 드리는 예배가 하나님께 받아들여지느냐, 아니냐'를 결정

짓는다는 것이죠.

매 주일 예배드릴 때, 하나님의 뜻을 분별하여 붙들기 위해 애쓰는 성도들이 되기를 권합니다. 하지만 더 중요한 것은, 그날 붙든 하나님의 뜻과 말씀을 가지고 한 주간 삶의 현장에서 몸부림치며 실험하는 것입니다. 어떤 분은 "오늘날 신실한 그리스도인으로 사는 게 결코 쉽지 않아요. 목사님, 좀 이해해 주세요"라고 말씀하십니다. 하지만 그에 대한 제 대답은 "아니요"입니다. 권합니다. 오히려 적극적으로 '공의'를 선택하십시오. '정의롭게' 일하십시오. 약한 자를 고려하십시오. 세금을 정직히 내십시오. 순간순간 바르게 판단하십시오. 그리고 그 삶의 결과를 가지고 그다음 주일의 예배자로 나아오십시오.

기억하세요. 한 주간의 정의로운 삶이, 다음 주일 우리의 예배를 결정짓습니다. "오직 정의를 물같이, 공의를 마르지 않는 강같이 흐르게 할지어다." 행함 없는 믿음은 죽은 것입니다. 이것이 아모스서를 통해 하나님이 우리에게 외치시는 두 번째 메시지입니다.

참 선지자 논쟁

마지막으로 다루려는 주제는 7장 10-17절에 기록된 '아마샤 제사장과 아모스 선지자의 논쟁'에 관한 것입니다. 당시 벧엘의 성소에는 전문적인 교육을 받고 공식 직함도 가진 권위 있는 종교 지도자요, 왕과도 특별한 친분을 쌓은 아마샤 제사장이 있었습니다. 그런데 생각해 보세요. 그런 그에게 아모스의 예언 사역은 정말로 큰 골칫덩어리였습니다. 그 자신은 소위 말하는 기득권자였습니다. 그런데 그런 아마샤 제사장의 입장에서 볼 때, 아모스 선지자가 보통이어야죠. 너무 비판적이거든요. 그래서 벼르고 벼르다가 어느 날 드디어 소매를 걷어붙입니다. '이 녀석 너무 설치는데? 내 본때를 한번 보여 줘야지.' 그래서 사건이 발생합니다.

> 때에 벧엘의 제사장 아마샤가 이스라엘의 왕 여로보암에게 보내어 이르되 이스라엘 족속 중에 아모스가 왕을 모반하나니 그 모든 말을 이 땅이 견딜 수 없나이다 아모스가 말하기를 여로보암은 칼에 죽겠고 이스라엘은 반드시 사로잡혀 그 땅에서 떠나겠다 하나이다 암 7:10-11

아마샤 제사장이 여로보암왕에게 쪼르르 달려가 아모스를 고발한 것입니다. 모함이죠. "왕이여, 저 남쪽 유다에서 올라온 아모스라는 놈이 감히 모반을 진행하고 있습니다." 그리고 아모스에게 이렇게 명합니다.

> 선견자야 너는 유다 땅으로 도망하여 가서 거기에서나 떡을 먹으며 거기에서나 예언하고 다시는 벧엘에서 예언하지 말라 이는 왕의 성소요 나라의 궁궐임이니라 암 7:12-13

어렵지 않습니다. "네가 뭔데 너희 나라를 놔두고 이곳 북이스라엘까지 올라와서 감 놔라 대추 놔라 하는 거냐? 웃긴다. 너 돌아가! 가서, 거기 가서나 떡 먹고, 거기 가서나 예언을 해. 왜 벧엘까지 올라와서 설치는 거야?" 그러면서 쫓아버립니다.

사실 우리는 여러 선지서들에서, 계속해서 등장하는 거짓 선지자들을 만납니다. 예레미야도 그런 대적자들을 만난 적이 있어요. 그들은 늘 세상적인 안정과 이익을 중시했습니다. 사실은 나라가 망하기 직전이었죠. 그래서 하나님은 계속 "회개하고 돌이키라. 그리하면 살리라"고 말씀하신 것이었어요. 하지만 거짓 선지자들은 매번 "평안하다. 평안하다. 다 괜찮다. 잘될 거다"라고 했습니다. 지금 아마샤도 그런 거짓 선지자 중에 하나였던 것입니다.

그 순간 아모스가 외칩니다.

아모스가 아마샤에게 대답하여 이르되 나는 선지자가 아니며 선지자의 아들도 아니라 나는 목자요 뽕나무를 재배하는 자로서 양 떼를 따를 때에 여호와께서 나를 데려다가 여호와께서 내게 이르시기를 가서 내 백성 이스라엘에게 예언하라 하셨나니
암 7:14-15

틀림없이 하나님이 부르셨고, 하나님이 시키셨다는 겁니다. 따라서 지금 자신이 선포하는 메시지는 '여호와의 말씀'이라는 것입니다. "그런데 네가 감히 선포되는 하나님의 말씀을 막아?" 곧 무시무시한 하나님의 저주가 임합니다.

여호와께서 이와 같이 말씀하시기를 네 아내는 성읍 가운데서 창녀가 될 것이요 네 자녀들은 칼에 엎드러지며 네 땅은 측량하여 나누어질 것이며 너는 더러운 땅에서 죽을 것이요 이스라엘은 반드시 사로잡혀 그의 땅에서 떠나리라 하셨느니라 암 7:17

거짓 선지자의 최후죠. 우리에게는 늘 듣기 좋은 말씀만 듣기 원하는 경향이 있습니다. 그러나 그러면 안 됩니다. 중요한 것은 내가 듣기 원하는 말씀이 아니라, 하나님이 하기 원하시는 말씀입니다.

회복, 무너진 장막을 일으키고

그날 이스라엘은 아모스 선지자의 메시지를 듣고 얼른 돌이켰어야 했습니다. 그러나 그들은 그러지 않았죠. 결국 이스라엘 백성은 하나님의 심판을 현실로 마주 대하게 되었습니다. 참 아쉽습니다.

여기에 10년 후 나의 모습을 비추어 주는 거울이 있다 생각해 보십시오. 만일 거울 속 10년 후 내 모습이 모든 사람에게 인정을 받으며 풍족하고 아름답게 살고 있는 것처럼 비친다면, 우리는 비록 조금 힘들어도, 아니 심지어 큰 어려움 속에 있다 해도 넉넉한 감사로, 인내로 오늘을 걸어갈 수 있을 것입니다. 반대로 거울 속 10년 후의 내 모습이 끔찍할 정도로 비참하고, 불쌍하고, 몸서리가 쳐질 만큼 흉하게 비친다면, 우리는 오늘의 삶이 어떠하든 얼른 정신을 차려야 합니다. 어떻게 하면 그렇게 되지 않을 수 있는지, 어디를 수정해야 할지 살펴보고, 그 부분을 꼭 바꿔야만 할 것입니다.

바로 그것이 누가 봐도 평안해 보이던 이스라엘을 향해 선포된 아모스서가 있는 이유요, 오늘날 우리에게 다시금 주어지고 있는 정확한 이유입니다. 빨리 스스로를 점검하여, 하나님이 원하시는 모습으로 고치라는 거예요. 그분의 무서운 심판이 이르기 전에 말입니다.

감사하게도 무서운 심판의 메시지 끝에는, 하나님이 늘 그러하시듯 회개하고 돌이키는 이들을 향한 약속의 메시지가 이어집니다. '만일 그들이 이 말씀을 듣고서 돌이키면' 하나님이 늘 그렇듯, 그 성을 회복시켜 주겠다는 소망의 말씀이죠.

> 그날에 내가 다윗의 무너진 장막을 일으키고 그것들의 틈을 막으며 그 허물어진 것을 일으켜서 옛적과 같이 세우고 암9:11

> 내가 내 백성 이스라엘이 사로잡힌 것을 돌이키리니 그들이 황폐한 성읍을 건축하여 거주하며 포도원들을 가꾸고 그 포도주를 마시며 과원들을 만들고 그 열매를 먹으리라 내가 그들을 그들의

땅에 심으리니 그들이 내가 준 땅에서 다시 뽑히지 아니하리라 네 하나님 여호와의 말씀이니라 암 9:14-15

만일 그들이 이 말씀을 듣고 하나님께로 돌이키면 당신도 반드시, 그들을 회복시켜 주겠다는 약속입니다. 그러므로 하나님이 주신 회복의 약속이 우리의 삶에 이루어지기를 소원하며, 아모스서의 메시지에 반응해야 합니다. 현재형으로 다가오는 아모스서의 말씀 때문에, '하나님의 공의와 정의라는 성품에 부합하는 인생을 걷기 위해' 고민하고 수고함으로, 결국 하나님께 인정받고, 그분의 자랑이 되는 인생이 되길 바랍니다. 그래서 우리의 삶이 '하나님의 정의'를 드러내고 선포하는 복된 도구가 되기를 간절히 기도합니다.

4
chapter

"교만" 하나님이 가장 미워하시는 것
| 오바댜 |

환난을 당하는 날에 네가 그 고난을
방관하지 않을 것이며 | 옵 1:13

설교 영상

제 아내는 꿈을 많이 꿉니다. 그리고 아침에 일어나면 꼭 꿈 이야기를 해 줍니다. 그것까진 좋습니다. 그런데 참 황당하고 또 억울한 것은, 꿈속에서 제가 자기를 너무 힘들게 하고 괴롭혔다면서 현실의 저에게 바가지를 긁는 것입니다. 억울하다 항변하면, 다 제가 "옛날에 자기를 고생시켜서 그런 것"이라면서 참으랍니다. 이해는 되지 않지만 수가 없어요.

우리도 종종 힘든 꿈을 꿉니다. 예를 들면, 수렁에 빠졌는데 아무리 헤어나려 해도 헤어날 수 없고, 끈적끈적한 것들이 몸에 붙었는데 도무지 떼어 낼 수 없는 괴로운 꿈이 있어요. 정말 힘들죠. 그런데 실제 우리의 인생에서도 그런 일이나 사람을 만나는 경우가 있습니다. '아, 저 사람만 좀 안 보면 좋겠는데', '저 일만 아니면 내가 살 만할 텐데' 하는 경우 말입니다. 도저히 무시할 수도 없고, 피할 길도 없고, 그렇다고 함께 가자니 너무 힘들고…. 그런 일이나 존재가 분명히 있다는 것입니다.

이스라엘을 힘들게 했던 족속, 에돔

이스라엘에게도 그런 존재가 있었습니다. 너무너무 싫어요. 무슨 수를 쓰더라도 엮이고 싶지 않습니다. 또 보고 싶지도, 마주치고 싶지도 않습니다. 하지만 절대로 사라지지 않죠. 그렇게 오랜 기간, 역사의 흐름 속에 내내 그들 옆에 자리하여 힘든 이유와 존재가 된 이들, 마치 수렁이나 가시처럼 그 옆에 자리하며 끊임없이 이스라엘을 힘들게 한 이들이 있습니다. 그들만 없었더라면 이스라엘은 훨씬 더 마음 편하고 행복할 수 있었을 겁니다. 하지만 그들은 없어지지 않았고, 계속하여 이스라엘을 괴롭혔습니다.

그들이 누구입니까? 바로 이 장에서 살펴볼 에돔 족속입니다. 그리고 오바댜서는 바로 그 지긋지긋한 원수의 나라 에돔을 향하여 선포된 하나님 심판의 말씀입니다. "너희 에돔은 반드시 망할 것이다."

구약성경은 모두 39권으로 이루어져 있는데 그 가운데 가장 짧은 책이 오바댜서입니다. 전체라고 해 봤자 21절뿐이에요. 그러다 보니 자칫 이 책을 소홀히 하기 쉬운데, 사실은 그렇지 않습니다. 왜냐하면 오바댜서에 담긴 하나님의 메시지는 길이와는 상관없이, 다른 어느 책들과도 견줄 수 있을 만큼 분명하고 또 의미심장하기 때문입니다.

성경을 읽다가 오바댜서에 이르러 "와, 짧다!" 하고 대충 넘기지는 않았습니까? 실제로 우리는 오바댜서를 잘 다루지 않아요. 아마 이를 본문으로 한 설교를 별로 들어 보지 못했을 것입니다. 하지만 유대인들은 오래전부터 이 책을 무척 사랑했어요. 특히 오바댜서의 제일 마지막 다섯 절을 '골든 페이지'(Golden Page, 황금 장)라 부르며 무척이나 중시했습니다.

에서와 야곱, 에돔과 이스라엘

사실 이스라엘과 에돔은 그 출발선상에서는 형제지간이었

습니다. 에돔 족속의 시조가 이삭의 쌍둥이 아들 중 형이었던 에서입니다. 그리고 이스라엘의 시조는 쌍둥이 중 동생이었던 야곱이에요. 그런데 어쩐 일인지 이 형제는 처음부터 끝까지 티격태격하며 그들의 인생과 민족의 역사를 써 내려갔습니다. 창세기 25장에 의하면, 야곱은 형 에서와 어머니 태에서부터 다투기 시작했습니다. 아니 출생하는 순간까지도, 야곱은 형의 발뒤꿈치를 잡고서 내가 먼저 나가겠다고 실랑이를 벌였습니다. 또 장성하면서도 그들은 아버지 이삭의 축복을 받아 내기 위해 경쟁합니다. 유명한 이야기죠. 팥죽 한 그릇으로 장자의 권리를 사 낸 야곱, 이어 아버지 이삭을 속여 장자의 축복 기도를 받아 냈고, 결국 분노한 형의 낯을 피해 도망한 저를 하나님은 하늘 사닥다리의 꿈을 통해 만나 주십니다.

오랜 세월이 지난 후 야곱은 얍복강 가에서 형 에서와 재회하며 잠시 화해하는 듯하더니, 결국 함께하지 못한 채 헤어집니다. 이후 야곱은 가나안 땅에, 그리고 에서는 사해 남단의 에돔 땅에 자리를 잡고서 각각의 가문을 이루며 살아가게 되죠.

성경은 주로 야곱의 후손들인 열두 아들들에게 주목합니다. 그리고 요셉 때문에 애굽으로 이민을 떠났던 야곱의 가문은 400여 년의 시간이 흐르면서 민족을 이루었고, 드디어 모세의 영도 아래 출애굽의 대역사를 이루어 내요. 그리고 척박한 광야를 통과한 후 요단 동편 '왕의 대로'(King's Highway)로 알려진 남북 교역로를 통해 북쪽 가나안으로 향하면서, 그 땅에 살고 있던 형제 족속 에돔에게 그 길을 가로질러 갈 수 있게 해 달라고 허락을 구합니다. "당신들의 농작물이나 물에 전혀 피해를 끼치지 않을 것이고, 만일 손해를 끼치면 고스란히 다 값으로 지불하겠습니다"라고 말하면서까지요.

하지만 에돔은 그 부탁을 냉정히 거절합니다. 민수기 20장에 의하면, 결국 이스라엘은 에돔 땅을 우회해서 지나야 했습니다. 그러니 그 힘든 시기의 이스라엘이 얼마나 서럽고 섭섭했겠습니까? 자연히 둘 사이가 좋아질 수가 없었습니다.

이후 다윗 왕조 시대에 이르러 에돔은 이스라엘의 속국이 되었지만, 주전 8세기경, 서로 간에 큰 전쟁을 주고받으며 살육의 역사를 함께 통과합니다. 결국, 오래전 형제 사이로 출발했던 에서와 야곱은 그 후예들의 역사 속에 끝없는 대적자로 자리매김하면서 깊은 원한 관계를 맺고 말아요. 그러니 이스라엘 편에서 보면, 에돔은 여간 성가신 존재가 아니었습니다. 앞서 언급했던 끝없는 수렁과도 같은 존재라고 할까요. 이스라엘을 얼마나 괴롭혀 왔는지요. 그 점을 염두에 두고서, 오바댜서의 말씀을 대해 보겠습니다.

사실 오바댜서는 에돔의 멸망에 대한 예언의 말씀이 어떤 역사적 상황에서 비롯된 것인지를 직접 언급하고 있지는 않습니다. 하지만 10절에서 14절까지의 말씀을 보면, 대충 그 상황을 짐작할 수 있어요. 특별히 11절을 보십시오.

네가 멀리 섰던 날 곧 이방인이 그의 재물을 빼앗아 가며 외국인이 그의 성문에 들어가서 예루살렘을 얻기 위하여 제비 뽑던 날에 너도 그들 중 한 사람 같았느니라 옵 1:11

이스라엘이 큰 어려움에 처했는데, 형제 나라 에돔이 그들을 돕기는커녕, 오히려 대적자들과 함께 유다를 못살게 굴었다는 이야기입니다. 아니 그들은 적들과 함께 이스라엘을 약탈했다고 했어요. 즉 적들과 함께 형제 나라를 침략하고, 함께 악한 일을 행했다는 것입니다. 그리고 그 이유로 지금 하나님이 에돔에게 심판의 메시지를 선포하고 계신 것입니다.

오바댜서의 내용

당시 에돔은 사막의 한가운데서 큰 바위 요새 위에 난공불락의 성을 짓고서, "아무도 우리를 멸할 수 없다"는 교만함 가운데 거하고 또 행동했습니다. 게다가 앞서 살폈듯이 형제 나라 이스라엘의 어려움을 돌아보지 아니하고, 오히려 적들과 손을 잡고 이스라엘을 못살게 굴었습니다. 학자들은 이것이 바벨론의 침략으로 유다가 패망했던 사건을 이야기한다고 봅니다.

강대국 앗수르, 그리고 바벨론이 차례로 유다를 쳐들어와 온 나라를 약탈했습니다. 수많은 생명을 해쳤고, 많은 전리품을 챙겨 갔어요. 그때 형제 나라였던 에돔이 유다를 돕기는커녕 이방인들과 똑같은 죄를 함께 지었다는 거예요.

오바댜서는 그날 그들의 악행을 자세히 기록하고 있습니다. 먼저 12절을 보면, 형제가 어려움 속에 망하는 모습을 에돔 족속이 방관했다 합니다. 아니 그들은 이스라엘이 망하는 모습을 보며 기뻐했고, 심지어 입을 크게 벌려 자기의 먹을 것을 챙겼다고 되어 있어요.

또 13절에는, 에돔이 예루살렘 성문으로 함께 들어가 유다 백성의 재물들을 빼앗았다고 되어 있고, 심지어 14절에서는 그들이 생명을 위해 도망하던 이스라엘 사람들을 네거리에서 가로막고 사로잡아 적국의 노예로 넘겨 버리기까지 했다고 되어 있습니다. 그래서였을까요? 하나님은 에돔을 심판하여 결국 멸망에 이르게 하겠다 하십니다. "내가 반드시 너희 에돔 족속을 멸하리라." 하나님의 진노는 맹렬했습니다.

이어지는 15절부터 마지막 21절은 오바댜서의 두 번째 주제, 즉 "이스라엘의 회복에 대한 약속"을 이야기합니다. 특별히 이곳에서는 하나님의 시선이 에돔뿐 아니라, 만국을 향해 확대되고 있어요.

여호와께서 만국을 벌할 날이 가까웠나니 네가 행한 대로 너도 받을 것인즉 네가 행한 것이 네 머리로 돌아갈 것이라 옵 1:15

보십시오. 그 심판의 메시지는 에돔을 벗어나 주변 여러 족속들에게로 향합니다. 그때 이스라엘의 원수들을 향한 여호와의 날, 심판의 날은 동전의 양면처럼, 이스라엘에게는 하나님 주시는 '회복과 소망의 날'이 된다고 하십니다. "그날 이스라엘은 다시금 하나님의 거룩한 산 시온으로 모이게 될 것이고, 되살아난 이스라엘이 결국 블레셋과 에브라임과 사마리아와 길르앗, 그리고 기타 여러 나라들을 다시금 차지하여 하나님의 거룩한 소유로 회복될 것이다." 이것이 오바댜를 통해 선포하신 하나님의 두 번째 메시지입니다.

그렇다면 이 말씀들은 오늘 이 시대, 이 땅에서 믿음의 길을 가고 있는 우리에게 어떤 의미로 다가옵니까?

교만한 자가 되지 말자

가장 먼저, 오바댜서의 말씀은 우리에게 '교만'에 대한 하나님의 '경고'를 이야기해 줍니다. 에돔은 척박한 환경 속에서 나름대로의 생존 법칙을 터득한 뛰어난 족속이었습니다. 그들은 비록 대제국은 아니었지만, 상당히 오랜 기간 자신들의 지혜를 활용하여 바위틈 높은 곳에서 안전하게 살아갔어요.

그들의 흔적이라 여겨지는 요르단의 페트라는 지금도 세계적으로 유명한 관광지입니다. '에돔'은 '붉다'는 뜻인데, 그 지역은 정말 시뻘건 흙으로 이루어진 척박한 광야입니다. 지금도 와디 럼(Wadi Rum)이라고 해서, 붉은 사막이 끝없이 펼쳐져 있어요. 그런데 그런 광야의 한가운데 갑자기 어마어마한 바위산들이 나타납니다. 그리고 그 안에 페트라라는 고대 도시가 자리하고 있어요.

페트라는 수 세기 동안 발견되지 않은 채 그 안에 숨겨져 있던 신비한 도시인데, 이유가 있습니다. 그 도시로 들어가는 길이 너무 좁고 또 협착한 벼랑으로 이어져 있었기 때문입니다. 정말 천혜의 요새라고 할 수 있어요.

어떻게 그런 바위산 속에, 그처럼 어마어마한 도시가 숨겨져 있을까요? 상상할 수도 없는 일이었습니다. 아니 백번 양보해서 그 안에 그런 엄청난 도시가 존재하는 것을 알았다 해도, 그곳을 쳐들어갈 길이 없습니다. 진입할 수 있는 길이 협소한 벼랑 아래의 길뿐이었기 때문입니다. 따라서 아무리 수십만 대군이 쳐들어온다 해도, 소수의 사람들로도 그 위에서 넉넉히 방어할 수 있었습니다. 깎아지를 듯한 바위 절벽 사이로, 겨우 몇 사람만이 통과할 수 있는 길, 그게 다였기 때문이에요.

더 놀라운 것은, 그들이 사막의 한가운데서 물을 구해 도시 안으로 끌어들였다는 것입니다. 끝없이 이어진 정교한 수로가 그 안에 자리했어요. 결국 에돔 족속은 바위산, 그 요새 안에 어마어마한 도시를 짓고서 번성했습니다. 아, 그래서 에돔 족속이 그렇게 자신만만했던 것이군요.

바위틈에 거주하며 높은 곳에 사는 자여 네가 마음에 이르기를 누가 능히 나를 땅에 끌어 내리겠느냐 하니 옵 1:3

한마디로 에돔 족속은 너무 교만했습니다. 단순히 지형뿐이 아니었어요. 그 지역에 구리와 철광석이 많이 나왔고, 또 그 지역을 관통하는 '왕의 대로'가 고대 세계의 유명한 무역로였기 때문에 많은 수입을 올릴 수 있었습니다. 그리고 이 모든 조건이 어우러져 그들의 교만이 하늘을 찌르게 되었던 것입니다. "감히 누가 우리를 끌어 내려? 이런 난공불락의 요새에 살고 있는 우리를 말이야. 우리는 독수리처럼 높은 곳에 거하며, 별 사이에 사는 나라라니까! 그러니 이런 든든한 나라를 건설하여 살고 있는 우리를, 이런 놀라운 지혜를 가지고 살고 있는 우리를 감히 누가 넘봐?"

그들은 자신들이 완벽하다 생각했습니다. 그 누구도 두려워하지 않고 함부로 행했습니다. 심지어 하나님의 선민 이스라엘조차 우습게 여기고 괴롭혔습니다. 그때 하나님이 선언하십니다. "네 교만이 너를 망하게 할 것이다. 아니 너는 반드시 망하리라. 네가 행한 그대로 당할 것이라."

하나님이 가장 미워하시는 것이 교만임을 기억하겠습니다. 《웹스터 사전》은 교만을 이렇게 정의합니다. "다른 사람에 대해 우월감을 갖거나 그것을 나타내는 행위." 즉 남들과 비교해서 나를 다른 사람보다 높이 두는 행위가 교만입니다. 20세기의 블레즈 파스칼(Blaise Pascal)이라 불리는 C. S. 루이스(C. S. Lewis)도 교만을 이렇게 설명합니다.

"이 세상에 누구나 할 것 없이 다 갖고 있는 악이 하나 있다.

누구를 막론하고 다른 사람 속에서 이것을 보면, 세상에 그것처럼 싫은 것이 없게 된다. 그런데 이것이 역사하는 것을 자기 마음속에 느끼면서도, 이것에 대하여 별 죄의식을 느끼지 못하고 산다. … 이것이 더 강한 사람일수록 다른 사람이 이것을 나타낼 때 더 싫어서 못 견딘다. 내가 설명하고 있는 이것은 바로 교만이라는 죄이다."

사람에게는 모두 교만이라는 죄가 자리하고 있습니다. 겉으로는 겸손한 척하지만 우리는 보통 교만합니다. 그러면서도 다른 사람이 교만한 것을 참지 못해요. 왜요? 내가 교만하기 때문입니다. 문제는 하나님이 그 교만의 시작점이 사탄에게 있다고 말씀하셨다는 것입니다. 에스겔 28장에 보면, 그 기원이 나옵니다. 사탄은 원래 세 천사장 중의 하나였습니다. 피조물 중에 가장 완전한 존재였죠.

주 여호와의 말씀에 너는 완전한 도장이었고 지혜가 충족하며 온전히 아름다웠도다 겔 28:12

천사장은 완전했고, 지혜로웠고, 게다가 온전히 아름다웠습니다. 그런데 문제가 생겼어요. 그러다 보니 스스로 교만하게 되었고, 스스로 타락의 길을 선택한 것입니다. 이사야 선지자는 타락한 천사를 계명성이라 불렀고, 하나님이 사탄을 이렇게 꾸짖으셨다고 기록합니다.

> **네가 네 마음에 이르기를 내가 하늘에 올라 하나님의 뭇별 위에 내 자리를 높이리라 내가 북극 집회의 산 위에 앉으리라 가장 높은 구름에 올라가 지극히 높은 이와 같아지리라 하는도다**
>
> 사 14:13-14

스스로 타락한 자가 바로 사탄, 루시퍼입니다. 그래서 하나님이 어떻게 하셨습니까?

> **그러나 이제 네가 스올 곧 구덩이 맨 밑에 떨어짐을 당하리로다**
>
> 사 14:15

이것이 바로 교만의 결과입니다. 성경을 보십시오. 하나님은 처음부터 끝까지 교만한 자를 물리치십니다. 교만은 패망의 선봉이라 하셨습니다. 거만한 마음은 넘어짐의 앞잡이라 하셨어요(잠 16:18). 그러므로 교만하지 마십시오. 조금 잘된다고 다른 이들을 자신보다 낮게 보지 마십시오. 특히 남들을 조롱하지 마십시오. 세상에는 우리가 쉽게 말할 만한 사람이 아무도 없습니다. "좀 더 열심히 해 봐라. 게을러서 못사는 거야." 정말 그렇습니까? 아니요. 아무도 그렇게 쉽게 말할 수 없습니다. 그날, 하나님은 에돔을 강하게 내치셨습니다. 가장 큰 이유는 한 가지, 교만 때문이었어요. 결국 그들은 심판을 받았습니다.

우리는 모두 교만에 빠질 수 있는 위험성을 가지고 있습니다. 뭔가가 조금 잘되는 것 같으면, 사울의 눈에 비늘 같은 것이 씌어 보지 못했던 것처럼, 교만이라는 비늘이 자기도 모르는 사이에 씌어지곤 합니다. 교만은 우리로 자기중심성을 띠게 하고 결국, 사리 판단이 흐려져 모든 것을 자기 마음대로 판단하고 해석하게끔 합니다. 그날 에돔이 그랬다는 거죠. 따라서 오바댜서를 대하면서 우리가 가장 먼저 주목하고 또 도전받고자 하는 메시지는 이것입니다. "절대로 교만하면 안 된다. 교만하면 끝이다. 교만하면 망한다."

뿌린 대로 거두리라

두 번째, 오바댜서 말씀을 통해 발견하는 또 하나의 진리는 "뿌린 대로 거둔다"는 것입니다. 특별히 형제가 불행한 일을 당했을 때 우리가 어떻게 행했는지, 그때의 행위를 뿌린 그대로 거두게 된다는 겁니다. 앞서 언급했다시피 그날 에돔 족속은 형제 이스라엘이 어려움을 당했을 때, 최소한의 도의도 행하지 않았습니다. 방관했습니다. 돕기는커녕 오히려 이를 기뻐하고, 침략자들과 어깨를 나란히 하면서, 함께 이스라엘을 약탈하고, 자기들의 이익을 챙기는 데 급급했습니다.

> 네가 네 형제 야곱에게 행한 포학으로 말미암아 부끄러움을 당하고 영원히 멸절되리라 옵 1:10

에돔의 문제는 그들이 형제 야곱에게 행했던 "포학"이었습니다. 이스라엘이 큰 위기를 만났는데, 그때 그들을 돕기는커녕 더욱더 악하게 행동한 것을 하나님이 분명히 지켜보셨습니다. 말씀을 보면, 이방인들이 예루살렘을 약탈할 때, 에돔도 함께 들어와 그 약탈에 동참했다는 걸 알 수 있습니다. 그 기회를 타 은근슬쩍 유다의 남쪽 땅으로 들어와 그 땅을 차지하고 정착했어요. 어디입니까? 그곳이 바로 이두메입니다. 나중에 예수님이 이 땅에 오시기 직전, 유대인이 아닌 에돔의 헤롯 가문이 유대의 정권을 잡는데, 헤롯이 바로 이두메 사람이었습니다. 그러니까 옛 악연이 여기까지 계속 이어졌던 것이죠.

그것이 다가 아닙니다. 12절을 보면, 유다 자손이 패망하던 날에 에돔이 기뻐했다고 되어 있습니다. 형제가 망하는데 그것을 너무 좋아하며 입을 다물지 못했다는 겁니다. 그런데 그 모습을 하나님이 보셨습니다. 13절은 더 끔찍합니다. 이스라엘이 그 어려움을 겪을 때, 에돔이 그들에게 들어가 그들의 재물에 손을 댔다 합니다. 14절은 유다의 백성들이 도망할 때 에돔 족속이 네거리를 막고 서서 그들을 사로잡아 바벨론의 노예로 넘겨 버리기까지 했다 합니다. 그러니 말 다 했죠? 하나님이 그 모든 악한 행위를 다 보셨습니다. 그리고 "그들이 행했던 포학을, 그 행위대로 그들에게 보응하리라!" 말씀하세요. "뿌린 대로 거두리라!" 그 말씀이지요.

여기서 우리가 알게 되는 하나님의 마음이 있습니다. 하나님은 형제가 불행한 일을 당할 때, 그 일을 기뻐하는 이들이 아니라 안타까워하며 함께 돕는 것을 기대하신다는 것입니다.

그날 에돔은 첫째, 방관하는 죄를 지었습니다. '내가 당하는 어려움이 아니니까 뭐' 하고는 모르는 척한 겁니다. 요즈음 그런 경우가 종종 보도되죠? 어려운 사람을 도와주었는데, 엉뚱하게 죄를 뒤집어쓰는 일이요. 그래서인지 사회가 점점 악해지고, 결국 누군가의 어려움을 보아도 선뜻 나서서 돕지 않고 지나쳐요. 방관입니다.

주님의 선한 사마리아인의 비유를 보십시오. 제사장, 레위인의 첫 번째 죄가 바로 방관 죄였어요. 하지만 사마리아인은 그러지 않았습니다. 주님은 "가서 너도 이와 같이 하라"(눅 10:37)고 하시며, 마땅히 강도 만난 자, 어려움에 처한 이에게 다가가라고 요구하셨습니다.

김기석 목사님이 오바댜서를 강해하실 때, 오래전 당신의 경험을 나누신 적이 있어 여기 옮깁니다. 30년쯤 전에, 목사님이 당시에 유행하던 바바리코트를 하나 사 입으셨답니다. 아주 좋은 옷은 아니었지만, 새 옷이었어요. 폼이 났겠죠? 그러고 나서 만원 전철을 탔는데, 이상하게 저쪽에는 사람들이 별로 없더래요. 그래서 조금 편히 가려고 그쪽으로 갔는데, 실은 거기 만취해서 쓰러져 있는 누군가가 있었던 거죠. 난리도 아니었다고 해요. 술에 절어 쓰러져 있는데, 전철 안에다 다 토해 놓고, 자신도 그 오물을 뒤집어써서 만신창이가 되어 있고, 게다가 머리는 깨져서 피가 나고 있고…. 그러니 사람들이 다 그 자리를 피한 거예요.

그런데 그 모습을 본 순간, 목사님 안에 두 개의 마음이 싸우기 시작하더랍니다. '야, 그냥 놔둬라. 도와주려 하다 보면, 새로 산 바바리코트, 어떻게 될지 알지?'가 하나이고, 또 하나는 '너 목사 아니냐? 당연히 도와줘야 하지 않느냐?'였답니다. 잠시 두 마음으로 씨름을 하다가 결국은 후자의 마음이 이겼대요. 그래서 다가가 그분을 도와 일으키고, 데리고 나가 씻기고, 연락처를 알아내서 사람을 불러 해결을 했다고 합니다. 하지만 그 와중에 새로 사 입고 나간 바바리코트는 당연히 엉망이 되었죠.

그날 목사님이 큰 깨달음을 얻으셨다고 합니다. '아, 남을 도우려면 좋은 옷을 입으면 안 되겠구나'라는 걸요. 그러고는 평생 좋은 옷을 안 입으려고 애를 쓰셨다고 합니다. 참 마음을 울리는 이야기입니다. 이 간증의 요점이 무엇입니까? 어려운 일을 당한 이를 방관하지 않았다는 거예요.

그런데 에돔은 형제가 어려움을 겪는데 방관한 것입니다. 아니 그들은 앗수르의 속국이 되어 나라를 유지하고, 스스로 조공을 가져다 바쳤는데, 바벨론이 강국이 되니까, 얼른 그들 뒤로 줄을 바꿔 서고, 그들에게 조공을 바치다가, 바벨론에 의해 유다가 망할 때 그들과 함께 들어가 예루살렘을 약탈하고, 땅을 빼앗고, 형제 나라의 백성을 팔아먹었습니다. 지금 그게 하나님의 눈 밖에 난 거예요. 그래서 그들이 하나님의 심판을 받게 된 것입니다.

혹시 주변에 있는 형제자매가 불행한 일을 당할 때, 최소한의 도의를 지키는 성도들이 되기를 바랍니다. 형제가 아플 때, 안타까워하는 것이 마땅합니다. 자매가 어려울 때, 돕는 것이 당연합니다. 이것이 하나님의 황금률이에요.

예수님이 원수 된, 죄인 된 우리를 외면하지 않고 이 땅에 오신 것, 십자가를 지신 것, 고통과 멸시를 담당하신 것도 바로 그 때문입니다. 우리가 멸망을 향하고 있으니까 그대로 두면 안 되겠기에, 하늘 영광을 버리고 이 땅에 오셔서 십자가의 길을 가신 것입니다. 성경은 이렇게 말씀합니다.

사람이 무엇으로 심든지 그대로 거두리라 자기의 육체를 위하여 심는 자는 육체로부터 썩어질 것을 거두고 성령을 위하여 심는 자는 성령으로부터 영생을 거두리라 우리가 선을 행하되 낙심하지 말지니 포기하지 아니하면 때가 이르매 거두리라 그러므로 우리는 기회 있는 대로 모든 이에게 착한 일을 하되 더욱 믿음의 가정들에게 할지니라 갈 6:7-10

이 말씀은 아름답지만 순종하기가 말처럼 쉽지만은 않습니다. 우리 앞에 평상시에 그리 좋게 생각하지 않던 사람, 별로 안 좋아하는 사람이 있다고 생각해 봅시다. 그런데 그의 삶에 갑자기 어려움이 생겼습니다. 그때 어떤 마음을 품느냐는 것입니다.

우리의 마음은 너무도 간악하여, 평상시 안 좋아하는 사람이 어려운 일을 만나면 은근히 좋아합니다. 내가 싫어하는 사람이 잘 안되면, 그게 나의 정당성을 입증한다고 착각해요. 하지만 그 순간 우리는 '그날의 에돔과 같이 된다'는 점을 기억해야 하겠습니다. 절대로, 내가 좋아하지 않는 사람이 안되는 걸 보며 마음속에 미소를 지으면 안 됩니다. 그것은 에돔입니다.

그날 에돔은 자기들이 아무리 이스라엘을 좋아하지 않는다 해도, 그렇게 행동해서는 안 되는 것이었습니다. 그날 이스라엘 백성이 고난을 받은 것은 이스라엘과 하나님의 관계에 문제가 생겨서 그랬던 것이지, 결단코 에돔이 옳았기 때문이 아니었습니다. 그런데도 에돔은 그 사실을 모르고 교만하여 자기들이 잘나서 그런 줄 알고, 그 어려움의 한가운데로 뛰어들어 고난 중에 있는 이들에게 훈수를 두고 그들을 더 어렵게 했습니다. 그것이 바로 포학입니다. 그리고 그것이 그날 하나님의 진노를 샀습니다.

만에 하나 에돔이 "형제 이스라엘이 큰 어려움을 당하는구나. 참 안되었다" 하면서 도망자들의 길을 터 주고, 냉수 한 그릇이라도 마시게 해 주었더라면, 오늘날 에돔의 역사는 달라졌을지도 모릅니다. 그러나 그들은 그러지 않았죠. 대신 그들은 악했습니다. 그래서 악한 행동을 한 거예요. 그리고 하나님은 그날의 악한 행위에 대해 정확히 책임을 묻고 계신 것입니다.

네가 멀리 섰던 날 곧 이방인이 그의 재물을 빼앗아 가며 외국인이 그의 성문에 들어가서 예루살렘을 얻기 위하여 제비 뽑던 날에 너도 그들 중 한 사람 같았느니라 네가 형제의 날 곧 그 재앙의 날에 방관할 것이 아니며 유다 자손이 패망하는 날에 기뻐할 것이 아니며 그 고난의 날에 네가 입을 크게 벌릴 것이 아니며 내 백성이 환난을 당하는 날에 네가 그 성문에 들어가지 않을 것이며 환난을 당하는 날에 네가 그 고난을 방관하지 않을 것이며 환난을 당하는 날에 네가 그 재물에 손을 대지 않을 것이며 네거리에 서서 그 도망하는 자를 막지 않을 것이며 고난의 날에 그 남은 자를 원수에게 넘기지 않을 것이니라 여호와께서 만국을 벌할 날이 가까웠나니 네가 행한 대로 너도 받을 것인즉 네가 행한 것이 네 머리로 돌아갈 것이라 옵 1:11-15

예수를 믿는 사람들 가운데에도 고난당하는 사람을 볼 때 방관하는 이들이 종종 있습니다. 비웃는 사람, 조롱하는 사람, 심지어 훈계하는 사람도 있습니다. 하지만 다 옳지 않습니다. 함께 기억하겠습니다. 그때 우리가 할 일은 이유 여하를 막론하고, 또 조건을 걸지 않고 우선 돕는 것입니다. 그것이 하나님이 기뻐하시는 일이에요.

교회에 있으면 왜 그렇게 도움이 필요한 이들이 많이 오는지 모릅니다. 연락도 많이 옵니다. 편지로, 이메일로, 전화로…. 때로는 억지로라도 도와야 하는 경우가 있습니다. 또 마땅히 도와야 하는데, 여의치 않을 때도 있습니다. 마음이 가지 않는 부탁도 있습니다. 그래서 어떤 때는 선교사님들의 연락이 무섭기도 합니다. 후배들이 인사하러 온다 할 때, 실은 부담이 될 때도 있습니다. 다 거절하기가 힘든 사정을 가지고 있거든요.

또 어떤 경우에는 잘하고 오해를 사기도 하고, 원하는 대로 반응하지 않는다고 "큰 교회가 그러면 되냐?" 욕을 먹기도 합니다. 그러면 심통도 나고 강퍅해집니다. '기껏 도와주고도 좋은 소리를 못 듣네? 속상하다.' 마음이 상하는 겁니다. '아, 우리도 어려운데, 우리도 해야 할 일들이 있는데…. 이젠 그만해야겠다…'라는 생각이 들기도 해요. 틀림없이 그 갈등은 주님 오실 때까지 계속될 겁니다. 그러나 그때, '그러려니…' 하고서, 우리가 할 수 있을 때, 우리의 손이 닿을 수 있는 곳까지 잘 섬기고 잘 감당하는 인생과 교회가 되기를 축복합니다.

"꼭 그렇게까지 해야 합니까?"라고 묻지 마십시오. 당연히 그렇게 하는 것이 맞습니다. "주는 것이 받는 것보다 복이 있다"(행 20:35)는 주님의 말씀을 우리는 믿어요. 그때 우리가 더 큰 주님의 축복의 주인공이 될 줄로 믿습니다. 주님이 말씀하셨습니다.

우리가 너희를 향하여 피리를 불어도 너희가 춤추지 않고 우리가 곡하여도 너희가 울지 아니하였다 눅 7:32

그런 무감각, 무관심을 당신은 기뻐하지 않으신다는 겁니다. 마태복음 25장에 나오는 최후의 심판 이야기도 떠올려 보십시오. 그날 주님은 주린 자, 목마른 자, 나그네, 헐벗은 자, 병든 자, 감옥에 갇힌 자, 바로 그런 이들과 당신 자신을 동일시하셨습니다. 그때 그들을 도왔던 이들은 곧 당신을 도운 자들이라 하십니다. 반대로 그때 그런 이들을 돕지 않았던 이들은 또한 당신을 돕지 않은 자들이라 하십니다.

부자와 나사로 비유를 보면, 그날 부자가 특별히 나쁜 짓을 했다고 나오지 않습니다. 하지만 주님은 이웃이 어려움을 당하고 있을 때, 아무 일도 하지 않았던 부자의 잘못을 분명히 지적하셨습니다. 선한 사마리아인의 비유에서도 강도 만난 이에게 아무 자비도 베풀지 않은 방관자들을 주님은 옳다 하지 않으셨죠. 그렇다면 우리가 할 일은 자명합니다. 그들을 위해 실제로 자비를 베푸는 것입니다. 섬기는 것입니다.

물론, 어려움을 당하는 이들에게는 나름대로의 이유가 있을 것입니다. 어떤 분은 자신의 실수나 잘못된 선택 때문에 어려움을 당할 수도 있습니다. 또 어떤 분은 하나님의 섭리 가운데, 훈련의 과정에 들어서면서 어려움을 겪을 수도 있습니다. 반대로, 하나님 앞에서 죄를 지었기 때문에 하나님의 징벌로 이런저런 고난을 겪는 분도 있을 수 있어요. 심지어 그 사람이 평소에 나에게 악하게 행했기 때문에, 어려움을 겪는 모습을 보면서 '내 속이 다 시원하다'는 생각이 드는 경우도 있습니다. 하지만 상황이 어떠하더라도, 그리스도인인 우리가 취해야 할 행동은 딱 한 가지입니다. 바로 그들을 선대하는 것입니다.

그때 "그것 봐라. 내가 옳았지" 하며 훈계하려 들지 마십시오. 아파하고 있는 이들은 이미 다 알고 있습니다. 상처가 있으면 건들기만 해도 자지러지게 아픈 법입니다. 그때에는 이유 여하를 막론하고, 먼저 그들을 향해 사랑과 친절과 선행을 베푸는 것이 맞습니다. 가르치려 들지 마세요. 대신에 어려움과 슬픔 가운데 있는 이들에게 그저 조용히 가서, 옆에 있어 주고, 또 그들의 손을 잡아 주고, 그들을 사랑으로 공궤하는 것이 무조건 옳습니다. 그리고 우리는 그것으로 충분합니다. 함께 기억하겠습니다. 하나님은 심지어 당신의 징벌로 누구를 징계하실 때라도, 우리가 그 어려움 중에 있는 이들에게 사랑으로 행하기를 원하십니다.

그날 에돔의 죄악이 무엇이었다고요? 어려움 중에 있던 이스라엘 백성을 보면서 "꼴 좋다!"라고 외친 것이었습니다. 형제의 아픔을 보며 웃고 좋아한 것입니다. 심지어 살고자 도망하는 이들을 사로잡아 적군에게 넘겨주기까지 했던 겁니다. 그 순간 하나님은 정확히 에돔 족속의 그 행위들을 기억하셨습니다. 그리고 악행 그대로 되갚아 주리라 말씀하십니다. 결국 오바댜의 예언대로 에돔 족속은 이후 멸망의 자리에 이르게 되었습니다.

오바댜서의 말씀 앞에서

오바댜 선지자를 통해 선포된 말씀을 통해 하나님의 마음을 엿보았습니다. 특히 '교만'에 관한 것이었어요. 하나님은 에돔의 교만을 너무도 싫어하셨습니다. 그분은 창세전부터 당신과 비기기 위해 교만을 선택했던 사탄을 벌하신 분입니다. 그분은 당신과 같이 되기 위해 선악과를 따 먹은 죄인들을 심판하신 분입니다. 그리고 그분은 자기들의 이름을 내기 위해 바벨탑을 쌓았던 사람들을 심판하셨고, 자만심에 가득하여 당신을 의지하지 않았던 에돔을 심판하신 분입니다. 하나님은 교만에 관한 한 늘 그러셨어요. 토마스 왓슨(Thomas Watson)은 말합니다.

"하나님은 두 개의 처소를 가지고 계시는데, 하나는 하늘 보좌요, 다른 하나는 회개하는 겸손한 마음이다. 마귀도 역시 두 개의 처소를 가지고 있는데, 하나는 지옥이요, 또 하나는 교만한 마음이다."

성경을 보십시오. 역사를 보십시오. 이 세상에 존재했던 교만한 모든 사람은 다 망했습니다. 교만한 가문도 망했습니다. 아니 교만한 나라도 망했습니다. 하나님의 말씀 그대로 교만은 패망의 선봉이요, 넘어짐의 앞잡이입니다. 그렇다면 우리가 취할 마음과 행동은 한 가지뿐이에요.

너희 안에 이 마음을 품으라 곧 그리스도 예수의 마음이니 빌 2:5

그리스도 예수의 마음은 겸손입니다. 당신의 성육신이, 당신의 십자가가 하나님의 겸손을 드러내는 증표입니다.

"교만하면 안 된다"에 이어 오바댜서를 통해 우리가 배우는 두 번째 진리는 "뿌린 대로 거둔다"였습니다. 결국 겸손한 자에게 은혜를 베푸시고, 또 뿌린 대로 거두게 하시는 하나님을 체험하고 간증하며, 그분께 영광을 돌리는 삶이 되기를 바랍니다.

2
PART

정의와 회복을 이루시는 하나님

5
chapter

"구원" 니느웨와 일꾼 모두
| 요나 |

하나님이 뜻을 돌이키사 그들에게 내리리라고 말씀하신 재앙을
내리지 아니하시니라 | 욘 3:10

설교 영상

어릴 적 참여했던 '성경 이야기 대회'의 후유증이라고나 할까요? 저는 상상력을 발휘하여 성경 속 이야기로 들어가는 걸 좋아했습니다. 요나 이야기도 마찬가지죠. 제 상상 속의 요나 이야기는 늘 이렇게 시작됩니다.

갑자기 무엇인가가 요나를 덮치기는 했는데 정신이 없어, 어떻게 된 일인지 바로 알 수가 없었습니다. 한순간 그는 어둡고 성난 바다 한가운데로 던져졌고, 벌컥 바닷물을 들이키며 깊은 바닷속으로 가라앉았습니다. 두려움과 절망 속에서 요나가 외치죠. "아, 이젠 정말로 끝이구나." 잠시 후, 정신을 잃었던 그는 알 수 없는 곳에서 깨어납니다. 끈끈하고, 어둡고, 온몸이 꽉 조입니다. "뭐지? 어디지? 물속 같지는 않은데?" 앗, 잠시 후 그는 소름 끼치도록 두려운 사실을 알게 됩니다. 그래요, 그는 지금 커다란 물고기 뱃속에 들어가 있었던 것입니다. "이럴 수가! 산 채로 삼킴을 당하다니." 너무도 기가 막혔습니다.

사실 우리 인생의 문제는 늘 이런 식으로 닥칩니다. 전혀 손쓸 수가 없습니다. 갑자기 물고기 뱃속으로 삼켜진 요나처럼, 이런저런 일들이 엄습하며 달려듭니다. 그 순간, 황망함 중에 우리가 던지는 질문들이 있습니다. "혹시 하나님이 나를 버리신 것인가? 그 잘못 때문에? 그래서 내 인생은 정말 이렇게 끝나고 마는 것인가? 하나님이 이제 나를 완전히 잊으셨나? 나를 향했던 하나님의 기대는 이대로 사라지는 것인가?" 그날 요나도 똑같은 질문들을 던졌을 것입니다.

요나 이야기

요나서는 모두 네 장으로 이루어져 있습니다. 그 안에 요나 선지자의 생애에 대한 자세한 내용은 나오지 않습니다. 하지만 그의 사역은 열두 명의 소선지자들 가운데 가장 흥미롭고, 그래서 가장 잘 알려져 있습니다. 우선 요나서의 흐름부터 살펴보겠습니다.

1장, 아밋대의 아들로 태어나 갈릴리 지역에서 자랐던 요나는 어느 날 이스라엘의 원수 나라 앗수르의 수도 니느웨에 가서 하나님의 심판을 외치고 회개를 촉구하라는 사명을 받습니다. 하지만 요나는 이를 원치 않아 불순종의 길, 즉 반대 방향 다시스로 향하는 배에 오르죠. 감히 하나님의 낯을 피해 탈출을 감행한 것입니다. 하지만 추적하시는 하나님의 손길! 하나님은 큰 풍랑을 보내셨고, 결국 제비뽑기를 통해 요나가 당첨되어 깊은 바닷속으로 던져지게끔 하셨습니다. "아, 모든 것이 끝이구나! 풍덩!" 그 순간, 하나님의 특별한 구조선, 큰 물고기가 다가와 그를 삼켜 버립니다.

2장에는 물고기 뱃속에서 회개하는 요나의 기도문이 나옵니다. 그는 우선 시편을 인용하며 하나님의 자비를 구합니다. 진지한 회개가 이어졌고, 사흘 후 그의 회개를 받으신 하나님은 물고기에게 요나를 땅 위에 토해 놓게 하시죠. 곧 "니느웨로 가서 이 말씀을 선포하라"는 첫 번째와 동일한 사명이 따릅니다.

그리고 3장, 요나는 할 수 없이 니느웨로 향합니다. 그리고 놀랍게도 며칠 전의 회개가 무색할 만큼, 무척 불성실한 사역을 진행합니다. 단 다섯 개의 히브리어 단어로 이루어진 짧은 메시지를, 딱 하루 동안, 별 성의 없이 선포한 것입니다. 그런데 부흥의 역사는 말씀에 담긴 힘에서 오지 않습니까? 니느웨 역사상 유례없는 회개 운동이 일어났고, 길거리의 부랑자로부터 어린 아이, 그리고 옥좌에 앉은 왕에 이르기까지 모든 백성이 하나님을 향해 돌이키는 역사가 일어납니다. 그리고 하나님 그들의 회개를 받으시고 당신의 노를 거두십니다.

그러므로 "하나님, 감사합니다. 모든 영광 홀로 받으소서", 해피엔딩으로 요나서가 마쳐질 수 있었습니다. 그리고 그게 더 자연스럽습니다. 그런데 이게 웬일입니까? 말썽쟁이 요나가 또다시 문제를 일으켜요. 그 불성실한 사역 이후, 혹시나 하며 원수 나라 니느웨의 멸망을 보기 위해 산 위에 오른 요나는 멸망은커녕 오히려 하나님의 용서와 구원이 임하는 것을 보며 분통을 터트립니다. 너무 분해해요. "앗수르 놈들이 용서받는 세상, 나는 살기 싫다!" 하면서 하나님께 "죽여 주십시오. 하나님이 그러시면 안 됩니다" 마구 생떼를 씁니다.

그래서 부록처럼 붙어 있는 마지막 4장에는 하나님의 마음이 고스란히 담긴 시청각 교재, 박 넝쿨 사건이 이어집니다. 처음에는 중동의 뜨거운 태양을 피할 수 있도록, 하나님이 요나 앞에 박 넝쿨 하나를 자라게 하셔서 시원한 그늘을 만들어 주십니다. "와, 하나님, 감사합니다. 정말로 자상하시군요. 저 너무 행복해요." 요나는 진짜 단순합니다. 그늘로 인해 너무 신이 난 것입니다.

그런데 바로 그다음 날, 하나님이 예비하신 벌레들이 나와 박 넝쿨을 갉아 먹음으로 대번에 그늘이 사라지게 됩니다. 순간 변덕쟁이 요나는 심통, 자기 연민, 분노와 함께 또 한 번 하나님을 향해 원망의 말을 내뱉어요. "나 죽여 줘요." 그러면서 떼굴떼굴 구릅니다. 그냥 다 싫은 겁니다. 생떼도 그런 생떼가 없습니다. 바로 그 순간 하나님이 말씀하십니다. "요나야, 너는 박 넝쿨 하나 말라 죽은 것 가지고 그리도 안타까워하는데, 나는 내 사랑에 답할 기회조차 없었던 저 니느웨의 영혼들, 그것도 12만 명이나 되는 영혼들이 멸망으로 향하는 모습을 보며 애통하고, 안타까워하고, 또 아끼는 것이 마땅하지 않겠니?(네가 이해를 좀 해 주라…)" 그렇게 열린 질문과 함께 요나서가 마무리됩니다.

우리의 질문은 이것입니다. "거의 2700년 전에 일어났던 사건, 그리고 그때 선지자를 통해 선포된 하나님의 말씀이 21세기 이 땅에 살고 있는 우리에게 과연 무슨 의미가 있는가? 우리는 과연 선지자의 이 말씀을 통해 어떤 하나님의 음성을 들어야 하는가?" 요나서의 말씀을 두 가지 요점으로 적용해 보겠습니다. 먼저는 이를 우리의 인생에 적용하며 묵상해 보겠습니다. 개인적 적용이죠. 그러고 나서, 요나서를 아직 하나님을 모른 채 살아가는 잃어버린 영혼들을 향해 적용해 보겠습니다. 선교적 적용입니다.

일뿐 아닌 일꾼의 중요함도

먼저는 우리 각자의 인생에 요나서를 적용해 봅니다. 하나님의 명령은 분명했습니다.

너는 일어나 저 큰 성읍 니느웨로 가서 그것을 향하여 외치라 그 악독이 내 앞에 상달되었음이니라 하시니라 욘 1:2

달리 해석할 여지가 없습니다. "니느웨, 원수의 나라 앗수르의 수도, 바로 그리로 가라"는 것입니다. 그게 사명이죠. 그러므로 하나님의 종이었던 요나는 가야 했습니다. 그러나 정말로 가고 싶지 않았습니다. 다른 곳이라면 갔을 것입니다. 하지만 그곳은 앗수르의 땅이었습니다.

앗수르가 어떤 나라입니까? 이스라엘을 끊임없이 괴롭히는 극악무도한 원수 나라였습니다. 그런데 거기에 가서 하나님의 심판을 선포하고 회개를 촉구해요? 그러니 누가 가고 싶겠습니까? 너무 싫은 거죠. 그것이 불순종이라는 것을 요나가 몰랐을까요? 잘 알았습니다. 그래도… 그래도… 그것만은 싫은 겁니다. 왜요? '그놈들은 죄악 속에 살다가 다 멸망을 받아야만 해'라고 생각했기 때문입니다. 그만큼 니느웨 사람들이 싫었던 것입니다.

깊은 고민과 갈등의 시간이 흐른 후, 드디어 요나는 무엇인가를 결심하고 동쪽이 아닌 서쪽으로 방향을 틉니다. 대탈주극의 시작이에요. 처음에는 살금살금…, 그리고 어느 정도 왔을 때에는 냅다 내달렸을 겁니다. 그리고 1장은 요나가 항구 욥바에 도착했을 때, "마침" 다시스로 향하는 배를 만났다고 기록하고 있습니다. "옳거니!" 그는 얼른 배에 올라타 저 밑바닥으로 내려가 몸을 숨깁니다. 그리고 나중에는 아예 깊은 잠에 빠져 버립니다. "하나님, 저에게 말 시키지 마세요" 한 것입니다.

여기 이 "마침"이라는 단어를 주목하십시오. 우리도 불순종의 여정 중에 그럴 때가 종종 있습니다. '이러면 안 된다. 안 된다' 하면서도 계속 그렇게 갈 때가 있어요. 그런데 불순종의 방향으로 가는데, "마침" 뭔가가 잘 맞아떨어지는 듯합니까? 그때 조심하십시오. 곧 큰 풍랑이 몰려올 것입니다. 실제로 요나 1장은 여러 번, 요나가 "여호와의 얼굴을 피하려고"라는 표현을 사용하고 있습니다. 요나의 패역함과 반대 방향을 분명히 고발하고 있는 겁니다.

명색이 하나님의 선지자였던 요나가 지금 무슨 생각을 하고 있을까요? 그 순간 저가 정말로 여호와의 얼굴을 피하여 도망칠 수 있을 것이라고 믿었을까요? 아닐 것입니다. 혹 그 마음속에 이런 다윗의 시편이 되뇌어졌을 수도 있습니다.

내가 주의 영을 떠나 어디로 가며 주의 앞에서 어디로 피하리이까 … 내가 새벽 날개를 치며 바다 끝에 가서 거주할지라도 거기서도 주의 손이 나를 인도하시며 주의 오른손이 나를 붙드시리

이다 시 139:7, 9-10

하나님의 사람이었던 요나는 지금 자기가 어디로든 정말로 피할 수 있을 것이라고는 믿지 않았을 거예요. 그런데도 그는 도망을 시도했습니다. 그만큼 이 일이 싫었던 것이죠. 예, 요나는 전형적인 이스라엘 사람이었습니다. 다른 민족이, 그것도 자기의 원수, 이방인, 지옥의 땔감용으로 지어진 앗수르 민족이 하나님의 말씀을 듣고 회개할 기회를 얻는 것 자체가 너무 싫었습니다. 아니 하나님이 그들에게 관심을 가지고 계시다는 것 자체가 용납되지 않습니다. 왜요? 잘못된 선민사상의 폐해 때문이었어요.

하여 요나가 결심합니다. '백번 양보해서, 혹시 하나님이 정말로 니느웨 사람들에게 관심을 가지셨다 하자. 그래도 나는 못 한다. 나는 그 꼴 못 본다.' 그래서 도망한 겁니다. 별 생각을 다 했을 겁니다. '만약 내가 이스라엘 땅에서 벗어난다면 하나님도 포기하시겠지. 아니 정말로 하나님이 원하신다면, 다른 이를 택해서 하시면 되지 뭐.' 어쩌면 요나는 정말로 하나님이 자기를 잊어버려 주시기를 바랐을지도 모릅니다.

혹 믿음의 여정 중에 이런 생각을 해 본 적이 있나요? '지금 이건 하나님이 내게 주신 말씀이야. 지금 이 일은 하나님이 내게 맡기신 일이요, 부르심이야.' 그런 부담감 말입니다. '이 일에 순종해야 하는 게 맞아. 이건 내게 주신 말씀이요, 사명이니까.'

그런 일이 종종 있습니다. 은혜를 받았을 때, 또는 특별한 예배의 경험을 했을 때일 수도 있죠. '이건 하나님이 오늘의 내게 정말로 원하시는 일이야.'

어떤 분은 새로운 직분을 받을 때 그런 부담을 느꼈을 수 있습니다. '아, 이건 사명이구나. 부르심이구나. 잘 감당해 봐야지.' 그런데 막상 그 길을 가려고 하다 보면, 여러 가지가 걸리기 시작합니다. 불편해지기도 하고, 대가를 치러야 하기도 하고, 중간에 생각보다 어려운 일들이 이어지면서 고민이 되기도 해요. 때로는 자존심 상할 일도 만납니다. '꼭 이렇게까지 해야 하나?' 예, 제대로 해 보려 하면, 중간중간 생겨나는 갈등들이 천 가지는 족히 될 것입니다.

순종하지 않아야 할 이유를 찾자면 정말 수없이 찾아낼 수 있어요. 우리는 핑곗거리를 찾는 것에 관한 한 선수거든요. 그 많은 이유 가운데 가장 흔한 것은 이것입니다. '꼭 내가 하지 않아도 할 사람이 있겠지. 하나님이 정말로 원하신다면 다른 누군가를 찾으실 거야. 내가 순종하지 않는 일에 대해서는 좀 죄송하지만 뭐, 우리 교회만 해도 이 일을 대신할 사람이 얼마나 많아? 그러니까 나는 동쪽 니느웨가 아니라 서쪽 다시스로 가도 돼. 하나님이 정 원하시면 다른 누군가를 또 부르실 거야.'

요나가 여호와의 얼굴을 피하려고 일어나 욘 1:3

바로 그 이야기예요. 그런데 여기에 우리의, 그리고 요나의 실수가 하나 있습니다. 그것은 지금 우리가, 요나가 하나님의 사랑에 대하여 한쪽 면만 보고 있다는 것입니다. 함께 기억하고 싶은 것은 이겁니다. 즉 그날 하나님은 구원받아야 할 니느웨의 죄인들만 바라보고 계시지 않았다는 것입니다.

니느웨에 누군가가 가서 하나님의 말씀을 전하고 그들을 돌이켜 회개에 이르도록 하는 일은 물론 중요합니다. 하지만 그것만 중요한 일이 아니었습니다. 대신 우리 하나님의 사랑에는, 아니 그분의 자비와 긍휼에는 요나가 미처 깨닫지 못했던 또 다른 중요한 측면이 있습니다. 무엇입니까? 예, 하나님께서는 당신의 일, 사명뿐이 아니라 그 일을 맡긴 사람, 그 일꾼을 향한 사랑도 자리하고 있다는 사실입니다. 기억하십시오. 하나님께서는 일도 중요하지만 그 일을 맡기신 일꾼도 똑같이 중요합니다. 틀림없어요.

하나님은 그날 니느웨의 12만 명의 사람들, 즉 아직 하나님을 알지 못하는 이들의 운명을 걱정하셨습니다. 그러나 하나님은 동시에, 지금 그들에게 당신의 말씀을 전달해야 하는 일꾼 하나가 몰래 도망하여 탈출을 시도하고 있다는 사실 또한 걱정하셨습니다. 그분은 지금 요나를 그대로 두면 결국 그의 인생이 어떤 파국을 향해 치닫게 될지 아셨습니다. 그래서 응급 조치를 하신 겁니다. 실제로 요나서에는 여러 번 우연 같은 필연, 즉 하나님의 추적하시는 손길이 드러나고 있습니다.

여호와께서 큰 바람을 바다 위에 내리시매 욘 1:4

곧 제비를 뽑으니 제비가 요나에게 뽑힌지라 욘 1:7

여호와께서 이미 큰 물고기를 예비하사 요나를 삼키게 하셨으므로 욘 1:17

우리의 삶에 있어, 특별히 그리스도인의 삶에 있어 우연은 없습니다. 큰 풍랑이 왜 불었습니까? 왜 요나가 제비에 뽑히게 되죠? 답은 하나, 요나의 삶이 하나님의 장중에 있었기 때문입니다.

진지하게 질문해 보겠습니다. 도대체 하나님이 왜 요나를 물고기 뱃속에 집어넣으셨습니까? 몇 가지 답이 있을 수 있을 거예요. 우선, 요나를 꾸짖기 위해서일 수 있습니다. 요나에게 누가 하나님인지 본때를 보여 주시기 위함일 수도 있어요. 하지만 더 큰 이유가 있었습니다. 바로 하나님 당신의, 요나를 향한 그 사랑 때문이었습니다. 기억하십시오. 그것은 사랑 때문이었어요.

물론 하나님은 얼마든지 불충한 종 대신에 다른 사람을 니느웨로 보내실 수 있는 분입니다. 그리고 실제로 그렇게 행하셔도 당신은 손해 볼 것이 하나도 없었습니다. 분명히 이스라엘에는 더 신실하고 더 말 잘 듣는 착한 종들이 많이 있었을 것입니다. 그런데도 하나님은 패역한 종, 요나를 끝까지 추적하십니다. 어째서요? 사랑 때문입니다. 다른 이유로는 설명이 되지 않아요. 불충한 요나, 순종하지 않고 맘대로 이리 뛰고 저리 뛰던 요나를 어째서인지 우리 하나님은 크게 사랑하셨습니다. 그래서 그를 추적하신 것입니다.

만일 그날 하나님이 요나의 불순종을 보시고 "참, 대책 없는 친구구만. 정 그렇다면 관둬라" 하신 후, 곧바로 말 잘 듣는 다른 선지자를 불러 사용하셨더라도, 하나님의 구원 역사는 전혀 아쉬움 없이 흘러갔을 것입니다. 즉 니느웨는 다른 선지자의 메시지로도 얼마든지 회개의 기회를 가졌을 것이라는 거예요. 하지만 그랬다면 불충한 종 요나는 어떻게 되었을까요? 우리 쉽게 답할 수 있어요. 아마 그는 남은 인생을 씁쓸함 중에 죄책감과 함께, 그 먼 다시스의 바닷가나 서성이며 지내다가, 아쉬움과 괴로움을 뒤로하고 인생의 마침표를 찍고 말았을 것입니다. 그래서 하나님은 요나를 끝까지 추적하시고 또 붙들어 주신 것입니다. 은혜입니다.

혹 믿음의 여정을 걸어가다가 이런 일 저런 일로 인하여 살짝 하나님의 시선을 피하고 싶은 분 있습니까? 혹 '나 하나쯤이야…' 생각하면서 다시스로 가는 배편을 곁눈질하고 있는 분 있으세요? '에이, 하나님이 관심을 두시는 이들은 적어도 열심 있는 누구누구 정도이지, 나는 한 명의 평범한 성도일 뿐인데 뭐'라고 생각합니까? 아니요. 틀렸습니다. 기억하세요. 하나님의 시선은 오늘도 '요나'를, 바로 나 자신을 향하고 있습니다. 요나서의 말씀은 우선적으로 '요~나'를 향한 것입니다.

또 그날의 요나처럼 다시스로의 탈주극에 들어서신 분 있습니까? 실제로 너무 많이 방향을 틀었고, 벌써 출항한 다시스행 배 위에 올라탄 분 있으세요? 저쪽에서부터 서서히 불어오기 시작하는 센 바람 때문에 살짝 불안한 분 말입니다. 오늘도 나를 추적해 오시는 하나님의 손길, 그분의 시선이 영 부담스러운 분은요?

기억하십시오. '엘로이', 보고 계신 하나님, 그분은 그날 요나가 당신의 낯을 피해 불순종의 길로 돌이키는 것을 다 보고 계셨습니다. 고개를 돌려 보세요. 헉! 그분의 얼굴은 벌써 내 눈 바로 앞에 이르러 있네요. 그분은 언제나 우리를 추적하세요. 왜요? 니느웨의 12만 명, 그 죄인들의 구원도 귀하지만 하나님께는 당신의 종 한 사람도 똑같이 귀하기 때문입니다. 그래서 그가 이스라엘 영내에 있든 밖에 있든, 다시스행 배 위가 아니라 그 배의 밑창으로 내려가 쿨쿨 잠이 들어 있기까지 해도 그분은 끝까지 따라오십니다. 그만큼 사랑하시기 때문이에요.

함께 기억하겠습니다. 하나님의 긍휼과 자비는 니느웨의 많은 죄인들뿐 아니라 우리 한 사람 한 사람에게도 똑같이 향해 있습니다. 그분은 우리가 남겨진 일평생, 내가 행했던 불순종의 쓴 추억을 되씹으며 다시스의 바닷가나 서성이며 힘없이 살아가기를 원치 않으세요. 그래서 하나님은 종종 우리의 삶에 풍랑을 일으키십니다. 우리로 제비에 뽑히게도 하시고, 풍랑 이는 바닷속으로 던져지게도 하시고, 큰 물고기 뱃속에 갇히게도 하세요. 그래서요? 결국 하나님은 우리의 시선을 다시금 당신과 마주치도록 하십니다. 바로 이것이 2장입니다.

결국 요나는 물고기 뱃속에서 처절히 기도하면서, 하나님이 의도하셨던 제자리를 찾게 됩니다. "하나님, 제가 잘못했습니다. 회개합니다. 다시 잘해 보겠습니다." 기억하십시오. 우리 한 사람 한 사람은 하나님의 크신 사랑의 포로들입니다. 이것이 첫 번째 요나서 말씀의 개인적 적용이에요.

요나의 불성실한 순종에도 불구하고

두 번째 요나서의 적용은 우리의 눈을 좀 더 열어 열방까지 바라보며 묵상하는 것입니다. 3장은 이렇게 시작됩니다.

> **여호와의 말씀이 두 번째로 요나에게 임하니라 이르시되 일어나 저 큰 성읍 니느웨로 가서 내가 네게 명한 바를 그들에게 선포하라 하신지라** 욘 3:1-2

놀랍습니다. 지금 3장에서 요나에게 주어진 사명이, 앞서 1장에서 주어졌던 사명과 정확히 일치하기 때문입니다. 의미하는 바가 있죠? 그것은 한 번 불순종했다고 해서 하나님이 "너 관둬라" 하지 않으시고 다시금 기회를 주신다는 것입니다. 이것도 은혜예요. 기억하십시오. 우리 하나님은 재활용의 전문가이십니다. 이 사실이 얼마나 큰 위로가 되는지요. 너무너무 감사한 일입니다.

하여 우리는 생각합니다. '너무 놀랍고 또 감사하다. 그래, 요나가 물고기 뱃속에서 철저히 회개했고 새로워졌기 때문에 하나님이 다시 동일한 사명을 맡기셨겠지. 정말 기대된다'라고요. 하지만 이어지는 말씀을 보면 그게 얼마나 큰 착각이었는지를 알 수 있어요.

요나가 그 성읍에 들어가서 하루 동안 다니며 외쳐 이르되 사십 일이 지나면 니느웨가 무너지리라 하였더니 욘 3:4

지금 요나가 선포한 하나님의 말씀이 히브리어로 단 다섯 개의 단어로 이루어진 문장이라는 것을 아십니까? 요나는 지금 최선을 다해, 신실하게 사명을 수행하고 있는 것이 아니었습니다. 대신에 해야 하니까 정말 억지로, 도망도 못 가고 한 것뿐이었어요. 생각해 보십시오. 고대 세계에 12만 명이나 되는 사람들이 사는 대도시에 요나는 단 하룻길을 다니면서 다섯 개의 히브리어 단어만을 외쳤습니다. "사십 일이 지나면 니느웨가 무너지리라." 그것이 다였어요. 정말 말도 안 되는 행동이었습니다.

그런데 정말 놀라운 일이 벌어지죠? 요나의 불성실한 순종에도 불구하고, 하나님의 말씀 자체에 담겨 있는 능력이 곧 니느웨성 구석구석에서 역사하였고 곧 놀라운 회개의 역사가 따랐습니다. 남녀노소 지위고하를 막론하고 엄청난 회개의 역사가 일어난 것입니다. 그러니 참으로 감사한 일이 아닐 수 없어요. 누구나 그곳에 자리한 하나님의 사랑과 은혜에 감사하며 찬송해야 했습니다.

그런데 중요한 건 이겁니다. 그 일에 대하여 요나가 어떻게 반응하나요? 놀랍게도 요나는 그 순간, 이 믿을 수 없는 하나님의 역사를 보면서 전혀 기뻐하지도, 또 놀라지도 않습니다. 보세요. 요나는 정말로 문제아였습니다. 4장 1절부터, 그 놀라운 회개 운동과 부흥을 목도한 요나의 반응이 나옵니다.

요나가 매우 싫어하고 성내며 여호와께 기도하여 이르되 여호와여 내가 고국에 있을 때에 이러하겠다고 말씀하지 아니하였나이까 그러므로 내가 빨리 다시스로 도망하였사오니 주께서는 은혜로우시며 자비로우시며 노하기를 더디 하시며 인애가 크시사 뜻을 돌이켜 재앙을 내리지 아니하시는 하나님이신 줄을 내가 알았음이니이다 욘 4:1-2

아니 뭐라고요? 요나가 니느웨 사람들이 회개하고 하나님의 용서를 받은 일에 대해 심히 싫어하고 성을 냈다는 것입니다. 과연 이것이 며칠 전 하나님께 용서받고 재기의 기회를 얻었던 종이 할 말입니까? 전혀 아니죠. 심지어 요나의 기도는 거의 빈정대는 듯한 느낌을 보이고 있어요.

"하나님, 그러실 줄 알았습니다. 제가 왜 처음에 도망쳤는지 아십니까? 하나님이 어떤 분이신지 알았기 때문에 그랬습니다. 하나님이 저놈들을 용서해 주고 사랑해 주실 것을 진작에 알고 있었거든요. 저 원수 같은 앗수르 놈들 말입니다. 아 그랬는데 하나님, 진짜 저놈들을 용서해 주시네요. 이제 속이 편하시겠어요? 그러나 하나님, 저는 이 꼴 못 봅니다. 저놈들이 회개하고 용서받는 것을 보느니 차라리 저를 죽여 주십시오."

여호와여 원하건대 이제 내 생명을 거두어 가소서 사는 것보다 죽는 것이 내게 나음이니이다 하니 욘 4:3

와, 진짜 제가 하나님이었다면 "너 좀 맞자. 똑바로 서. 어금니 꽉 깨물어라." 그랬을 거예요. 진짜 이건 아니죠. 게다가 이게 처음이 아니잖습니까? 정말 말이 안 되는 행동이었어요. 그런데 우리 하나님의 사랑과 인내와 자비가 얼마나 큰지를 보십시오.

하나님은 맨 처음 요나가 불순종했을 때에도 그를 버리지 않으셨습니다. 용서해 주셨고, 다시 기회를 주셨습니다. 또 그가 억지로 불성실하게 일하더라도 내치지 않으셨습니다. 그뿐 아니죠. 하나님은 요나가 이렇듯 불평이 가득 차 말도 되지 않는 불만을 토로할 때에도 끝까지 참으십니다. 아니 오히려 저를 달래시며 박 넝쿨의 교훈으로 말씀하세요. "요나야, 너는 네가 수고도 아니하였고 재배도 아니한 박 넝쿨 하나 없어진 것 때문에 그렇게도 안타까워하지 않니? 그러니 내가 왜 이 수많은 영혼들이 회개할 기회조차 없이 멸망해 버리는 것을 가지고 안타까워하지 않겠니?" 무슨 뜻입니까? "내가 그들도 사랑한단다. 그걸 좀 이해해 주련." 그 뜻입니다. 정말 기가 막힐 노릇입니다.

개인적으로 저는 '요나서가 4장이 아니라 3장에서 딱 마쳐졌더라면…' 하는 아쉬움을 가지고 있습니다. 3장은 조금 부족한 면이 있기는 하지만, 그래도 "요나의 순종을 통해 하나님의 놀라운 부흥의 역사가 니느웨에 벌어지게 되었다!"라고 이야기합니다. 그래서 3장의 마지막 절인 10절은 이렇게 되어 있어요.

하나님이 그들이 행한 것 곧 그 악한 길에서 돌이켜 떠난 것을 보시고 하나님이 뜻을 돌이키사 그들에게 내리리라고 말씀하신 재앙을 내리지 아니하시니라 욘 3:10

요나서가 딱 이렇게 마쳐지면 얼마나 완벽합니까? 모두가 다 행복합니다. 정말로 해피엔딩이에요. 하지만 요나서는 그렇게 마쳐지지를 못합니다. 이유는 또 한 번 '요~나' 때문이었습니다. 그곳에 그 해피엔딩의 마지막 장면에서 홀로 빠져나와 심통을 부리는 패역한 사람, 요나가 거기 있어요. 그래서 하나님은 4장까지 써 내려가실 수밖에 없었습니다.

오늘의 요나인 우리에게

4장의 내용을 기억하십니까? 하나님은 그날의 요나에게, 그리고 오늘의 요나들인 우리에게 '잃어버린 영혼'을 향한 아버지 하나님, 당신의 마음을 알려 주고 계십니다. "내가 그들을 사랑한다. 아니 내가 그들도 사랑한다. 그리고 그 사실을 너희가 꼭 알아주렴…." 이것이 바로 요나서를 통해 선포된 '하나님의 구원 이야기', 즉 선교적 적용입니다.

함께 기억하겠습니다. 이는 창세기부터 요한계시록까지의 하나님의 구원 역사 속에 단 한 번도 변하거나 사라지지 않은 아버지의 마음이요, 꿈입니다. 창세기 3장에서 아담과 하와가 타락한 후 에덴에서 추방될 때, 하나님은 짐승을 희생시켜서 가죽옷을 만들어 입혀 주셨습니다. 그 사실이 예표하는 바가 있죠. '구원'입니다.

창세기 12장에서 아브라함을 택하고 부르실 때에도, 하나님은 열방을 향한 당신의 복을 흘려보내는 통로로 그를 불렀다 하셨습니다. 그분은 출애굽 때에도 단지 히브리 민족만 구원하시지 않고 허다한 잡족들, 즉 다른 민족들도 함께 당신의 구원사에 참여시키셨으며, 출애굽기 19장 시내산 아래서 이스라엘과 민족적 계약을 맺으실 때에도, '택하신 족속, 거룩한 소유, 왕 같은 제사장'이라는 열방 향한 사명을 염두에 두고 언약을 맺으셨습니다.

그뿐입니까? 열왕기상 8장 솔로몬의 성전 봉헌 기도에는

'이방인들을 위한 기도', 즉 "만민이 주의 이름을 알게 되고, 그들도 이스라엘처럼 주를 경외하게 해 주옵소서"라는 선교적인 마음이 담겨 있고, 선지서들 또한 하나님의 심판과 함께 용서와 회복의 메시지를 열방에까지 들려지게 하였습니다.

결정적으로, 하나님의 열방을 향한 꿈은 예수 그리스도의 성육신과 십자가 사건에서 절정을 이루며, 이후 제자들과 교회를 향한 주님의 바람 또한 마태복음 28장과 사도행전 1장에서 보듯, "모든 민족을 제자로 삼아"(마 28:19), 그리고 "예루살렘과 온 유대와 사마리아와 땅끝까지 이르러 내 증인이 되리라"(행 1:8)라는 명령으로 표현되어 있습니다.

이어지는 서신서들도 똑같습니다. 특히 베드로전서 2장 9절에 나오는 성도에 대한 정체성, "택하신 족속이요 왕 같은 제사장들이요 거룩한 나라요 그의 소유가 된 백성이니"라는 표현은 결국 '복음을 선전, 선포하게 하려 하심'이라는 목적을 전제하고 있고, 이 모든 하나님의 꿈은 드디어 요한계시록 7장 9절, 하나님 나라에서 완성된다 하십니다. 그날에 드디어, 각 나라와 족속, 백성, 방언에서 큰 무리가 나와 하나님의 보좌 앞과 어린 양 앞에서 찬양할 것이라는 말씀 말입니다(계 7:10).

그래서 우리가 선교사들을 파송하고, 동역하고, 중보 기도하는 수고를 감당하는 것이죠. 그래서 우리가 개인적으로, 공동체적으로 예수님을 믿지 않는 이들에게 다가가 복음을 이야기하고, 믿음의 자리로 초대하는 일을 감당하는 거예요. 물론 쉽지 않습니다. 성품에 잘 안 맞고 뭔지 모르게 불편합니다. "목사님, 그 일을 꼭 해야 하나요? 진짜 부담되는데, 안 하면 안 되나요?" 예, 안 하면 안 됩니다. 하나님이 당신의 소원에 우리를 초대하셨고, '전도의 미련한 것'으로 그 사명을 완수하라 우리에게 부탁하셨기 때문입니다. 기억하세요. 이는 천사도 못합니다. 오직 우리가 합니다.

우리는 종종 '진짜 하기 싫은데' 하지만, 하나님은 오늘의 요나인 우리에게 계속 말씀하십니다. "요나야, 제발 내 마음을 좀 알아주련! 그들을 귀하게 여기는 게 내 마음이란다. 내게는 그 영혼들을 향한 사랑이 아직도 가득하단다. 그들의 아비인 내 마음을 좀 알아주려무나." 예, 하나님은 요나 선지자를 통하여, 오늘의 요나인 우리, 그리고 교회에게 "네 안에 내 사랑, 내 마음이 있느냐, 없느냐?" 그 도전을 하고 계신 것입니다.

저는 믿습니다. 오늘 우리가 거룩한 부담을 느끼면서 하나님 앞에서 순종의 수고를 감당할 때, 주님은 아버지의 마음을 우리에게 계속 나누어 주실 것이고, 느끼게 해 주실 것이고, 또 복된 열매로 화하게 하실 것임을.

아침마다 아내는 제게 약을 챙겨 먹었냐고 묻습니다. 약 상자를 보면 요일별로 나누어진 공간에 약이 수북이 들어 있습니다. 콜레스테롤 약과 혈압 약은 당연하고, 어디서 건강 강좌를 듣고 난 후로 비타민D도 넣고, 피시 오일도 넣고, 혈압에 좋다는 여주도 넣고…, 그 외에도 이름 모를 약들이 가득합니다. 그

약만 먹어도 배부를 정도에요.

제가 그 약이 뭔지도 모른 채 왜 먹습니까? 아내가 저를 사랑하는 걸 알기 때문에 먹습니다. 아내의 그 사랑 때문에 때로는 먹기 싫어도, 때로는 너무 귀찮아도 저는 저의 의지를 총동원해서 먹습니다. 그게 제게 좋다는 것을 알기에, 아니 그건 꼭 해야 하는 일이기 때문에, 저는 아내가 하라는 대로 합니다. 어찌 그 행위가 하나님의 마음과 영혼 구원의 사역에 비할 수 있겠습니까마는 우리의 의지를 동원하자는 의도로 드린 말씀입니다.

잘 안 해 봤어도, 내 스타일과 잘 안 맞아도, 때론 그 일을 하는 것이 자존심을 상하게 해도 의지를 동원하여 해 보십시오. 그것은 반드시 우리에게 가장 좋은 일입니다. 또 그 일은 반드시 하나님이 제일 좋아하시는 일이고, 또 그러므로 천국에서 우리가 받을 가장 큰 상급으로 화하는 일입니다.

마지막 절은 의문문
4장의 마지막 10절과 11절은 의문문으로 끝납니다.

여호와께서 이르시되 네가 수고도 아니하였고 재배도 아니하였고 하룻밤에 났다가 하룻밤에 말라 버린 이 박 넝쿨을 아꼈거든 하물며 이 큰 성읍 니느웨에는 좌우를 분변하지 못하는 자가 십이만여 명이요 가축도 많이 있나니 내가 어찌 아끼지 아니하겠

느냐 하시니라 욘 4:10-11

하나님은 일부러 열린 질문과 함께 요나서의 마침표를 찍으십니다. 성경에 이처럼 열린 질문과 함께 마쳐지는 구절은 항상 우리에게 답을 요구하시는 것입니다. "이제 그 질문을 들은 너희들이 인생을 통해 그 대답을 써 내려가라" 그 이야기예요. 그렇다면 4장의 이 마지막 질문에 대하여, 여러분은 과연 무엇이라 답을 하시겠습니까?

요나서는 우리에게 두 가지 적용을 가능하게 해 줍니다. 먼저는 개인적인 적용이죠. 혹 실패했습니까? 불순종했습니까? 쓰디쓴 기억과 함께 어두운 물고기 뱃속에 갇혔습니까? 심지어 그때까지라도 하나님은 우리를 포기하지 않으시고 끝까지 추적하고 계심을 잊지 마십시오.

왜 추적하신다 했죠? 예, 하나님은 물론 잃어버린 영혼들을 구원하는 데도 관심이 있으시지만, 그 일을 맡기신 우리 한 사람 한 사람의 인생에도 동일한 관심이 있으시기 때문입니다. 따라서 풍랑의 한가운데 있을지라도 심지어 큰 물고기 뱃속에 갇힌 듯한 어려움 속에 있더라도, 하나님의 자비와 긍휼을 힘입어 다시금 회복되는 은혜를 꿈꾸며 기도하기를 바랍니다.

동시에 요나서의 메시지를 넓게 적용하는 것도 잊지 마십시오. 하나님의 이 세상을 향한 뜻은 이미 분명히 드러나 있습니다. 그분은 오늘도 잃어버린 영혼들이 당신께로 돌아와 구원을 얻게 되기를 간절히 소원하십니다. 그리고 오늘 그 일에 우리의 인생과 공동체가 축복의 통로로 사용되기를 원하십니다.

영광스러운 그 일에 우리의 인생을 맞추어 순종함으로, 하나님이 가장 원하시는 일, 성도와 교회의 본질적인 사역, 즉 '하나님의 구원을 선포하고 초대함으로 영혼을 구원하는 일'에 끝까지 충성하시기 바랍니다. 그분의 기쁨이 되는 철든 하나님의 사람들, '무엇으로부터의 구원인가?'와 동시에 '무엇을 위한 구원인가?'를 함께 기억하며 수고하는 우리 모두가 되길 기도합니다.

6
chapter

"예배" 참된 예배는 참된 삶
| 미가 |

오직 정의를 행하며 인자를 사랑하며 겸손하게 네 하나님과 함께
행하는 것이 아니냐 | 미 6:8

설교 영상

약 20년 전, 미국의 보스턴 지역에서 A. J. 고든(A. J. Gordon) 목사는 유명한 설교자로 모르는 사람이 없었습니다. 그는 명망에 걸맞게 늘 열심히 설교를 준비하곤 했습니다. 그러던 어느 날 교회 사무실에서 설교 준비를 하다가 그만, 책상에 엎드려 깜빡 잠이 들었고 꿈을 꾸었습니다.

꿈속에서도 교회에는 자리가 모자랄 정도로 많은 사람들이 모여서 예배를 드리고 자기도 설교를 하는데, 청중 가운데 30세쯤으로 보이는 낯선 젊은이에게 자꾸 시선이 갔습니다. 예배 후에 그를 찾았는데, 성도들이 악수를 하고 다 나갔는데도 그가 보이지 않아요. 목사님이 안내 위원들에게 그 낯선 사람을 아느냐고 물었습니다. 그때 안내 위원이 하는 말이, "그 사람 알죠. 예수라고 하는 이에요" 하는 거예요. 순간 깜짝 놀라 깨어 보니 꿈이었다고 합니다.

그다음부터 고든 목사님은 늘 회중 가운데 '예수님이 오셔서 앉아 계신다'고 믿고 설교를 했고, 성도들도 예수님을 교회의 중심에 모신 것으로 알고 예배하며 신앙생활을 했습니다. 결국 교회는 크게 부흥했고 많은 선교 사역을 감당하는 모범적인 교회가 되었다 합니다. 예배를 어떻게 대하고 또 어떻게 드리느냐에 따라 귀한 열매가 따르느냐 아니냐가 결정된다는 이야기라 할 수 있습니다.

미가서 소개

미가는 예루살렘에서 남서쪽으로 약 35킬로미터 떨어진 모레셋이라는 동네에 유다 족속 가운데 태어나 자랐습니다. 그는 예레미야 26장에 등장하는 미가라는 이와 동일 인물입니다. 동시대의 선지자 이사야가 예루살렘의 도시 귀족 출신이었던 것에 반해, 미가는 시골의 가난한 평민 출신이었습니다. 그래서였을까요? 미가는 당시의 거짓 선지자들이 듣는 이들의 입맛에 맞춘 메시지를 선포할 때, 두려움 없이 또 거짓 없이 하나님 심판의 메시지를 담대히 선포했습니다.

그가 활동하던 당시 유다의 왕은 요담과 아하스, 그리고 히스기야였는데, 주전 7세기경 이스라엘 남북 왕조가 맞닥뜨린 상황은 여간 어렵지 않았습니다. 특히 남유다는 강대국 앗수르에 눌려 매번 조공을 바쳐야 했는데, 그런 와중에도 욕심 많은 지주들은 가난한 이들을 압제하였고, 권력가들은 힘을 남용하며 힘없는 이들의 어려움을 더욱 가중시켰습니다.

그뿐입니까? 정치가들은 동쪽의 앗수르파와 서쪽의 애굽파로 나뉘어 갈등하고 있었고, 재판관들은 뇌물에 따라 굽은 판결을 내렸으며, 하나님의 말씀을 맡았던 선지자들마저 부자들과 힘 있는 자들의 비위를 맞추는 말씀만을 외쳤습니다. 정말 총체적인 난국이었죠. 바로 그런 때에, 하나님이 미가 선지자를 택하셔서 당신의 말씀을 선포하게 하셨습니다.

미가서는 모두 일곱 장으로 구성되어 있습니다. 1장에서

3장까지에는 이스라엘의 죄악에 대한 하나님의 책망과 다가올 심판의 메시지가 나옵니다. 하지만 백성들은 그 말씀을 듣지 않아요. 오히려 "그런 예언은 좀 그만하라"며 짜증을 냅니다. "너는 왜 입만 열면 우리를 죄인이라 하고, 하나님의 진노와 심판을 이야기하느냐? 제발 그 입 좀 다물라"는 것입니다. 하나님의 강한 책망과 심판의 메시지에도 불구하고 백성들은 눈 하나 깜빡하지 않았습니다.

4장과 5장은 그럼에도 불구하고 여전히 자리하고 있는 하나님의 사랑을 선포합니다. 구체적으로는 '메시아를 보내 주실 것이라는 종말론적인 약속'이 그것이에요. "비록 너희가 적군에게 짓밟혀 망하게 될 것이지만, 그래서 결국 포로로 잡혀가 고생을 좀 하게 될 것이지만, 너희를 향한 하나님의 사랑은 계속될 것이고, 결국 시온은 다시 회복될 것이다. 그 약속의 증거가 있으니, 바로 메시아의 베들레헴 탄생이다."

같은 시기에 활동한 이사야 선지자가 메시아의 '동정녀 탄생'을 예언했다면, 미가 선지자는 그 메시아의 '베들레헴 탄생'을 예언했습니다. 먼 훗날, 그러니까 그때로부터 700년쯤 지났을 때, 별을 보고 유대인의 왕으로 태어난 아기를 찾아온 동방 박사들에게, 예루살렘의 종교 지도자들이 "베들레헴으로 가 보시오"라고 말해 줍니다. 그들이 그 사실을 어떻게 알고 있었을까요? 바로 이 미가서 예언의 말씀을 통해 알고 있었던 것입니다.

마지막 6장과 7장은 "하나님이 이스라엘 백성에게 진정으로 원하시는 것이 무엇인가?"를 놓고 씨름하는 선지자의 고민을 담고 있습니다. "내가 어떻게 하면?", "우리가 어떻게 하면?"이라는 질문들이 던져지고, 마침내 하나님의 대답이 주어집니다. 그것은 바로 "이런 예배자가 되라"는 것이었습니다. 바야흐로 바른 예배에 대한 말씀이었죠. 자, 그날 이스라엘 백성에게 선포된 미가서의 말씀은 오늘을 살고 있는 우리에게 무슨 의미가 있습니까?

거짓 선지자를 삼가라

우선 미가서에서 우리가 주목하려는 것은 '거짓 선지자'와 그들의 메시지에 관한 것입니다. 앞서 언급했듯이, 미가 선지자가 외친 하나님 심판의 이유는 그들의 정치적, 사회적, 그리고 종교적 죄악들 때문이었습니다. 하지만 동시에, 그런 상황에 이르기까지 진행되어 온 '그릇된 말씀 선포' 또한 지적되어야 했어요. 하여 미가는 이 모든 것에 대해 신랄하게 비판합니다.

> **그들의 우두머리들은 뇌물을 위하여 재판하며 그들의 제사장은 삯을 위하여 교훈하며 그들의 선지자는 돈을 위하여 점을 치면서도 여호와를 의뢰하여 이르기를 여호와께서 우리 중에 계시지 아니하냐 재앙이 우리에게 임하지 아니하리라 하는도다** 미 3:11

당시 백성의 우두머리들은 뇌물을 받고 재판을 굽게 했습니다. 제사장들은 소명이 아니라 밥 벌어먹고 살기 위해 사역을 했어요. 심지어 선지자들도 돈을 벌기 위해 선지자 노릇을 했습니다. 결국 그들을 향한 하나님의 심판이 선포됩니다.

> 이러므로 너희로 말미암아 시온은 갈아엎은 밭이 되고 예루살렘은 무더기가 되고 성전의 산은 수풀의 높은 곳이 되리라 미 3:12

분명 두렵고 떨리는 하나님의 말씀입니다. 하지만 현실은 차가웠어요. 당연히 백성들은 미가 선지자의 메시지를 좋아하지 않았습니다. 아니 그들은 미가에게 "예언하지 말라"고 협박까지 했습니다. 듣기가 너무 싫었거든요. 불편했어요. 솔직히 미가의 메시지가 없어도 세상은 잘 돌아가고 있었습니다. 나름대로 먹고살 만했고, 국제 정세도 질서 있게 돌아갔으며, 나라도 그럭저럭 평안했습니다. 그래서 모르긴 몰라도 '이제는 인생이 이렇게 가겠거니…' 모두 그렇게 생각하며 살고 있었습니다.

그런데 갑자기 선지자라고 하는 이가 나타나 날카로운 하나님의 말씀을 선포하는 것입니다. 문제는 그 메시지를 듣고 있자니 하나님 생각이 났고, 자신들의 죄도 보이기 시작했다는 것입니다. 자연히 '회개해야 되겠구나', 스스로를 돌아보게 되었어요. 그런데 그게 싫었던 것입니다. 하여 선지자를 핍박하기 시작합니다. "미가, 더 이상 예언하지 마라. 더 이상 설교하지 마라." 하지만 그들은 알았어야 했습니다. 자신들이 얼마나 깊은 영적 어두움에 빠져 있었는지를 말입니다.

저는 이 상황을 먼저 설교자인 저 자신에게 적용하며 질문해 보았습니다. "나는 혹시 성도들이 듣기 좋아할 말씀만 전하는 목사는 아닌가? 나는 혹시 성도들에게 위안을 주고 위로해 주는 일만 하는 목사는 아닌가? 나는 성도들이 별로 부담스러워하지 않는 메시지, 그래서 살짝 뜬구름을 잡는 듯한 메시지만 전하는 목사는 아닌가?"라고 말입니다.

설교자가 빠질 수 있는 함정이 있죠. 그것은 교회 안에서 우리끼리만 통하는 '종교적' 용어들과 표현들만을 사용하면서, 세상 밖에서 무슨 일이 일어나든 상관하지 않고, 그냥 "우리는 문제없다. 다 잘되고 있다. 평안하다. 축복받을 거다" 하면서 걸어가는 것입니다.

하지만 미가는 그렇지 않았습니다. 그는 '자기가 무엇을 하는 사람인지'에 대한 소명 의식이 분명했습니다.

오직 나는 여호와의 영으로 말미암아 능력과 정의와 용기로 충만해져서 야곱의 허물과 이스라엘의 죄를 그들에게 보이리라
미 3:8

즉 자신은 분명 부르심을 받은 사람이기에 사람들의 눈치를 살피면서, 그들이 듣기 좋아하는 말씀만 이야기하며 살 수는 없다는 것입니다. 대신 그는 하나님이 원하시는 말씀, 즉 '백성들의 죄악을 드러내고 회개를 촉구하는 메시지'를 외쳤습니다. 그리고 그것이 바른 사역자의 태도였다 할 수 있어요.

따라서 우리는 섬기는 교회 공동체의 말씀 사역자들을 위해 이렇게 기도해야 합니다. "하나님, 우리 목사님을 축복해 주셔서, 참된 말씀의 사역자가 되게 해 주시옵소서. 그래서 우리가 듣기 좋아하는 말씀만이 아니라, 우리가 꼭 들어야 하는 말씀까지 거리낌없이 전하는 설교자가 되게 해 주시옵소서. 아니 때로는 우리가 듣기 싫어해도 필요한 말씀이라면 담대히 외치는 설교자가 되게 해 주시옵소서." 그것이 우리도 살고 말씀 사역자도 사는 길입니다.

동시에, 저는 이를 설교를 듣는 청중에게도 적용해 보았습니다. 설교자가 스스로에 대해 확인하며 말씀을 선포하는 것과 마찬가지로, 설교를 듣는 이들 또한 이런 질문을 던지며 말씀 앞에 서야 한다는 것입니다. "오늘의 메시지는 나의 죄와 부족함을 폭로하고 있는가? 이 말씀을 들으면서 내 안에 거룩한 부담감이 생기는가? 이 설교에는 나의 부족함을 지적하면서 하나님께로 나아가도록 요구하는 회개의 촉구가 담겨 있는가? 이 설교에는 혹시 나를 불편하게 하는 부분, 즉 죄를 깨닫게 하는 요소가 담겨 있는가?" 반드시 이 질문들을 던지며 말씀을 들어야 해요.

만일 어떤 메시지를 듣는데 그 안에 죄에 대한 지적이나 회개의 촉구가 전혀 없고, 그저 하나님과의 화평이 없는 평화를 이야기한다든지, 제자 됨 없는 축복이나 십자가 없는 영광만 이야기한다면, 기억하십시오. 그것은 거짓 메시지입니다. 아무리 사람들이 많이 모인다 해도, 그것은 거짓이에요.

9·11테러가 일어났을 때, 미국의 영적 위기감을 느꼈던 타임스퀘어 처치(Times Square Church)의 카터 콘론(Carter Conlon) 목사님은 이렇게 외쳤습니다.

"여러분, 이런 교회로부터 도망치십시오. … 이것은 소풍이 아니라 영적 전쟁입니다. 무너지는 빌딩을 피해 사람들이 도망칠 때, 경찰관과 소방관들은 '여기서부터 도망치십시오!'라고 목숨을 걸고 외쳤습니다. 우리는 진리가 길가에 버려지는 시대에 살고 있습니다. 번영, 부, 성공에 집중하는 복음들로부터 도망하십시오. 그리스도의 이름을 자신의 이익을 위해 쓰는 자들로부터 도망하십시오. 자기개발에만 집중하는 복음에서 도망하십시오. 달리십시오. 그리스도가 아니라 사람이 영광을 받는 교회에서 도망하십시오.

성경 없는 미국과 캐나다의 교회에서 도망하십시오. 죄로부터의 회개함이 없는 데서, 예수님의 보혈이 언급되지 않는 곳에서 도망하십시오. 죄가 편하게 느껴지는 교회로부터 도망치십시오. 당신들은 죄악이 가득한 성안에 앉아 있는 것입니다. 정치꾼들로 가득 찬 설교 강단으로부터 도망치십시오. 그들은 하나님에 대해 아무것도 알지 못합니다. 부정하고 순간적인 운동과 목적 없고 공허한 예언으로부터 달려 나가십시오. 사랑스러운 교회여, 생명을 위해 달리십시오. Run! 제발 도망하십시오."

특히 말씀을 들을 때, 잘 분별하며 들으십시오. "이 메시지에는 회개의 복음이 있는가? 이 설교에는 나를 찔리게 하고 불편하게 하고 부담되게 하는 부분이 있는가?" 틀림없어요. 그런 말씀이 있는 곳이 우리가 살 곳인 줄로 믿습니다. 그 말씀 앞에 무릎을 꿇으세요. "하나님, 맞습니다. 제가 그 부족한 사람입니다. 제가 그 말씀이 이야기하고 있는 죄인입니다. 저를 용서해 주옵소서."

반대로 그 말씀 속에 회개의 복음이 없고, 나를 불편하게 하거나 부담되게 하는 말씀도 없고, 전혀 거부감 없이 편안한 말씀, 듣기 좋은 말씀으로만 다가온다면 어떻게 해야 합니까? "Run! 도망하십시오."

미가서에서 우리가 첫 번째로 붙드는 영적 교훈은 "거짓 선지자를 삼가라"입니다. 하나님의 말씀과 진리에 관한 한 설교자도, 그리고 말씀을 듣는 성도들도 항상 깨어 경성하며 분별해야 해요. "이 말씀이 과연 하나님에게서 나온 말씀인가, 아니면 사람에게서 나온 말씀인가?" 그때 분별의 기준점이 무엇입니까? "이것이 내가 기뻐하는 말씀인가, 아니면 하나님이 기뻐하시는 말씀인가?"입니다.

베들레헴으로 돌아가라

두 번째로 미가서에서 주목하고자 하는 주제는 '메시아'에 관한 말씀입니다. 앞서 살폈듯이 당시 이스라엘의 영적인 상황은 최악이었습니다. 그들은 하나님에게서 너무 멀리 떠나 있었습니다. 죄악과 우상 숭배에서 돌이킬 가능성이 거의 없어 보입니다. 설상가상, 북이스라엘은 앗수르의 침략으로 멸망하였고, 겨우 명맥을 유지하고 있던 남유다도 실은 풍전등화와 같은 형편에 처해 있었습니다.

그런데 놀랍게도, 그런 암울한 순간에도 미가 선지자는 절망하지 않습니다. 왜냐하면 그의 안에 분명한 소망 하나가 자리하고 있었기 때문입니다. 무슨 소망입니까? 그것은 그렇듯 실패한 왕들과 선지자들과 제사장들의 사명을 계승하되, 그 모든 것을 바르게 감당해 줄 '참 종'이 올 것이라는 소망이었습니다. 그 '참 종'이 누구일까요? 예, 바로 '메시아, 구원자, 예수 그리스도'이십니다. 하여 감동적인 예언의 메시지가 선포되는 거예요.

베들레헴 에브라다야 너는 유다 족속 중에 작을지라도 이스라엘을 다스릴 자가 네게서 내게로 나올 것이라 그의 근본은 상고에, 영원에 있느니라 미 5:2

다시 한 번, 그 당시 유다의 형편을 떠올려 보십시오. 백성들은 거의 모든 면에서 구제불능인 듯 보였습니다. 정치, 경제, 사회, 종교 등 정말 총체적 난국, 캄캄한 암흑이었어요. 심지어 그들의 마지막 희망이었던 선지자들마저 변질되어, "괜찮다. 평강이다. 다 잘될 거다"라는 공허한 메시지들만을 남발하고 있었습니다.

그런데 그런 형편에서, 미가, 호세아, 이사야 같은 선지자들이 이구동성으로 양보 없는 '심판의 메시지'들을 쏟아 내고 있는 겁니다. "곧 멸망이 다가올 것이다. 하나님의 징벌로 인하여 힘든 포로기가 시작될 것이다. 그 과정을 통해 우리는 다시금 정결한 하나님의 백성으로 거듭나야 한다." 자연히 그 혹독한 메시지들을 통해 백성들은 절망감 앞에 서야 했습니다. "아, 그렇구나. 우리는 앞으로 크게 고생하겠구나. 정말 큰일 났구나."

그런데 그 절망의 한가운데, 하나님이 갑자기 이렇게 말씀하십니다. "내가 곧 너희에게 평화의 왕 메시아를 보낼 것이다. 그러니 그에게서 소망을 얻으라." 역설적이게도 그런 어려운 상황 중에 주어진 말씀이 "메시아 소망"이었다는 것이 은혜입니다. 그래요. 하나님은 소망 없는 이들에게 너무 감사하게도, 메시아, 평화의 왕을 보내 주겠노라 약속하고 계십니다.

단지 미가뿐이 아니었습니다. 동시대에 활동했던 이사야 선지자도 같은 소망의 예언을 선포했습니다.

> 보라 처녀가 잉태하여 아들을 낳을 것이요 그의 이름을 임마누엘이라 하리라 사 7:14

훗날 마태복음은 이사야의 이 예언을 인용하되 친절한 해석까지 덧붙였어요.

보라 처녀가 잉태하여 아들을 낳을 것이요 그의 이름은 임마누엘이라 하리라 하셨으니 이를 번역한즉 하나님이 우리와 함께 계시다 함이라 마 1:23

분명 암흑기 맞습니다. 아무런 소망이 없는 세대, 정말로 캄캄하고 절망적인 시기입니다. 그런데 그 순간, 한 처녀가 아이를 낳을 것이라는 예언이 임하면서, 끈질긴 생명력, 소망이 여전히 보전되고 있음을 보여 주고 있어요.

미션파트너스 한철호 선교사님이 본인의 가족사를 이야기해 주신 적이 있습니다. "눈보라가 휘날리는 바람 찬 흥남부두에…." 이 노래를 다 아실 것입니다. "국제시장"이라는 천만 관객 영화를 기억하시죠? 그 영화의 첫 장면이 흥남부두에서의 사건에 관한 것이었습니다. 영화 속 이야기는 끔찍한 6·25전쟁의 한가운데에서 실제로 일어났던 일, 실화였습니다.

1950년 12월 23일, 그 부두에 있던 매러디스 빅토리호는 원래 60명만 승선할 수 있는 수송선이었습니다. 당시 그 배의 선장은 레너드 라루(Leonard LaRue)라는 사람이었는데, 원래 그에게는 거기 모여 있던 피난민들을 태워야 할 의무가 전혀 없었습니다. 하지만 부두에 남겨져 있던 피난민들을 도저히 내버려둘 수가 없어 결단을 내린 거죠. 그 배에 실린 모든 물자를 다 하역

해 버렸습니다. 대신에 60명 정원이었던 그 배에 자그마치 1만 4천 명이나 되는 피난민들을 빽빽하게 태워요.

이윽고 배가 출항했고, 이틀을 항해하여 12월 25일, 드디어 거제도에 도착했습니다. 그런데 기적이 일어났어요. 그 배의 갑판까지 빽빽이 들어앉은 사람들 1만 4천 명 중에 단 한 명의 사망자도 나오지 않았다는 것입니다. 더 놀라운 것은, 그 이틀간의 항해 기간 중, 그 배에서 다섯 명의 새 생명이 태어났다는 거예요. 미군들이 그 아기들을 뭐라고 불렀는지 아십니까? '김치 원', '김치 투', '김치 쓰리', '김치 포', '김치 파이브'라고 불렀습니다. 실화예요. 그리고 그중의 한 아이가 바로 한철호 선교사님의 형이었다는 것이죠.

그 장면을 상상해 보십시오. 전쟁터, 정말 큰 비극의 현장이 아닙니까? 아수라장이죠. 정말 아무런 희망도 없어 보입니다. 캄캄한 피난길, 소망이 없어 보이는 끔찍한 곳. 그런데 그 여정 중에 그곳에서 새로운 생명이, 그것도 다섯이나 탄생했다니요? 그렇습니다. 지금 그곳에 '소망'이 이어지고 있는 겁니다. 새 생명의 탄생! 소망이란 바로 그런 것이죠.

따라서 "보라 처녀가 잉태하여 아들을 낳을 것이요 그의 이름은 임마누엘이라 하리라"라는 이사야 선지자의 메시지나, "베들레헴 에브라다야 너는 유다 족속 중에 작을지라도 이스라엘을 다스릴 자가 네게서 내게로 나올 것이라"라는 미가 선지자의 메시지는 암울한 상황에 들려지는 하나님의 위로의 메시지,

그분 소망의 메시지였습니다. "사랑하는 이스라엘아, 비록 너희는 망해도, 비록 너희는 포로기로 접어들어 적국에 끌려가도 잊지 말아라. 그래도 나의 은총은 계속될 것이다. 내가 너희와 함께할 것이다. 지금 너무너무 고통스럽지? 그래도 끝난 게 끝난 게 아니다. 왜? 내가 반드시 너희에게 은총을 베풀어 줄 것이기 때문이다." 할렐루야!

특별히 5장 5절은 "이 사람은 평강이 될 것이라" 예언하였고, 훗날 누가복음에 나오는 천사들의 찬송은 그분의 "평화", "평강"을 노래합니다.

> 지극히 높은 곳에서는 하나님께 영광이요 땅에서는 하나님이 기뻐하신 사람들 중에 평화로다 하니라 눅 2:14

미가서, 이사야서, 누가복음, 마태복음에 계속해서 이어지고 있는 '메시아 이야기와 베들레헴 이야기'를 어떻게 읽고 있습니까? 그저 옛날이야기로, '아, 그래서 그때 메시아가 오셨구나' 그렇게 듣고 있습니까? 아니요. 대신 이렇게 들으면 좋겠습니다.

혹시 이런 상황, 저런 형편으로 오늘 힘들어하는 분이 있습니까? 혹 사랑하는 가족을 잃었습니까? 심한 중병으로 인하여 몸과 마음이 힘든 분 있으세요? 또 이 일, 저 일 되는 일이 없어 절망하십니까? 그래서 오늘 소망이 없으세요? 기억하십시오.

바로 그때, 어두운 상황들의 한가운데에도 여전히 우리에게 소망으로 자리하고 있는 분이 계십니다. 누구십니까? 바로 우리의 구원자, 메시아, 우리를 사랑하셔서 우리를 위해 오신 예수 그리스도, 그분이신 줄로 믿습니다. 소망이 없으세요? 아니요. 오늘도 우리와 함께하시는 소망의 주님을 기억하십시오.

혹시 오늘 인생의 이런저런 이유로 소망을 잃었다면, 혹시 암울했던 유대 나라와 같이 소망 둘 곳이 없어 절망한다면, 그래서 이 땅에서의 삶이 너무 힘들다 신음한다면, 그 상황을 향한 시선을 소망과 평화의 왕으로 오실 예수 그리스도께로 돌리기 바랍니다. 지금 베들레헴, 은혜의 '떡집'으로 나아가십시오. 다른 이 말고, 그리스도를 고대하며 갈망하십시오. 그 순간, 주님이 현재형의 소망과 평화로 다가와 주실 것입니다. 그분은 어떤 형편 중에서라도, 우리의 진정한 소망이 되시는 분입니다.

내가 무엇을 가지고 여호와께로 나아갈까

세 번째로 미가서에서 우리가 주목하려는 주제는 "예배"에 관한 것입니다. 6장에 이르러 미가는 자신의 마음속 깊은 곳에 자리하고 있던 큰 고민 하나를 털어놓습니다. "내가 예배하러 나가는데 과연 무엇을 가지고 여호와께로 나아갈까? 어떻게 해야 그분이 기뻐하실까?"

이 세상 최고의 존재이신 하나님께 예배하러 나갈 때, 우리는 과연 무엇을 가지고 나아갑니까? 또 무엇을 기대하며 나아갑니까? 과연 우리의 모습은 예배의 주인 되시는 하나님께 합한 모습입니까? 드리려는 질문은 이것입니다. "오늘 우리는 하나님께 예배하러 나왔는데, 그 예배는 과연 하나님께 합한 예배입니까, 아니면 나의 만족을 위한 예배입니까? 하나님이 '오늘 너의 예배는 나를 위한 예배냐, 아니면 너를 위한 예배냐?' 물으신다면 무엇이라 대답하겠습니까?" 지금 미가 선지자가 그 고민을 하고 있는 것입니다.

내가 무엇을 가지고 여호와 앞에 나아가며 높으신 하나님께 경배할까 미 6:6상

미가는 자신이 던진 질문에 바로, 나름대로 해답이 될 만한 것들을 떠올려 봅니다.

첫째, "내가 번제물로 일 년 된 송아지를 가지고 그 앞에 나아갈까"(미 6:6하). 당시 송아지는 아무나 가지고 나아갈 수 없는 가장 귀하고 또 비싼 제물이었습니다. '가장 비싸고 귀한 제물을 가지고 가면 하나님이 기뻐하실까?' 자문합니다. 그런데 그 마음속에 금방 해답이 자리했어요. '아니다. 그것은 귀한 것은 맞지만, 그걸로 하나님이 만족하시지는 않을 거다.' 그래서 그 다음 질문으로 넘어갑니다.

둘째, "여호와께서 천천의 숫양이나 만만의 강물 같은 기름을 기뻐하실까"(미 6:7상). 예전에 솔로몬왕이 일천번제를 드렸

던 적이 있었죠. 정말 엄청난 양의 제물이었습니다. 미가가 묻습니다. '천천의 숫양이나 만만의 강물 같은 기름 등 엄청난 제물로 제사를 드리면 하나님이 기뻐하실까?' 그런데 그것도 자신이 없습니다. '아니지. 그것도 내가 받은 하나님의 은혜에 비하면 정말 아무것도 아니야.'

그렇게 하나하나 하나님 앞에 올려 드릴 제물들을 떠올려 보는 거예요. 미가의 정직한 고민이 보이나요? 질문들 하나하나가 너무도 아름답습니다. 하지만 아직 답을 찾지 못했습니다. 하여 또다시 질문합니다. '그것도 아니라면 이제 어떻게 하지?'

셋째, "내 허물을 위하여 내 맏아들을, 내 영혼의 죄로 말미암아 내 몸의 열매를 드릴까"(미 6:7하). '그 옛날 아브라함이 그랬던 것처럼 세상에서 가장 귀한 나의 맏아들을 제물로 드리면 하나님이 만족하시려나? 혹 내 몸까지라도 다 내어 드리면 하나님이 기뻐하시려나?' 계속하여 질문합니다.

이쯤 되면, 준비할 수 있는 것들의 목록이 거의 다 나온 겁니다. 예배를 위해 최고의 것들을 꼽고 또 꼽은 거죠. 그러면서 계속 물어요. 목마름이죠. 갈망입니다. "도대체 어떻게 하면, 도대체 내가 무엇을 드리면, 하나님이 기뻐하며 받아 주실까? '하나님, 이걸 드릴까요? 저걸 드릴까요? 아니 이건, 또 저건 어떠세요?'" 바로 그 순간 하나님이 선지자에게 대답하셨습니다.

사람아 주께서 선한 것이 무엇임을 네게 보이셨나니 여호와께

서 네게 구하시는 것은 오직 정의를 행하며 인자를 사랑하며 겸
손하게 네 하나님과 함께 행하는 것이 아니냐 미 6:8

지금껏 미가 선지자는 묻고 또 묻고, 고민하고 또 고민하며 질문했습니다. '하나님이 무엇을 원하실까? 하나님이 무엇을 가장 받고 싶어 하실까? 하나님이 가장 기뻐하시는 것이 무엇일까?' 그리고 마침내 미가의 진정성을 보신 하나님이 대답하십니다. "미가야, 내가 원하는 것은…"

바로 여기에서 우리가 이야기하려 하는 바른 예배자의 모습이 드러납니다. 우리의 예배는 '내가 이 예배를 통하여 무엇을 얻을까? 내가 이 예배를 드리고 나서 얼마나 만족하게 될까?' 거기에 초점이 있지 않습니다. 대신 우리는 전혀 다른 시각으로 접근해야 합니다. 즉 이 질문의 주어가 바뀌어야 하는 것입니다. "내가"가 아닙니다. "하나님" 그분이십니다. "미가야, 내가 원하는 것은…"

그렇습니다. 우리의 예배를 통해 하나님이 원하시는 것은 제사도, 제물도, 헌금도, 건물도, 숫자도 아닙니다. 그분이 원하시는 것은 물질적인 것, 조건들이 아니라, 당신이 원하시는 성품, 우리의 마음과 삶의 태도에 관한 것입니다. 아모스 선지자도 결이 같은 메시지를 선포했었죠?

"하나님, 제가 무엇을 해 드릴까요?", 'Doing'(행함)이 아니라 "어떤 모습으로 사는가?", 즉 'Being'(존재)을 말하는 거예요. 우

리가 가진 그 어떤 것을 드림으로요? 아니요. 하나님은 부족한 것이 없으세요. 하나님이 원하시는 것은 오직 우리 자신입니다. 우리가 가져다드리는 예물이 아니라, 그 예물을 드리는 우리 자신, 예배자를 원하신다는 것입니다. 그래서 말씀하시는 거예요. "사람아 주께서 선한 것이 무엇임을 네게 보이셨나니 여호와께서 네게 구하시는 것은 오직 정의를 행하며 인자를 사랑하며 겸손하게 네 하나님과 함께 행하는 것이 아니냐"라고요.

기억하겠습니다. 하나님 앞에 예배하러 나오는 우리에게 그분이 기대하시는 것은 우리 자신입니다. "오직 정의를 행하며 인자를 사랑하며 겸손하게 네 하나님과 함께 행하는 것", 오직 그것뿐이에요. 다른 말로 하면, '참된 예배는 참된 삶'이라는 것입니다. 매일매일 하나님 앞에서 그분이 원하시는 대로 '의롭게 사는 것, 사랑으로 사는 것, 그리고 겸손으로 사는 것', 그것을 하나님이 기대하신다는 겁니다. 그것이 바른 예배예요. 우리가 스스로 그런 삶을 살아 냄으로 스스로가 예배의 제물이 되는 걸 의미합니다.

만일 그렇게만 된다면, 그때 우리가 들고 나오는 예물은 그것이 무엇이든 문제가 되지 않습니다. 아니, 그 무엇은 아무 상관이 없어요. 하나님이 예배자를 받으시면, 그가 들고 나온 예물은 자동적으로 받아 주시는 것이 되기 때문이지요.

그러므로 우리는 이렇듯 '정의와 사랑과 겸손'의 삶을 살다가, 그 모습을 가지고 예배하러 나아오는 하나님의 사람들이 되어야 할 것입니다. 하나님이 기대하시는 '정의'는 내가 옳다고 생각하는 것이 아니라, 하나님이 옳다 생각하시는 바를 따르는 것입니다. 하나님이 기대하시는 '사랑'은 하나님과 나 사이에 무엇인가가 끼어드는 것을 용납하지 않는 것입니다. 또 하나님 앞에서의 '겸손'은 그분의 하나님 되심을 정말로 인정하는 것입니다. 그분이 하나님이세요. 그리고 나는 사람입니다. '무엇을 하느냐?'가 아니라 '어떤 예배자가 되느냐?'가 진정 문제라는 것이죠.

그러므로 예배의 자리로 나아올 때, "하나님, 저를 좀 만족시켜 주십시오. 목사님, 저를 좀 감동시켜 보십시오. 교회가 오늘의 내게 어떤 도움을 줄 수 있는지를 말해 보십시오"라고 해서는 안 됩니다. 그전에, 내가 하나님 앞에서 세 가지, '정의와 사랑과 겸손'으로 몸부림을 치는 것이 맞습니다. '오늘 이 예배에서 내가 무엇을 얻어 갈 것인가?' 그것 이전에 "하나님, 제가 어떻게 하여야 하나님을 기쁘시게 해 드릴 수 있을까요?"라고, 문장의 주어를 바꾸고 나오는 것이 맞습니다. 그제야 하나님이 우리의 예배를 통해 영광을 거두시고, 깜짝 놀랄 당신의 은혜로 채워 주실 것입니다.

제가 좋아하는 방송 프로그램은 다양한 사람들이 사는 이야기를 다루는 "인간극장"입니다. 오래전에 보았던 이야기 하나가 잊히지 않아요. "사랑은 보인다"라는 제목이었죠. 한 쌍의 젊은 남녀가 사랑에 빠졌는데, 그만 여성분이 시력을 잃어 갑니다. 하지만 사랑의 힘은 위대하죠. 그 어려움을 통과하고 그들이 드디어 결혼에 골인하고, 얼마 후 예쁜 아기가 태어납니다. 카메라가 그 여정 하나하나를 잔잔히 추적해요.

앞이 보이지 않는 새댁이 주변의 도움으로 감동적인 출산을 마치고 아기를 안고 집으로 돌아왔어요. 하지만 진짜 문제는 그때부터입니다. 엄마가 눈이 보이지 않지만 아이를 깊은 사랑으로 키워 냅니다. 하루하루 사랑과 정성을 들여 짜증 한 번 내지 않고 묵묵히 그 수고를 감당해요.

그런데 한순간, 저를 울리는 장면이 눈앞에 펼쳐졌습니다. 지금도 선명히 기억하는데요, 그 젊은 새댁이 자기가 낳고 또 품은 아이를 안고서 우는데, 이러면서 우는 거예요. "너무… 보고 싶다." 생각해 보십시오. 두 사람의 사랑의 결실인 아이, 내가 힘을 다해 낳은 아이를 보이지 않는 눈으로 목욕시키고, 기저귀를 채우고, 새 옷을 갈아입히고, 젖병을 물리는데, 막상 내 품에 안긴 예쁜 아기를 볼 수가 없는 거예요. 너무너무 보고 싶은데, 손으로는 만져지는데, 보이지는 않아요. 그걸 너무 안타까워하며 그 젊은 엄마가 웁니다. "너무 보고 싶다" 하면서요.

갑자기 그 엄마의 간절함이 제 안에 자리합니다. 사랑하는 아기를 그만큼 간절히, 아니 그렇게 가슴 아파하면서까지 절절하게 보고 싶어하는 엄마의 갈망함이 우리 예배의 대상이신 하나님을 향한 우리의 갈망이 된다면, 그날 미가 선지자가 가졌던 마음을 공감할 수 있지 않겠습니까?

과연 언제 그런 가슴 떨림과 감동이 있는 예배를 드려 보았습니까? 오늘 우리의 예배에는 과연 얼마큼의 사모함과 갈망함이 담겨 있습니까? 과연 어떻게 해야 감격에 빠져 예배할 수 있겠습니까? 아니 우리의 예배에는 그날 미가 선지자가 가지고 질문했던 소원들만큼 하나님과의 만남을 갈망하며 나아가는 간절함이 자리하고 있습니까?

"내가 무엇을 가지고 여호와 앞에 나아가며 높으신 하나님께 경배할까? 이 예배를 통하여 어떻게 하나님을 기쁘시게 해 드릴까?" 이 질문들만 정직히 던져도, 우리가 예배하는 태도와 모습, 아니 예배를 준비하는 마음, 성경책을 들고 예물을 준비하며, 아이들을 챙기고, 교회를 향해 나아오는 여정, 예배당 문을 통과하며 갖는 마음 자세, 손을 들고 입을 열어 찬양하는 목소리의 톤과 크기, 기도할 때 놓인 두 손과 두 발의 모습과 위치 등 모든 예배의 모습이 완전히 바뀔 것입니다.

그날 미가 선지자가 가졌던 예배자의 갈망을 이해하고, 또 미가의 질문에 답하시던 하나님의 마음을 이해함으로, 앞으로 우리의 예배가 완전히 바뀌는 기적이 시작되기를 바랍니다.

7
chapter

"위로" 하나님은 내 편이시다
| 나훔 |

여호와는 노하기를 더디하시며 권능이 크시며 | 나 1:3

설교 영상

앗시리안 그리스도인?

수천 년 전부터 존재해 왔던 앗시리아 제국은 강력한 군사력을 통해 당시의 세계를 제패한 강대국이었습니다. 오늘날 중동의 이라크 땅이 옛 앗시리아 제국이 위치했던 곳인데, 현재 그 지역의 중심 도시인 모슬은 성경에 등장하는 옛 니느웨로 알려져 있습니다. 2014년 ISIS(이슬람극단주의자)가 전쟁을 일으켰을 때, 모슬 근경의 기독교 지역, 카라코시, 바르텔라, 텔케페, 알코쉬, 텔스쿱 등에 있던 그리스도인들이 추방을 비롯, 큰 어려움을 겪었다는 뉴스가 전해졌어요.

처음 그 뉴스를 접했을 때, 저는 제 귀를 의심했습니다. "어? 무슨 이라크 땅에 그리스도인들이 그렇게나 많아? 뭔가가 잘못된 것 아냐?"라고 말입니다. 나중에 알게 되었어요. 오래전, 요나와 나훔 선지자가 하나님의 말씀을 선포했던 땅, 물론 중간에 회개도 했다가 다시 심판도 당했던 그 땅, 나중에는 네스토리안 성도들이 그곳을 지나며 복음을 전했고, 이후 동방정교회의 흔적이 지금까지 남아, 현재 이라크 인구의 약 1퍼센트 정도가 기독교 신앙을 가지고 믿음을 지키고 있다 합니다. 그들이 바로 성경에 나오는 앗수르인의 후손, 그리고 갈대아인의 후손이라는군요. 하나님의 섭리는 참으로 신묘막측합니다.

십수 년 전, 제가 그 땅을 방문했을 때에는 모슬, 즉 옛 니느웨 땅은 너무 위험해서 들어가지 못했고, 대신에 그 위의 알쿠쉬라는 동네와 그곳 높은 산 위에 자리한 성 호르미즈 수도원을 방문했습니다. 그리고 그 산 위에서 저 아래 펼쳐져 있는 모슬 평야와 모슬, 즉 니느웨 땅을 바라보며 잠시 망중한에 빠졌죠.

양쪽 산 사이로 앞 50킬로미터 정도 넓게 펼쳐져 있는 모슬, 니느웨 땅을 바라보는데, 선교사님의 설명이 더해집니다. 요나 4장의 배경이 바로 그 산이었을지도 모른다라고요. 왜냐하면 그 평야 사방에 산은 그곳밖에 없었거든요. 따라서 요나가 그 산 위에서, 저 앞의 니느웨를 내려다보며 하나님의 심판을 기다렸을 것이라는 설명이 참 설득력 있게 들렸습니다. 아니 그 땅에서 본 것 자체가 너무도 감동적인 경험이었습니다.

나훔 선지자의 묘 이야기

요나서에서 이미 살폈듯, 하나님은 주전 8세기경, 요나를 통한 심판 메시지를 듣고 돌이킨 12만 명의 앗수르인들을 용서해 주셨습니다. 자연히 우리는 "하나님, 감사합니다. 하나님, 참 선하십니다" 감탄합니다. 니느웨가 용서받고 심판을 면했습니다. 문제아 '요~나'를 빼고, 모두 행복했습니다.

그런데 그때로부터 150년이 지나면서, 니느웨 사람들이 또 다시 악행에 빠집니다. 잠시 후 더 설명하겠지만, 끔찍한 일들을 행하고 또 행해요. 자연히 우리는 질문할 수밖에 없죠. "아니, 어떻게 그럴 수 있는가? 하나님은 도대체 뭘 하고 계시는가?" 틀림없이 이스라엘도 같은 질문을 던졌을 것입니다. "도대체 이게 뭔가? 과연 우리도 저 악한 앗수르 놈들에게 멸망하고 마는 것인가?"

바로 그 순간, 하나님의 심판이 또다시 선포됩니다. 이 장에서 다루려 하는 나훔 선지자를 통해서 말입니다. "너희들의 악한 행위로 말미암아 내 반드시 너희를 심판하리라." 150년 전 니느웨 사람들은 요나를 통한 심판 메시지를 듣고서 회개했습니다. 하지만 이번에는 그렇지 못했어요. 결국 하나님의 심판이 임했습니다.

오랜 세월 동안 상아시아의 주인으로 자리했던 앗수르 제국은 하나님의 심판 예언 그대로 땅 위에 범람한 홍수로 인해 흔적도 없이 사라졌습니다. 1846년, 영국의 고고학자 헨리 레이어드(Henry Layard)가 니느웨의 유적들을 다시 찾아낼 때까지 말입니다. 문자 그대로 완전한 멸망이었습니다. 그리고 역설적으로 앗수르를 향했던 하나님의 심판 메시지는 위기 가운데 처했던 이스라엘에게 큰 위로가 되었습니다.

흥미로운 이야기가 하나 더 있습니다. 앞서 산에서 내려오던 길에 선교사님이 제게 "한 군데를 더 보셔야 합니다" 하며 데려간 곳이 있습니다. 동네 한가운데였는데, 가 보니 빨간 지붕 아래 거의 폐허로 변해 있는 집이 하나 있었는데 밖의 문도 잠겨 있고, 오가는 사람도 없는, 분위기가 조금 이상한 곳이었습니다. 솔직히 겁이 좀 났는데 순간, 낯선 외국인들이 왔다 갔다 하니까 누군가가 와서 문을 열어 주었어요. 그런데 그곳이 바로 나훔 선지자의 묘라고 하더군요.

그러니까 그 옛날 앗수르 군대가 유대 땅을 침공했고, 많은 이가 포로로 끌려갔을 때, 그때 나훔이 끌려갔고, 그곳에서 예언 사역을 한 뒤, 생을 마감했을 것이라고 보는 학자들이 꽤 있습니다. 나중에 조사해 보니, 알쿠쉬라는 그 동네 외에도 나훔이 사역했던 곳이라고 회자되는 곳이 세 군데 정도 더 있었고, 그곳들 또한 선지자의 무덤 후보지로 이야기되고 있었습니다.

나훔서 소개

그러므로 나훔서는 요나서의 후편이라고 이해하면 될 듯합니다. 사실 나훔에 대해 알려진 것은 거의 없습니다. 그저 그 이름의 뜻이 '여호와께서 위로하셨다'라는 것 정도입니다. 당시 앗수르 제국은 오랜 세월 상아시아의 맹주로 자리하고 있었고 농사나 무역이 아니라 전쟁과 약탈을 통해 부강해지는 길을 택했습니다. 침략하고, 죽이고, 빼앗는 일이 반복되었고, 자연히 주변 나라들은 앗수르의 말발굽 아래 신음할 수밖에 없었습니다.

그들의 잔악함은 유명했습니다. 그들은 피정복자들을 산 채로 때려죽이고, 자신들의 신 아셀에게 인신 제물로 드리는가 하면, 토막 난 시체를 짐승들의 먹이로 던져 주는 무자비한 사람들이었습니다. 또 정복당한 나라의 왕자들은 아버지의 목을 잘라 자신의 목에 걸어야 했고, 왕후 또한 남편의 머리를 가지고 잔치하는 곳에 참석해야 했답니다. 심지어 그들은 사람의 머리로 피라미드를 쌓았고, 사람의 가죽을 벗겨 기둥에 씌우기까지

했습니다.

자연히 주변 나라들은 앗수르 하면 치를 떨었고, 유다 또한 예외가 아니었습니다. 바로 그러한 때에, 나훔 선지자를 통한 하나님의 심판이 선포되고 있는 것입니다. "나는 진노하며 보복하는 여호와로, 너희들의 악행을 반드시 심판할 것이다."

나훔서는 크게 세 개의 대지로 구성되어 있습니다. 먼저는 니느웨를 향한 하나님의 진노입니다. 두 번째는 니느웨, 그 앗수르가 곧 멸망할 것이라는 예언의 말씀입니다. 그리고 세 번째가 그들이 멸망할 수밖에 없었던 이유들에 관한 것입니다. 결국, 영원한 권세를 누릴 것 같았던 대제국 앗수르는 선지자의 예언대로 주전 612년경 신흥 제국 바벨론에게 멸망당해 역사의 뒤안길로 사라졌고, 수도 니느웨는 폐허로 변하여 토사 아래 묻혀버렸습니다.

함께 질문해 보시죠. "그날 이스라엘과 앗수르 백성에게 선포되었던 예언의 말씀, 특히 강포한 앗수르 민족에게 선포된 심판의 메시지는 오늘 이 땅에서 믿음의 길을 가고 있는 우리에게 무슨 의미가 있습니까?" 크게 세 가지의 주제를 주목하되, 각각의 메시지가 보여 주는 '하나님의 성품들'에 초점을 맞추어 보겠습니다.

진노하시는 하나님, 그러나

가장 먼저 나훔서에서 만나게 되는 하나님은 '진노하시는 하나님'입니다. 조금 의외죠? 보통 우리가 하나님에 대해 이야기할 때에는 사랑, 은혜, 자비 같은 성품을 먼저 꼽습니다. 그런데 나훔서는 시작하자마자 '하나님의 진노'를 이야기해요. 아니 1장 1절은 아예 "니느웨에 대한 경고"라고 그 말씀을 시작합니다. 또 2절은 "여호와는 질투하시며 보복하시는 하나님이시니라" 선언하며, 그 이후에도 내내 앗수르, 니느웨를 향한 하나님의 진노를 반복하여 강조하고 있어요.

> 그들이 비록 강하고 많을지라도 반드시 멸절을 당하리니 그가 없어지리라 … 이제 네게 지운 그의 멍에를 내가 깨뜨리고 네 결박을 끊으리라 나 1:12-13

2장의 말씀은 더욱 강력합니다.

> 만군의 여호와의 말씀에 내가 네 대적이 되어 네 병거들을 불살라 연기가 되게 하고 네 젊은 사자들을 칼로 멸할 것이며 내가 또 네 노략한 것을 땅에서 끊으리니 네 파견자의 목소리가 다시는 들리지 아니하리라 하셨느니라 나 2:13

하나님이 지금 니느웨를 향해 엄청난 진노를 발하고 계신 것입니다. 그래요. 과연 그분은 '진노하시는 하나님'이 맞습니다. 그런데 생각해 보십시오. 만일 이 세상에 하나님의 '진노'가 없다면, 그래서 죄에 대한 하나님의 '심판'이 없다면, 우리가 그렇게 강조하며 외치는 십자가의 '대속과 구원의 은총'은 필요 없는 것이 되고 말 것입니다. 맞아요. 먼저 하나님의 공의와 그로 인한 그분의 진노를 볼 수 있어야, 우리가 자연히 그분의 사랑과 용서를 볼 수 있어요. 예를 들어, 우리 모두가 사랑하는 요한복음 3장 16절의 말씀이 그러합니다.

하나님이 세상을 이처럼 사랑하사 독생자를 주셨으니 요 3:16상

정말 귀한 말씀이에요. 그런데 하나님이 어째서 독생자를 주시기까지 우리를 사랑하셨습니까? 그 이유가 있죠.

이는 그를 믿는 자마다 멸망하지 않고 영생을 얻게 하려 하심이라
요 3:16하

하나님이 독생자를 주신 이유는 '우리로 멸망하지 않게 하려고', 바로 거기에 있습니다. 그때 우리는 반드시 멸망을 이야기합니다. 무엇 때문입니까? '죄' 때문입니다. 즉 죄에 대한 하나님의 진노 때문에 우리는 멸망할 수밖에 없었고, 그래서 하나님의 사랑, 독생자를 주신 이야기가 이어지게 됩니다. 정리하면, 하나님의 '진노'가 있어야, 그분의 '구원'이 있는 거예요.

함께 기억하겠습니다. 하나님의 '진노와 사랑'은 '복음의 양

면'입니다. 갈보리 십자가에서 피를 흘리시는 예수님을 볼 때, 하나님의 '사랑'만 보아서는 안 됩니다. 하나님의 '진노' 또한 동시에 보아야 해요. 물론 십자가는 우리를 향한 하나님의 사랑이 얼마나 큰지를 보여 줍니다. 하지만 동시에 십자가는 우리의 죄가 얼마나 끔찍한 하나님의 진노를 가져다주는지도 보여주고 있어요.

그런 의미로, 저는 나훔서의 말씀이 오늘날 하나님의 사랑을 값싸게 이해하는 현대인들에게 꼭 필요한 메시지라고 확신합니다. 나훔서는 하나님의 사랑과 하나님의 공의를 똑같이 강조함으로, 우리로 복음의 '건강한 균형'을 유지하게끔 합니다.

이어 나훔은 우리의 하나님이 '진노하시는 하나님'은 맞는데, 그분의 진노하심에 한 가지 특이한 점이 있다 말씀합니다. 그것이 바로 "노하기를 더디 하시는 하나님"이라는 표현입니다. 하나님은 분명히 '진노하시는 하나님', '심판하시는 하나님'입니다. 그런데 동시에 그분은 '노하기를 더디 하시는 하나님, 즉시로 심판하지 않으시는 하나님, 즉 인내하시는 하나님'이라는 것입니다.

우리의 하나님이 죄에 대하여 진노하시지만, 노하기를 더디 하시는 하나님이라는 사실로 인하여 감사하기 바랍니다. "여호와는 노하기를 더디 하시는 하나님이시다⋯." 가만히 그 의미를 묵상해 보십시오. 얼마나 큰 은혜인지 몰라요.

믿음의 길을 가다 보면, 쉽게 답을 찾을 수 없는 질문들을 만납니다. 그중에 하나가 "하나님은 정말로 선하신가?"라는 질문, 즉 신정론에 관한 거예요. 한번 대답해 보십시오. 하나님은 정말로 선하신가요? 최근 이스라엘과 하마스 사이에, 헤즈볼라, 후티 반군, 그리고 이란까지… 그곳에서 일어나고 있는 전쟁으로 인해 얼마나 많은 이들이 희생되고 있습니까? 인질이 되고, 죽임을 당하고, 끔찍한 비극의 희생자들이 연일 쏟아지고 있어요. 그뿐입니까? 우크라이나와 러시아 사이에서는요? 인도와 파키스탄 사이에서는요? 오래전 내전을 피해 국경을 넘던 시리아 난민 70명이 트럭 안에서 숨진 채 발견되기도 했습니다.

이처럼 피도 눈물도 없는 인간 말종들의 악행들이 오늘도 지구촌 곳곳에서 버젓이 행해지고 있습니다. 자신들의 이익을 위해, 많은 이들의 생명을 담보로 하여 엄청난 갑질과 횡포가 계속되고 있는 것입니다. 개인들 사이에도, 사회 계층들 간에도, 그리고 나라와 민족들 간에도요. 끝이 없습니다. 설명도 잘 안 돼요. 그래서 우리는 참다 참다 하늘을 향해 소리를 지릅니다. "하나님, 왜 이런 악을 허용하십니까? 도대체 하나님이 살아 계신다면, 어떻게 저렇게 나쁜 놈들을 그냥 내버려두시는 것입니까? 다 멸망시켜 버리셔야죠? 하나님은 진노하시는 하나님이라면서요?"

하나님이 왜 그런 악을 허용하시죠? 왜 이 세상에 나쁜 사람들이 여전히 활개치도록 내버려두시는 것이죠? 이유는 하나입니다. 하나님은 그런 악한 이들까지도, 혹시나 회개할 수 있도록 기회를 주시는, '노하기를 더디 하시는 하나님'이기 때문입니다. 틀림없습니다. 오늘 하나님이 우리의 죄에 대하여 심판하지 않으시는 이유는 한 가지입니다.

주의 약속은 어떤 이들이 더디다고 생각하는 것같이 더딘 것이 아니라 오직 주께서는 너희를 대하여 오래 참으사 아무도 멸망하지 아니하고 다 회개하기에 이르기를 원하시느니라 벧후 3:9

분명히 심판이 있습니다. 하나님은 우리의 모든 죄악에 대하여 틀림없이 진노하시며 심판하시는 하나님이 맞습니다. 하지만 동시에, 하나님은 당신의 진노를 더디 발하시며, 인내하시는 하나님이기도 합니다. 그래서 오늘도 세상에는 악한 이들이 여전히 남아 있는 것입니다. 그분의 긍휼하심 때문입니다.

하지만 그것이 이야기의 끝이 아니고 한 가지를 더 기억해야 합니다. 그것은 분명, 우리 하나님은 진노하시는 하나님이며, 동시에 노하기를 더디 하시는 하나님이기는 하지만, 만일 악한 이가 끝까지 회개하지 않으면, 그를 반드시 심판하시고, 또 반드시 죗값을 치르게 하시는 분이라는 겁니다. 나훔서가 바로 그 이야기를 하고 있는 거예요.

역사 속의 니느웨, 앗수르 사람들은 다 사라졌습니다. 하지만 오늘도 세상에는 여전히 악한 자들, 니느웨 사람들 같은 이들이 가득합니다. 그때 기억하겠습니다. 비록 하나님의 진노는 더디 나타나지만, 그들은 반드시 하나님의 심판대 앞에 서게 된다는 것을 말입니다. 어째서요? 그분이 진노하시는 하나님이시기 때문입니다.

원수를 갚으시는 하나님, 그러므로

두 번째로 우리가 나훔서에서 만나게 되는 하나님은 '원수를 갚으시는 하나님'입니다. 물론 평상시에는 우리 모두 점잖게 예수 믿을 수 있습니다. 그런데 문제는, 누군가로부터 험한 일을 당하게 될 때입니다. 지금 내가 원수들에게 억울한 일을 당했고, 악한 일을 당했어요. 그래서 내 사랑하는 가족이 큰 피해를 입었습니다. 그때 누가 팔을 걷어붙이고 복수를 시도하지 않을 수 있겠습니까?

지금 유다가 그랬던 것입니다. 나라가 공격당하고 내 가족이 피를 흘렸습니다. 그들은 이를 부득부득 갈며 나섭니다. 바로 그 순간, 하나님이 나훔 선지자를 통하여 그들의 팔을 붙드십니다. 이렇게 말씀하시면서요. "잠깐! 내가 하겠다."

우리는 나훔서에서, 끝내 회개하지 않는 니느웨 백성을 하나님이 결국 어떻게 심판하시는지를 확인할 수 있습니다. 3장 2절부터 나오는 말씀들은 온갖 무서운 의성어와 의태어를 총동원하여, 하나님이 어떻게 이스라엘의 원수를 갚아 주시는지를 보여 주고 있어요.

> **휙휙 하는 채찍 소리, 윙윙 하는 병거 바퀴 소리, 뛰는 말, 달리는 병거, 충돌하는 기병, 번쩍이는 칼, 번개 같은 창, 죽임당한 자의 떼, 주검의 큰 무더기, 무수한 시체여 사람이 그 시체에 걸려 넘어지니 이는 마술에 능숙한 미모의 음녀가 많은 음행을 함이라 그가 그의 음행으로 여러 나라를 미혹하고 그의 마술로 여러 족속을 미혹하느니라** 나 3:2-4

한마디로, 하나님이 직접, 당신의 손으로 이스라엘의 원수를 갚아 주겠다는 뜻입니다. 앗수르는 정말 답이 없는 민족이었습니다. 주변 나라들을 얼마나 못살게 굴었는지 몰라요. 그런데 한순간 하나님이 말씀하시는 거죠. "니느웨, 너는 곧 끝난다. 내가 곧 야곱의 영광을 회복할 것이다."

그러니 그들의 압제에 눌려 이러지도 못하고 저러지도 못하던 유다 백성들이, 이 말씀을 들으면서 어떻게 반응했겠습니까? 틀림없이 눈물을 흘리며 기뻐했을 것입니다. "하나님이 나 대신 원수를 갚아 주신다니…" 하면서요. 하만과 모르드개 이야기의 끝을 우리는 압니다. 엘리야와 아합왕의 이야기가 어떻게 끝나는지도 압니다. 하나님은 반드시 죄와 악에 대해 원수를 갚아 주시는 분입니다.

혹 분한 일을 만났습니까? 너무 억울해서, 그 벌어진 일에 대하여 분노하며, 팔을 걷어붙이고 '내가 반드시 원수를 갚으리라' 하며 막 나서고 싶습니까? 실제로 우리 안에는 그런 마음이 자리합니다. 그래도 내가 한 대는 쳐야, 따귀를 올려붙여야 원수를 갚아 주는 느낌이 들 것 같습니다. 그래야 체한 속이 좀 나아질 것 같고, 그래야 숨이라도 깊게 들이마실 수 있을 것 같습니다. 그런데 지금 하나님이 "잠깐!"이라고 외치시는 거예요. 그리고 의아해하는 우리에게 말씀하십니다. "내가 직접 원수를 갚아 줄 테니, 너는 옆에 서 있어라."

이 대목에서 저는 로마서 12장 말씀을 떠올립니다. 사도 바울은 로마서 앞부분에서 복음의 이론편, 즉 '복음이 무엇인지, 복음의 영광이 무엇인지'를 설명합니다. 그리고 12장에서부터 "복음을 알게 된 너희는 이렇게 살아라" 하면서 복음의 실천편을 이야기해요. 그런데 그 이야기의 출발점에서부터 바로 '원수 갚는 이야기'를 꺼냅니다.

내 사랑하는 자들아 너희가 친히 원수를 갚지 말고 하나님의 진노하심에 맡기라 기록되었으되 원수 갚는 것이 내게 있으니 내가 갚으리라고 주께서 말씀하시니라 롬 12:19

하나님이 우리에게, "원수 갚는 것은 내 일이다. 그건 내가 할 테니, 너는 하지 말라"고 말씀하시는 것입니다. 그 이유가 지금 이 나훔서에 나옵니다. 하나님이 '원수를 갚아 주시는 하나님'이시기 때문이라는 거예요. 사실 세상에서 제일 피곤한 일은 '복수하는 일'입니다. 복수를 하려면, 마음을 독하게 먹어야 합니다. 내가 당했던 분한 일을 계속하여 되뇌어야 합니다. 그래야 복수심이 끓게 되죠. 또 태도도 공격적으로 바꾸어야 합니다. 그러다 보니 복수는 더 큰 복수를, 원수 갚는 일은 더 큰 원수 갚는 일을 일으킵니다. 그것이 사람이 하는 원수 갚는 일의 한계예요.

저는 중학교 1학년 때, 교실에서 일어났던 일 한 가지를 아직도 똑똑히 기억합니다. 그때는 틈만 나면 학교에서 자율 학습을 시켰습니다. 문제는, 선생님들이 늘 함께 있지 못하니까 "딴 짓하지 말고 조용히 공부하게 만들어라" 하며 책임을 반장들에게 지우곤 했다는 것입니다.

그런데 그때 저희 반 반장의 리더십이 조금 특이했습니다. 중학교 1학년 아이들이 말을 잘 듣나요? 그것도 같은 또래인 반장의 말을요? 어림도 없죠. 그래서 반장은 아이들이 너무 떠드니까, 참다 참다 결국 이성을 잃고, 그만 자기가 벌을 내리기 시작했습니다. 선생님이 주신 권위인 완장을 차지 않았습니까? 그때는 벌이라는 게 딱히 없었어요. 그저 빗자루를 가져다 놓고, 떠든 아이 나오라고 해서 엉덩이를 때렸습니다.

그런데 선생님이 때리는 건 그래도 용납이 되지만, 친구가 같은 반 친구를 때리는 건 좀 문제가 있지 않습니까? 곧 분위기가 엄청 나빠졌습니다. 첫 단추가 완전히 잘못 꿰어진 거죠. 칠판 앞에 불려 나가 친구에게 맞는다고 생각해 보십시오. 기분이 어떨까요? 너무 좋지 않습니다.

그런데 더 큰 문제가 생겼어요. 반장이 자기만 계속 때리면 곧 공공의 적이 될 것 같으니까, 이제는 맞은 사람이 앞에서 지키고 서 있다가, 다른 떠든 아이를 불러내서 직접 때리게끔 한 것입니다. 점점 더 이상해지죠? 그런데 그걸 한 번, 두 번 하다 보니, 그만 자율 학습 시간의 법이 되어 버렸어요.

처음에는 당연히 장난 같았습니다. 그런데 그 장난이 법이 되고, 그만 그게 통제가 안 되니까, 거기서부터는 완전히 인민재판, 그리고 원수 갚는 일로 바뀌게 되었습니다. 생각해 보십시오. 중학교 1학년 까까머리 아이들끼리, 친구를 불러 갖은 트집을 잡아 때리고, 또 자기 마음에 안 드는 아이를 찍어서, 말도 되지 않는 누명을 씌워 때리고, 그러면서 한 시간 내내 '정말 지옥이 이런 곳이구나'를 경험하게 된 것입니다.

그날 저는 일평생 잊지 못할 세 가지를 깨달았습니다. 첫째, "사람은 정말 악하다." 둘째, "통제되지 않은 리더십은 위험하다." 셋째, "내가 원수 갚는 일은 절대로 공정하게 진행될 수 없다." 정확히 그런 이유로 하나님은 우리에게 원수를 친히 갚지 말고, 당신께 맡기라 하신 것입니다.

창세기 4장에서 가인이 아벨을 쳐 죽였을 때 하나님은 가인의 이마에 표를 주셨습니다. 그 의미는 분명합니다. 누구도 가인에게 손을 대지 말라는 것이었습니다. 가인을 심판하고 손대는 것은 하나님이 하실 일이라는 의미입니다. 사람이 사람에게 손대기 시작하면 문제가 커지거든요. 우리에게는 원수를 공정하게 심판할 능력이 없습니다. 정확한 심판, 뒤탈이 없는 깨끗한 심판, 아무도 이의를 제기할 수 없는 심판은 오직 하나님만이 하실 수 있어요. 그러므로 원수 갚는 일은 어찌 보면, 하나님의 일, 그분의 자리를 넘보는 일입니다. 불신앙의 일이에요.

함께 기억하겠습니다. 심판하는 일, 복수하는 일은 하나님을 믿는 사람이 할 일이 아닙니다. 우리는 이 세상을 공정하게 심판하실 분이 하나님 한 분뿐이심을 압니다. 어느 누구도 그 일을 대신할 수 없어요. 그래서 하나님이 말씀하시는 것입니다. "악역은 내가 하겠다. 다만 너는 원수를 위해 기도하고 축복해라."

혹시 미운 사람이 있습니까? 만일 그런 사람이 있다면, 그를 하나님께 맡기기 바랍니다. 그를 위해 오히려 기도하십시오. 그가 오 리를 가자 하면 십 리를 가고, 오른뺨을 치면 왼뺨을 내놓으세요.

그리함으로 네가 숯불을 그 머리에 쌓아 놓으리라 롬 12:20

로마서 12장에 나오는 유명한 관용구입니다. 그 일로 원수를 부끄럽게 만들라는 것입니다. 다윗의 시편 23편에도 "주께서 내 원수의 목전에서 내게 상을 차려 주시고"라는 표현이 나옵니다. 하나님이 나의 원수를 망하게 하시는 방법 중 하나는 나를 높이시는 것이라는 의미죠. 그를 치시는 것보다 더 큰 복수는 오히려 나를 높이시는 것입니다. 그러면 원수들이 분하고 억울해서 정말 어쩔 줄을 모르게 됩니다. 시편 3편에도 흥미로운 표현이 나옵니다.

여호와여 일어나소서 나의 하나님이여 나를 구원하소서 주께서 나의 모든 원수의 뺨을 치시며 악인의 이를 꺾으셨나이다 시 3:7

하나님이 내 원수의 뺨을 쳐 주시고 악인의 이를 꺾으신다 합니다. 시편 37편도 보십시오.

악을 행하는 자들 때문에 불평하지 말며 불의를 행하는 자들을 시기하지 말지어다 그들은 풀과 같이 속히 베임을 당할 것이며 푸른 채소같이 쇠잔할 것임이로다 여호와를 의뢰하고 선을 행하라 시 37:1-3

결국 원수에 대한 성경 말씀을 정리하면, "악한 자 때문에 손해 보지 말라"는 결론이 남습니다. 내 원수를 내가 심판하려고 하다 보면 나만 손해입니다. 내가 욕을 해야 하고, 내가 마음을 독하게 품어야 하며, 내가 복수의 칼을 휘둘러야 하고, 내 손에 피가 묻어야 합니다. 그뿐입니까? 그 복수는 또다시 훨씬 큰 복수로 돌아옵니다. 따라서 그 고통스러운 일은, 악역은 하나님이 하겠다고 하십니다. "내가 하겠다. 내게 맡겨라. 너는 오히려 좋은 말을 하라. 너는 오히려 그를 위해 기도해라. 너는 오히려 그를 위해 축복해라. 좋은 일은 네가 하고, 나쁜 일은 내가 하마."

틀림없이 앗수르의 위협 앞에서 이스라엘 백성은 이렇게 외쳤을 것입니다. "하나님, 이게 말이 됩니까? 니느웨 놈들이 얼마나 우리를 못살게 구는지 안 보이세요? 오늘도 저 앗수르 놈들이 여전히 헤집고 다니며 맘대로 우리를 깔아뭉개는데, 그러면서도 그 나쁜 놈들이 여전히 많은 돈을 벌고, 출세하고, 약한 자들을 짓밟고, 득세하고, 이렇게 세상이 이상하게 돌아가는데, 하나님 우리를 보고는 계신 것입니까?"

바로 그때, 하나님이 말씀하십니다. "알았다. 내가 전에는 너희를 괴롭게 하였지만 다시는 괴롭게 하지 않으리라. 내 반드시 앗수르를 심판하고, 야곱 너희의 영광을 회복시키리라." 이것이 나훔서에서 발견하는 하나님의 두 번째 성품이에요. 하나님은 친히 니느웨를 멸하신, '원수를 갚아 주시는 하나님'입니다.

우리를 위로하시는 하나님, 따라서

나훔서의 마지막 주제입니다. 그때 그분의 심판 메시지가 우리에게 큰 소망으로 화하여, 결국 우리를 위로하게 된다는 것입니다. 즉 하나님은 '우리를 위로해 주시는 하나님'입니다. 물론 앗수르에게 말씀하시는 하나님은 '파괴하시고 심판하시는 무서운 하나님'이 맞습니다. 하지만 분명한 것은 그 과정이 이스라엘에게 위로가 되었다는 거예요.

특별히 1장 12-13절에서 우리는 우는 아이를 달래며 위로

하시는 부모님 같은 하나님의 마음을 만납니다.

여호와께서 이같이 말씀하시기를 그들이 비록 강하고 많을지라도 반드시 멸절을 당하리니 그가 없어지리라 내가 전에는 너를 괴롭혔으나 다시는 너를 괴롭히지 아니할 것이라 이제 네게 지운 그의 멍에를 내가 깨뜨리고 네 결박을 끊으리라 나 1:12-13

믿음으로 살아 보려고 하는데 잘 안 되는 경우가 종종 있습니다. 하나님의 말씀을 듣고, '그렇게 살아야겠다' 결단하고 나갔는데, 악한 이들이, 하나님을 경외하지 않는 이들이, 그렇듯 선한 의도로 나아가는 우리를 더 악하게 대하고, 무시하고, 바보처럼 여기며 막 대할 때가 있습니다. 그때 우리 마음속에는, '누구는 그렇게 못해서 그래?' 하며 똑같이 받아치고픈, 아니 더 비열하게 그들을 때려눕히고픈 마음이 듭니다. 그 순간 우리의 마음을 지켜 낼 수 있는 비결이 있습니다. 바로 나훔 선지자의 메시지를 기억하는 것입니다.

나훔 2장에서 하나님은 그런 이들에게 "내가 앗수르의 대적이 될 것이라" 말씀하십니다. 또 3장에서 당신은 앗수르를 향해 "수치를 당하고 능욕을 받고 황폐해지고 죽임을 당하게 될 것이다"라고 하십니다. 그러면 그 순간, 우리가 큰 위로를 받습니다. "하나님이 내 편이시구나. 그래, 하나님이 내 편이시고, 하나님이 나를 위하신다면, 뭐가 문제겠어? 이제 내가 할 일은 하나님의 때와 그분의 심판을 잠잠히 믿고, 나에게 맡겨진 길을 의연하게 가는 것이지. 누가 뭐라 해도, 원수가 나를 대적하고 흔들어도, 나는 절대 휘둘리지 않고 고고하게, 하나님 나라의 가치를 지키며 나아가야지." 하나님의 말씀이 위로가 되고 소망이 되어 내 안에서 역사하게 되는 거예요.

아마 하나님의 위로가 가장 극명히 나타나는 순간은 이 모든 세상과 역사의 마지막 날이 아닐까 합니다. 요한계시록 21장의 말씀입니다.

> 또 내가 새 하늘과 새 땅을 보니 … 내가 들으니 보좌에서 큰 음성이 나서 이르되 보라 하나님의 장막이 사람들과 함께 있으매 하나님이 그들과 함께 계시리니 그들은 하나님의 백성이 되고 하나님은 친히 그들과 함께 계셔서 모든 눈물을 그 눈에서 닦아 주시니 다시는 사망이 없고 애통하는 것이나 곡하는 것이나 아픈 것이 다시 있지 아니하리니 처음 것들이 다 지나갔음이러라
> 계 21:1-4

억울하세요? 힘드십니까? 나훔서의 말씀을 붙들고 기도하십시오. 말이 안 되는 악인들이 득세하고 하나님이 침묵하실 때, 그래도 그분을 의뢰하십시오. 왜요? 어떻게요? 하나님은 오늘도 '우리를 위로해 주시는 하나님'이심을 믿는 믿음으로요.

하나님의 눈으로 우리 삶의 방식을

나훔서를 통하여 깨닫게 되는 불변의 진리가 있습니다. 죄 지은 자들이 한때는 흥왕하는 것 같지만, 결국 하나님은 그들을 심판하신다는 것입니다. 반대로 하나님을 경외하는 자들이 한때는 고난을 당하는 것 같지만, 결국에는 하나님의 위로와 승리를 맛보게 된다는 것입니다.

오늘도 세상에는 그날의 앗수르 사람들처럼 살아가는 이들이 많습니다. 여전히 세상에는 악인들이 득세하고 힘을 씁니다. 그들은 자기들의 이익을 따라 남을 짓밟고, 편을 가르고, 마음껏 힘을 과시하며 포학을 행합니다. 대화, 타협, 협상, 평화, 휴전이 없습니다. 100퍼센트 자기들 맘대로 행합니다. 순간 우리는 그들을 바라보며, 잠깐이지만 갈등합니다. 악인이 세상에서 이기는 듯한 것을 너무 자주 보거든요. 그래서 '나도 그래야 하나?' 생각해 봅니다. 남을 짓밟아야 내가 올라서잖아요? 잠깐 눈을 감고 짐짓 모른 체해야 내게도 이익이 돌아오잖아요?

그럴 때면, 분명 유혹이 됩니다. 나도 잠깐 신앙을 포기하고서 보란 듯이 성공하고 싶습니다. 나도 그놈들이 행하는 것처럼 똑같이 해 주고 싶고, 정말 본때를 보여 주고 싶고, 큰소리도 쳐 보고 싶습니다. 그런데 바로 그 순간, 하나님 나라와 하나님의 말씀을 떠올립니다. 그러면 순간 정신을 차릴 수 있습니다. '아, 그 방식이, 그 가치가 맞는 게 아니지. 절대 아니지.'

우리 하나님은 공의의 하나님이십니다. 따라서 어떤 상황에서든 행악하는 자들 가까이에 가지 마십시오. 아무리 그들이 가진 게 많아도, 아무리 그들의 권세가 대단한 것처럼 보여도, 또 그래서 그들이 폼 나는 것 같고, 나와 다른 수준의 삶을 사는 것 같아도, '악인의 꾀, 죄인의 길, 오만한 자의 자리'로 가지 말아야 합니다. 그곳은 앗수르이기 때문입니다. 그곳이 오늘날의 니느웨예요.

하나님이 심판하지 않으신다고요? 괜찮아 보이는 것 같다고요? '하나님이 어디 있어? 하나님이 있으면 벌써 나에게 벼락을 내렸을 걸? 그러니까 하나님은 없는 거야.' 마음대로 하나님을 조롱하며 '봐, 괜찮잖아?' 할 때, 얼른 그곳에서 피하십시오. 절대로, 절대로, 이 세상에서 그들이 잠깐 가지는 듯 보이는 형통을 부러워하지 마세요.

정말로 영원할 것 같았던 앗수르의 힘과 영광은 얼마 가지 못했습니다. 그러므로 앗수르 대신, 언제나 의로우신 하나님 뒤에 줄을 서는 현명한 성도들이 되기를 바랍니다. 반드시 그게 맞는 길입니다. 저들이 지혜롭습니다.

8
chapter

"역설" 절망 속에서 믿음으로 살다
| 하박국 |

나는 여호와로 말미암아 즐거워하며 나의 구원의 하나님으로 말미암아
기뻐하리로다 | 합 3:18

설교 영상

지금으로부터 10여 년 전 북부 인도에서, 일곱 살짜리 소년의 처참한 시신 한 구가 발견되었습니다. 귀여운 개구쟁이 소년 안몰은 교회에 다녀오겠다고 집을 나선 후 실종되었고, 그날 밤 예수를 믿는다는 이유로 누군가에게 살해를 당했습니다. 발견될 당시 소년의 얼굴과 손은 불에 탄 채로 그을려 있었고 입은 봉해져 있었습니다. 소년의 배에는 뜨거운 석탄과 불타는 나무가 올려져 있었고, 그의 발꿈치는 부러져 있었습니다.

이 끔찍한 살인을 저지른 자는 아직까지 발견되지 않았는데, 소년의 가족은 아버지 해리쉬가 동생의 기적적인 치유를 목격한 후, 예수를 믿게 된 것으로 알려졌습니다. 당시 마을에는 45명이나 되는 사람들이 동시에 예수님을 믿게 되었는데, 이후 지금까지 그리스도인들을 향한 박해가 계속되어 왔다 합니다. 하나님을 향한 믿음 때문에 죽음에 이른 소년 안몰, 주님이 그의 영혼을 당신의 품에 품어 주셨을 것을 우리는 믿습니다.

이런 기막힌 일을 대할 때마다 우리는 하나님께 질문합니다. "하나님, 하나님이 정말로 의로우시다면, 어떻게 이처럼 악한 일을 허용하십니까?"라고요. 역사의 흐름 속에 동일한 질문이 수없이 던져졌습니다. "어떻게 기독교가 창궐한 나라들이 제1, 2차 세계대전을 일으켜 수많은 생명이 죽음에 이르도록 놔두실 수 있습니까?" "어떻게 그처럼 꽃다운 학생들의 생명을, 그 차디찬 바닷속에, 그리도 쉽게 꺼져 가도록 내버려두실 수 있습니까?" "어떻게 신실한 이들은 고생하고, 악한 이들이 형통할 수 있습니까? 하나님, 이건 말이 안 되지 않습니까?" 정확히 이 장에서 우리가 만나게 되는 하박국 선지자의 질문입니다.

하박국은 하나님을 향해 던진 이 질문과 함께 깊은 씨름을 한 후, '역설적인 믿음'을 해답으로 얻어 우리에게 외칩니다. "오직 의인은 믿음으로 말미암아 살리라."

하박국 이야기

하박국이 선지자로 부르심을 받아 활동했던 시기는 주전 6세기에서 5세기로 막 접어들고 있을 때였습니다. 북이스라엘은 이미 멸망한 상태였고, 남유다 또한 국운이 기울어, 겨우 나라의 명맥만을 유지하고 있는 시기였습니다. 유다의 마지막 희망이었던 요시야왕은 애굽과의 전쟁에서 전사했습니다. 그 후에 들어선 유다 정권은 애굽의 꼭두각시에 불과했고, 외적으로는 바벨론의 위협에 맞서며 내적으로는 학정과 불의를 반복하는 최악의 상황에 처했습니다.

당시 유다의 영적 분위기를 엿볼 수 있는 여호야김왕의 악행 하나가 예레미야서에 나옵니다. 왕이 얼마나 악했던지, 하나님의 말씀이 적힌 두루마리를 한 장 한 장 칼로 찢어 화롯불에 던져 넣습니다. 더 이상의 설명이 필요하지 않죠. 설상가상, 거짓 예언자들이 일어나 외칩니다. "평안하다. 평안하다. 유다는 괜찮을 것이다. 여호와께서 우리를 지키실 것이다." 바벨론의 침공과 나라의 멸망이 눈앞에 다가왔건만, 그들은 거짓 예언만을 반복했습니다. 전혀 희망이 보이지 않았습니다. 그런 절박한 상황에서, 하나님의 말씀이 하박국에게 임한 것입니다.

선지자 하박국이 묵시로 받은 경고라 합1:1

그래서일까요? 선지자는 시작하자마자 그의 마음속에 자리한 짙은 괴로움 하나를 토로합니다.

여호와여 내가 부르짖어도 주께서 듣지 아니하시니 어느 때까지리이까 내가 강포로 말미암아 외쳐도 주께서 구원하지 아니하시나이다 어찌하여 내게 죄악을 보게 하시며 패역을 눈으로 보게 하시나이까 겁탈과 강포가 내 앞에 있고 변론과 분쟁이 일어났나이다 이러므로 율법이 해이하고 정의가 전혀 시행되지 못하오니 이는 악인이 의인을 에워쌌으므로 정의가 굽게 행하여짐이니이다 합1:2-4

"하나님, 세상을 이렇게 내버려두시면 안 되지 않습니까? 어떻게 저런 악인들의 겁탈과 강포와 패역이 계속되도록 내버려두실 수가 있습니까?" 선지자가 탄식하며 격분하고 있어요.

우선 하박국서의 내용을 살펴봅니다. 1-2장에는 선지자의 탄식 어린 질문과 하나님의 답변이 두 번 반복하여 등장합니다.

첫째 질문, "왜 하나님은 유다 백성의 죄악들, 강포, 패역, 겁탈, 변론, 분쟁, 악인의 득세, 정의가 굽어진 일 등을 간과하고 계십니까?"에 대해 하나님은 "곧 갈대아 사람, 즉 바벨론을 들어 유다의 죄를 징벌할 것이다"라고 답하십니다.

둘째 질문, "왜 하나님은 우리보다도 악한 바벨론을 일으켜 유다를 심판하려 하십니까?" 이 질문에 대해 하나님은 "지금 너 하박국의 눈에는 보이지 않지만, 나의 큰 계획과 섭리가 진행되고 있다. 혹시 이해가 잘 안 되더라도 믿음으로 기다려라"고 말씀하십니다. 그리고 감사하게도 그 말씀의 의미를 깨달은 하박국이 3장에 이르러 하나님이 부어 주실 회복과 부흥을 갈망하며 믿음의 기도를 올려 드립니다.

> 여호와여 주는 주의 일을 이 수년 내에 부흥하게 하옵소서 이 수년 내에 나타내시옵소서 합 3:2

결국 처음에는 인생과 역사의 흐름을 이해할 수 없어 의심과 불만을 표하던 하박국이 모든 것을 주관하시는 하나님의 선하신 손길을 목도한 후 믿음으로 고백합니다.

> 비록 무화과나무가 무성하지 못하며 포도나무에 열매가 없으며 감람나무에 소출이 없으며 밭에 먹을 것이 없으며 우리에 양이 없으며 외양간에 소가 없을지라도 나는 여호와로 말미암아 즐거워하며 나의 구원의 하나님으로 말미암아 기뻐하리로다 합 3:17-18

물론 그날 하박국이 했던 믿음의 싸움은 결코 쉽지 않았습니다. 하지만 우리가 선지자의 질문을 내 것으로 삼고, 그가 했던 씨름들을 진지하게 묵상하면, 우리 또한 동일한 결론에 이르고, 또 동일한 찬양을 올려 드릴 수 있을 것입니다. 그 믿음을 가지고 하박국서에 담겨 있는 네 가지 중요한 주제들과 씨름해 보겠습니다.

하나님의 다스림

가장 먼저 우리는 하박국서의 말씀을 통해 '성경적인 역사관'을 배울 수 있습니다. 종종 이해할 수 없는 일들을 만날 때 우리는 "하나님, 세상이 이렇게 돌아가면 안 되지 않습니까?" 또는 "하나님, 이 상황에서는 저렇게 행하시는 것이 맞지 않습니까?" 등의 질문을 던지게 됩니다. 하지만 성경적인 역사관을 가진 사람은 하박국과 함께 잠잠히 하나님이 행하실 일을 믿음으로 바라보며 '인내'합니다. 마틴 로이드 존스(Martyn Lloyd Jones) 목사는 하박국서를 다룬 그의 책 《두려움에서 믿음으로》에서 하나님이 이 세상 역사를 어떻게 다루시는지를 네 가지로 요약해 주고 있습니다.

첫째, 성경적인 역사관은 "이 세상 역사는 하나님의 주권 아래 있다"고 말합니다. 물론 당시의 국제 정세는 바벨론이라는 엄청난 제국에 의해 좌지우지되고 있었습니다. 하지만 하나님은 "그 바벨론을 내가 일으킨다" 말씀하시며 당신이 역사의 주관자이심을 천명하십니다.

둘째, 성경적 역사관은 그러므로 "이 세상 역사는 하나님의 계획과 섭리에 따라 진행된다"라고도 말합니다. 하나님은 유다의 운명뿐 아니라, 참새 한 마리가 얼마에 팔리는지까지도 섭리 가운데 이끄시는 분입니다. 그러므로 이 역사관을 지니면 우리도, 오늘 우리 삶의 자리까지도 하나님의 섭리 아래 있다고 고백할 수 있습니다.

셋째, 성경적인 역사관은 "오늘도 세상 역사는 하나님의 시간표대로 움직인다"는 것을 인정합니다. 그날 하나님은 갈대아 사람들이 언제 쳐들어올지를 아셨습니다. 유다가 바벨론의 포로로 끌려갔다가 70년 후 다시 돌아올 것도 다 아셨습니다. 이어 신약과 구약 사이, 400년이라는 중간기를 지나 '때가 차매', 즉 당신의 정확한 카이로스(Kairos), 그때에 메시아가 이 땅에 오실 것도, 이후 그분의 십자가와 죽음, 부활과 승천, 교회와 선교, 재림과 심판, 그리고 새 하늘과 새 땅이라는 당신의 시간 계획표가 진행되고, 또 앞으로도 진행될 것을 하나님은 다 아셨습니다. 그리고 우리도 그걸 믿습니다.

넷째, 성경적인 역사관은 "우리의 세상과 인생을 해석하고 풀어 갈 때, 반드시 '하나님 나라'라는 열쇠가 필요하다"라고 믿습니다. 이는 오늘 우리의 시간과 역사는 반드시 하나님의 나라와 연관되어 있어야 한다는 것을 의미합니다.

하박국서를 대하면서, 우리 안에 이런 성경적인 역사관, 즉 하나님의 주권에 대한 분명한 시각과 믿음이 자리하게 되길 기대합니다. 하박국 선지자 직전에는 애굽이라는 나라가 흥왕했습니다. 그다음에는 앗수르가 창궐했습니다. 다니엘서를 보면 이제 앞으로는 바벨론이 주권을 잡을 것이고, 그다음에는 메대와 바사, 즉 페르시아가, 그리스가, 로마가 차례로 일어나 세를 얻게 될 것이라 말합니다. 그리고 정말로 역사는 그렇게 이끌려 왔죠. 오늘은요? 이견 없습니다. 미국이 세계의 패권 국가로 여전히 맹위를 떨치고 있어요. 하지만 우리는 결국 모든 역사와 교회와 인생은 우리가 믿는 하나님의 주권 아래에 있다는 사실을 믿습니다. 그게 성경적인 역사관이에요.

그렇다면 이 모든 것이 오늘 그리스도인으로 인생길을 걷는 우리에게 무엇을 이야기해 주고 있습니까? 사실 하박국 선지자가 이의를 제기하던 당시, 그때 세상의 모습은 오늘날 우리의 그것과 별반 다르지 않았습니다. 1장에는 여러 번 "강포", "겁탈", "패역"이라는 단어가 등장합니다. 물론 유다 백성들 가운데도 그런 삶의 모습을 가졌던 이들이 꽤 있었지만, 특히 그들을 침입하여 못살게 굴었던 앗수르가, 또 바벨론이 그러했습니다.

그전까지 고대 세계의 전쟁은 거의 실력 행사의 성격이 짙었습니다. 다른 나라를 쳐들어가 치열하게 싸웁니다. 하지만 일단 적군이 항복을 선언하고 조공을 바치겠다 약속하면, 전쟁은 끝나고 그들은 자기들의 나라로 되돌아갔습니다. 하지만 앗수르와 바벨론은 그러지 않았습니다. 그들은 나라 전체를 파괴해 버렸습니다. 우선 힘쓸 만한 사람들은 다 죽였습니다. 나머지 백성들은 먼 지역으로 뿔뿔이 흩어 버렸습니다. 그러고도 혹시 이용해 먹을 만한 이들은 다 포로로 잡아갔습니다. 강포, 겁탈, 패역…. 그렇습니다. 그들은 힘없는 사람들을 죽이고, 겁탈하고, 마음껏 유린했습니다.

그 행위들이 오늘날 우리에게는 어떤 모습으로 변형되어 자리하고 있나요? 물론 사람을 직접 죽이고 해하는 일이 있기는 하죠. 하지만 더 많은 경우 그들은 권력과 물질에 대한 횡포를 통해 여전히 악을 행하고 있습니다.

주변에서 흔히 목도할 수 있는 '갑질'이 그 대표적인 예입니다. 주변을 둘러보십시오. 더 가진 자들, 그리고 많은 권세를 누리는 이들의 횡포는 한 번도 수그러든 적이 없어요. 이는 사람들의 죄성과 밀접히 연결되어 있는 듯 보입니다.

다른 사람들 위에 군림하고, 자기보다 못한 사람들을 투명인간 취급하며, 예의도 없고, 배려도 없고, 또 그러면서도 맘대로 행하는 이들, 그들이 누구냐? '강포'를 행하는 자들이라는 것입니다. 그게 갑질이고, 순간 힘없이 당하는 이들을 우리 '을'이라 부릅니다. 피눈물을 흘리죠. 물론 가끔 그들의 항변 소리가 들려오기는 하지만, 이내 세상의 시끄러운 소리에 묻혀버리고 맙니다. 함께 기억하겠습니다. 그리스도인은 갑질하지 않습니다. 그건 '강포'에요. 비성경적입니다.

하박국 선지자는 1장 11절에서 그런 이들을 고발합니다.

> **그들은 자기들의 힘을 자기들의 신으로 삼는 자들이라** 합1:11

"자기들의 힘"을 "자기들의 신"으로 삼는다고 합니다. 돈 있는 것, 권력 있는 것, 지위 있는 것 자체를 '신'으로 생각하고, 그런 악행을 저지른대요. "돈도 실력이야! 네 부모를 원망해." "민중은 개돼지다. 잘 먹여 주면 된다. 금방 잊는다니까." 그러면서 전횡을 일삼아요. 참다못한 하박국이 절규합니다.

> **주께서는 눈이 정결하시므로 악을 차마 보지 못하시며 패역을 차마 보지 못하시거늘 어찌하여 거짓된 자들을 방관하시며 악인이 자기보다 의로운 사람을 삼키는데도 잠잠하시나이까** 합1:13

"하나님, 정말 계십니까? 정말 세상을 다스리고 계신 겁니까?" 그런 뜻이에요. 그때 하나님이 말씀하십니다.

> **여호와께서 이르시되 너희는 여러 나라를 보고 또 보고 놀라고 또 놀랄지어다 너희의 생전에 내가 한 가지 일을 행할 것이라** 합1:5

"하박국, 눈을 크게 뜨고 똑바로 봐라. 너 진짜 보는 거 맞냐? 너 제대로 본 거냐?" 그런 뜻입니다. 지금 하박국이 눈앞의 것만 보고 있다는 겁니다. 하지만 그렇기 때문에 하나님이 지금 역사 속에서 어떤 일을 행하고 계신지를, 정말로는 다 못 보고 있다는 그런 의미에요. 그래서 "너희는 여러 나라를 보고 또 보고 놀라고 또 놀랄지어다"라고 하신 겁니다. "하박국, 똑바로 봐. 지금 나는 네가 보고 있지 못하는 이 역사 전체를 움직이고 있는 거야. 이제 나는 갈대아 사람인 바벨론을 일으켜 유다의 죄악을 징벌하고, 그 죗값을 치르게 하려 해." 세상의 역사를 하나님 당신이 다스리신다는 그런 말씀입니다.

제2차 세계대전 중 아우슈비츠 수용소에서 수많은 유대인들이 학살당했습니다. 그곳에는 살충제로 쓰이던 지클론B 가스 5킬로그램으로 1천 명을 한꺼번에 죽이던 가스실이 있었습니다. 그런데 2년간 그 가스를 자그마치 1만 킬로그램을 사용했어요. 그러니 얼마나 많은 이들이 비참하게, 억울하게, 피눈물을 흘리며 죽어 나갔겠습니까? 그 비극의 현장에서 수많은 이들이 하박국의 이 질문을 던졌어요. "하나님, 어떻게 이러실 수 있습니까? 하나님은 지금 어디에 계십니까? 도대체 왜 우리에게 이런 고난을 주십니까?" 하나님은 침묵하셨습니다.

전쟁이 끝난 후, 연합군 측이 그 수용소를 조사하다가 깜짝 놀랍니다. 건물 벽에 새겨져 있던 글귀 하나 때문이었습니다. "God is here!"(하나님이 여기 계십니다) 누군가가 그렇게 고백을 한 겁니다. 정확히 성경적인 역사관이죠. 물론 그 믿음의 씨름은 결단코 쉽지 않았을 것입니다. 하지만 그 사람은 틀림없습니다. 그 끔찍한 곳에서 믿음의 눈으로 하나님을 보고 고백한 것입니다. 오늘도 우리는 이 세상의 역사를, 심지어 불의한 사람들이 판치는 상황 속에서도, 결국 하나님이 온 세상을 다스리고 계시다는 사실을 분명히 믿습니다.

이해되지 않는 하나님의 침묵

두 번째로, 하박국서에서 우리가 다룰 주제는 좀 더 개인적이고 실제적인 것입니다. 앞선 경우처럼 역사적인 이야기를 하면, 우리는 다 '그럴 수도 있겠다' 생각합니다. 하지만 개인적인 문제로 화하면 전혀 이야기가 달라져요. 즉 당장 내가 억울한 일을 당하고, 우리 가족이 누군가의 강포에 희생자가 되면, 그때는 그 누구도 차분히 앉아 생각하기가 어렵다는 것입니다.

우선 피가 거꾸로 솟고, "하나님 도대체 어디 계시냐?" 그분을 찾게 되고, "하나님 뭐 하시냐? 얼른 이리 오셔서 내 편이 되어 주시고, 내 원수를 갚아 주셔야지"라는 원망 비슷한 말을 하게 되어요. 그런데 경험상, 하나님은 그때 어떻게 행하곤 하십니까? 곧바로 상황 속으로 개입하셔서 문제를 해결해 주곤 하시나요, 아니면 침묵하시나요? 많은 경우 하나님은 침묵하곤 하십니다. 그리고 우리는 이해할 수 없어 힘들어합니다.

그런데 하나님이 그렇듯 침묵하실 때 우리가 절대로 하지 말아야 할 것이 있습니다. 그것은 하나님이 잘 이해가 되지 않는다고, 쉽게 하나님을 판단하고 생각나는 대로 말하는 것입니다. "하나님은 없나 봐. 예수 믿어 봤자 다 소용없어." 그러면서 성급한 실망으로 돌아서면 안 된다는 거예요. 대신에 어떻게 해야 합니까? 이해되지 않는 하나님의 침묵에 대해, 우리는 도대체 어떻게 반응해야 하겠습니까? 그 순간 하박국의 반응을 보십시오.

> **내가 내 파수하는 곳에 서며 성루에 서리라 그가 내게 무엇이라 말씀하실는지 기다리고 바라보며 나의 질문에 대하여 어떻게 대답하실는지 보리라 하였더니** 합 2:1

그날 선지자는 하나님이 침묵하신다는 이유로 화부터 내지 않았습니다. 홀로 마음 상해 뒤돌아서지도 않았습니다. "하나님은 없다. 하나님이 내게 이러시면 안 된다!" 동네방네 떠들고 다니며 자신이 시험에 들었다고 불평하지 않았습니다. 대신 그는 전쟁을 앞두고 경계 태세로 돌입한 곳, 성루에 올라 파수꾼의 위치에 섭니다. 왜요? 무엇 때문에요? "그가 내게 무엇이라 말씀하실는지 기다리고 바라보며 나의 질문에 대하여 어떻게 대답하실는지 보리라." 그게 하박국의 이유였습니다.

그 행위가 의미하는 바가 있습니다. 그것은 하나님의 침묵에도 하박국이 끝까지 그분을 떠나지 않았다는 것입니다. 대신에, 하나님이 어떻게 행하실지, 그분이 뭐라 대답하실지를 보고 듣기 위해, 잠잠히 성루에 올라 파수꾼의 자리에 섰다는 것입니다.

저는 그 순간 하박국의 행위를 '믿음의 기도'라고 해석합니다. 그날 하박국은 하나님의 침묵에 대해 불만을 품고서, '하나님 백성 됨'의 자리를 포기하지 않았습니다. 쓸데없는 소리부터 내뱉지 않았습니다. 대신 그는 모든 질문을 품고, 그곳에서 가장 높은 자리, 즉 성루에 오릅니다. 하나님이 가져다주실 역사의 대답을 보고 듣기를 기대하면서요.

'하나님의 거대한 침묵'에 바르게 반응하는 하박국의 그 모습을 배우고 싶습니다. 믿음의 길을 가다가 여타한 의심이 생겼습니까? 하나님께 항변하지만 여전히 침묵하고 계십니까? 그때 어떻게 반응하겠습니까? 많은 이들이 그러하듯 이 사람 저 사람, 도움이 될 만한 사람들부터 찾아다니겠습니까? "큰일 났다. 억울하다. 나 어렵다. 저 사람이 나 힘들게 한다"며 억울함을 토로하며 행하겠습니까?

성도는 그 순간, 도리어 믿음을 가지고 하나님 앞으로 나아갑니다. 인내하고 기대하며 일부러 그 자리로 가요. 그게 기도의 자리죠. 그리고 그곳에서 눈을 크게 뜨고 성루, 즉 파수꾼의 자리에 섭니다. 그리고 나서 하나님이 무엇을 말씀하실지, 무엇을 행하실지, 그리고 무엇을 가르쳐 주실지를 듣고 보는 거예요.

처음에 기도할 때는 당연히 문제만 보입니다. 아무것도 보이지 않아요. 억울한 일, 마음 상한 일, 돈 떼먹힌 일, 그리고 무시당한 일, 그 사람이 내게 행한 악한 일만 보입니다. 하나님이 원망스럽습니다. '하나님이 어떻게 그러실 수가 있나? 그때 왜 내 편을 안 들어주시고 상황이 그렇게까지 되도록 놔두셨냐?' 속이 많이 상합니다. 하지만 일단 우리가 기도를 계속하면 신비한 일이 벌어져요. 기도 중에 우리가, 하나님 앞에 서 있는 우리 스스로를 보게 되는 것입니다.

그렇습니다. 기도는 우리를 객관화시킵니다. 그래서 결국 문제가 아니라 하나님이 보이도록 우리를 바꾸어 놓습니다. 이어 하나님 앞에서의 내 모습이 보이고, 결국 하나님의 눈으로 나의 고난과 억울함을 보게 되죠. 그러면 깨닫게 됩니다. '아하… 그랬었구나. 내가 교만했구나. 내가 뭘 모르고 있었구나. 내가 한쪽만 보고 있었구나.' 나아가 '하나님이 무엇인가를 행하고 계시는구나.' 그쯤 되면 이미 시험은 끝난 것입니다. 그게 '기도의 신비'에요.

시편 73편의 지은이 아삽에게서, 우리는 정확히 그 과정을 지켜봅니다. 하박국 선지자와 동일한 경험이죠? 눈앞에 펼쳐지는 일들이 도무지 이해되지 않습니다. 의인이 고난을 받고, 악인이 형통했거든요. 그 모습을 보면서 아삽은 거의 실족하여 넘어질 뻔했습니다(시 73:2). 하지만 그 순간 그가 잘했던 일이 하나 있어요. 그 일로 인해 하나님을 판단하고, 쉽게 믿음을 포기하지 않았다는 것입니다. 대신에 그는 이해되지 않는 하나님을 묵상하며, 그분 앞으로 나아가 기도를 시작했어요.

시편은 그때 아삽의 모습을 "하나님의 성소에 들어갈 때"(시 73:17상)라고 말합니다. 저는 아삽의 그 자리가 하박국의 '성루 위 파수꾼의 자리'였다고 봅니다. 그가 거기서 무엇을 했습니까? 기도했습니다. 그러자 문제만 보이던 그의 눈에, 그간 보이지 않던 것들이 보이기 시작합니다. 그리고 마침내 그 일의 결국을 보게 된 것입니다(시 73:17하). '아, 그렇구나. 과연 우리 하나님 참 선하시구나.' 결국 의심과 원망으로 시작했던 아삽의 시는 하나님을 향한 찬양으로 마쳐집니다.

하박국 2장도 똑같습니다. 하나님 앞으로 나아가 성루에 서서 하나님이 주실 응답을 기대하고 있던 하박국에게 하나님은 한 가지, 두 가지 앞으로 당신이 행하실 일들을 보여 주십니다. 순간 하박국의 눈이 점점 더 크게 뜨입니다. 모르던 것을 알게 됩니다. 보지 못하던 것을 보게 된 것입니다.

'가만있어 보자. 하나님이 갈대아 사람들을 일으킨다 하시는데, 그래서 유다를 치신다는 것인데…, 이래도 되나? 물론 힘들겠네. 하지만 만일 하나님이 원하시고, 세상을 주관하시고, 또 여전히 신실하시다면, 아하… 그렇다면 이 일 뒤에는 하나님의 분명하고 선하신 의도가 있겠구나.' 하나님의 뜻을 깨닫게 된 겁니다.

그러자 해야 할 일도 알게 됩니다. '아하… 이 상황에서 내가 할 일은 떠들고, 뛰고, 그분을 향해 의심의 화살을 날리는 것이 아니라, 오히려 믿음으로 그분을 신뢰하며 기다리는 것이구나. 그래, 비록 지금은 내가 그분의 뜻을 충분히 이해하지 못하지만, 유다의 멸망과 이어지는 포로기의 경험은 결국 하나님의 크신 목적을 위해 꼭 있어야 할 일이겠구나.' 그러면서 그는 큰 소리로 "의인은 그의 믿음으로 말미암아 살리라"(합 2:4) 외칩니다.

결국 2장 20절은 이렇게 마쳐지고 있어요.

> 오직 여호와는 그 성전에 계시니 온 땅은 그 앞에서 잠잠할지니라 하시니라 합 2:20

그렇습니다. 하나님의 침묵에는 믿음의 기도가 정답입니다.

신실한 기다림, 믿음으로 말미암아 살리라

거기에서 세 번째 주제가 시작됩니다. 바로 그 순간, 즉 "믿음으로 말미암아 살리라"라는 고백과 함께 '신실한 기다림'으로 응대하는 것이 하나님을 향한 우리의 바른 반응이라는 것입니다. 지금까지 하박국 선지자는 하나님을 향한 질문들을 가지고 성루에 올랐고, 파수꾼의 자리에 섰습니다. "그래서 하나님이 뭐라 말씀하시는지를 보고 들으리라" 한 거예요. 그때 하나님이 말씀하십니다.

> 여호와께서 내게 대답하여 이르시되 너는 이 묵시를 기록하여 판에 명백히 새기되 달려가면서도 읽을 수 있게 하라 이 묵시는 정한 때가 있나니 그 종말이 속히 이르겠고 결코 거짓되지 아니하리라 비록 더딜지라도 기다리라 지체되지 않고 반드시 응하리라 보라 그의 마음은 교만하며 그 속에서 정직하지 못하나 의인은 그의 믿음으로 말미암아 살리라 합 2:2-4

하나님이 하박국에게 결국 그 죄인들이 어떻게 될지를, 역사가 어떻게 흘러갈지를 보여 주신 것입니다. 하나님은 악인들, 또는 바벨론 사람들이 결국 어떤 종말을 맞게 될 것인지를 알려 주셨습니다. 물론 그 과정은 짧지 않았습니다. 하지만 그들은 반드시 끔찍한 종말을 맞이하게 될 것입니다. 그렇기에 하나님은 "믿음으로 기다리라" 하십니다. 다른 말로 하면, '믿음'이 하박국을 어려움 가운데서 견딜 수 있게 해 주었다는 것입니다.

혹시 그날 하박국 선지자가 처했던 상황처럼, 인생의 이러저러한 문제들로 인해 힘들어하며, 하나님의 사랑을 의심하는 분 있습니까? 혹 그래서 예수 믿으며 걷는 이 길을 잠깐이라도 중단하고 싶은 분 있으세요? 그때 포기하지 마십시오. '포기' 대신 하나님을 신실하게 의뢰하는 '믿음'을 선택하기 바랍니다.

"목사님, 알죠. 그런데 그게 잘 안돼요. 어려워요." 맞습니다. 분명히 그 믿음은 쉽지 않아요. 세상은 팽팽 돌아가는데, 그런 세상에서 눈에 보이지 않는 하나님을 믿으며, 그분의 말씀대로 살아 내는 것은 참으로 버겁습니다. 게다가 세상 사람들은 그런 우리를 어리석다 부르며 은근히 조롱합니다. "왜 그렇게 사냐? 아직도 그걸 믿고 사냐?" 손가락질을 해 댑니다.

하지만 그리스도인이 누구입니까? 바로 그 순간까지도 보이지 않는 하나님, 그분의 말씀을 신실하게 믿고 말씀대로 살려고 애쓰는 사람입니다. '두고 봐라. 나는 하나님을 믿는다. 나는 그분의 말씀대로 된다는 것을 믿는다. 나는 하박국의 고백처럼 비록 더딜지라도 기다리리라. 지체되지 않고 정녕 응하리라. 하나님의 약속을 믿으며 신실하게 기다릴 것이다.' 그러므로 의인은 믿음으로 말미암아 사는 존재가 맞습니다. 결단하십시오. 지금은 악인들이 득세하는 것 같아도, 하나님이 반드시 그들을 심판하시고, 의인들이 허리를 펴는 나라가 곧 올 것을 믿기로 말입니다.

피로 성읍을 건설하며 불의로 성을 건축하는 자에게 화 있을진저 합 2:12

누구 이야기입니까? 바벨론 사람들의 이야기입니다. 너무 악하지만 여전히 득세하고 있는 그런 이들이 있다는 겁니다. 그러나 하박국은 믿음으로 기다립니다. 무엇을요? 그들에게 "화 있을진저", 즉 그들의 종말을 기다립니다. 또 무엇을 기다립니까?

이는 물이 바다를 덮음같이 여호와의 영광을 인정하는 것이 세상에 가득함이니라 합 2:14

결국 누가 승리한다는 것입니까? 바벨론입니까, 하나님입니까? 악인들입니까, 여호와의 영광입니까? 오늘날 우리가 세상을 살아가는 방법은 복잡해 보이지만, 실은 그리 복잡하지 않습니다. 딱 두 가지뿐입니다. 첫 번째는, '내 생각과 경험과 이성을 믿고 사는 방법'입니다. 두 번째는, 하박국 선지자처럼 '하나님의 말씀을 믿고 사는 방법'입니다.

다시 말해, 우리는 오늘날 세상과 내 인생에 일어나고 있는 모든 일을 보면서 판단하고, 생각하고, 결정하고, 선택하는 일들에 관한 한두 가지 중의 하나, 즉 '하나님이 내게 말씀하신 방식을 믿고, 그것을 따라 선택하고 판단하고 결정하며 살든지' 아니면 '하나님을 믿는다고 말은 하지만, 실상은 세상 사람들처럼 내가 선택하고, 내가 판단하고, 내가 결정하며 살든지' 둘 중의 하나를 선택해야 한다는 것입니다.

먼 훗날, 히브리서 기자는 하박국 선지자의 이 선언을 그대로 인용해 "나의 의인은 믿음으로 말미암아 살리라"(히 10:38상)라고 외칩니다. 그리고 그의 고백 하나를 덧붙여요.

> 또한 뒤로 물러가면 내 마음이 그를 기뻐하지 아니하리라 하셨느니라 우리는 뒤로 물러가 멸망할 자가 아니요 오직 영혼을 구원함에 이르는 믿음을 가진 자니라 히 10:38하-39

아쉽게도, 평소에는 믿음으로 잘 사는 것 같은데, 어려운 일, 이해가 되지 않는 일을 만나면, 뒤로 물러가 절망에 빠지는 성도들이 있습니다. '하나님이 내 맘대로 잘 안 움직이신다' 생각되면 금방 토라져 "하나님, 뭐 이렇습니까? 다 필요 없어요" 하며 드러눕습니다. 그게 뒤로 물러가는 거죠. 개역한글 성경은 그걸 "침륜"이라 부릅니다(딤전 6:9). 그런데 그러면 안 됩니다. 물론 하나님은 그 성도를 여전히 사랑하십니다. 그러나 마음은 아파하세요.

하나님을 나의 경험과 생각에 맞추려는 생각을 얼른 포기하십시오. 내 뜻대로 움직이시는 하나님, 세상에 그런 하나님은 없습니다. 대신에 지혜로운 사람은 나를 하나님께 맞추려고 애를 씁니다. 하나님의 말씀이 이해가 안 간다고 빼지는 것이 아니라, 이해가 안 가는 나를 그 하나님의 말씀에 맞추기 위해 믿음으로 인내하며 나아가는 것입니다. 그날 하박국이 그걸 한 거예요.

오늘도 우리는 여전히 하박국의 질문들을 던지며 살아갑니다. "하나님, 왜 우리 교회에는? 하나님, 왜 내 인생에는? 하나님, 왜 우리 가정에는? 하나님, 왜 이 세상에는? 하나님, 왜? 왜? 왜?" 아쉽게도 하나님은 그 이유들을 잘 말씀해 주시지 않습니다. 대신에 "지금 내가 가장 선한 일들을 진행하고 있음을 믿으라" 하십니다. 그러곤 "그걸 믿을래, 안 믿을래? 그걸 따를래, 안 따를래?" 결단을 요구하십니다. 누가 하나님인지를 말해 보라는 것입니다. 그 순간, "예, 하나님. 저는 믿음을 선택하겠습니다"라고 말씀드리는 자, 그래서 '신실한 모습으로 하나님을 기다리는 자'가 결국 "의인은 그의 믿음으로 말미암아 살리라"는 말씀이 이루어지는 삶을 체험하게 될 줄로 믿습니다.

그럼에도 불구하고, 하나님의 역설

드디어 하박국서를 통해 우리가 주목하려 하는 가장 중요한 주제에 이르렀습니다. 그것이 바로 "하나님의 역설"이에요. 하박국은 지금 예루살렘의 멸망을 눈앞에 두고 있습니다. 이번 전쟁에서 유다는 바벨론을 결코 이기지 못할 것이고, 결국 예루살렘성은 완전히 파괴될 것이며, 하나님의 성전마저 처참하게 무너질 것입니다. 그는 그 사실을 알고 있습니다. 성루에 올라 하나님의 묵시를 보고 들었거든요.

그래서 그는 결국 바벨론이 누구며, 하나님이 왜 그들을 통해 유다를 징벌하려 하시는지, 그리고 결국은 그 과정을 통해 이스라엘이 어떤 모습으로 다루어져 마침내 어떤 하나님의 뜻이 온 세상에 이루어질 것인지를 깨닫게 되었어요. 바야흐로 "아, 하나님!"의 순간입니다. 그러면서 3장이 열려요. 선지자는 믿음으로 선포하고 찬양하며 기도합니다.

시기오놋에 맞춘 선지자 하박국의 기도라 여호와여 내가 주께 대한 소문을 듣고 놀랐나이다 여호와여 주는 주의 일을 이 수년 내에 부흥하게 하옵소서 이 수년 내에 나타내시옵소서 진노 중에라도 긍휼을 잊지 마옵소서 합 3:1-2

앞서 1장의 하박국에 비해, 3장의 하박국이 얼마나 많이 바뀌어 있는지가 보입니까? 앞서 그는 하나님을 향한 불만으로 가득 차 있었습니다. "여호와여, 내가 부르짖어도 듣지 아니하시니 어느 때까지리이까?" 그러던 그가 2장, 성루에 서서 믿음의 싸움을 하다가 하나님의 섭리 앞에서 이런 고백을 하잖습니까? "의인은 그의 믿음으로 말미암아 살리라." 그리고 이제 3장에 이르러, 그는 믿음을 가지고 외쳐 부르짖습니다. "여호와여 주는 주의 일을 이 수년 내에 부흥하게 하옵소서." 믿음의 눈이 하박국의 입술과 기도를 완전히 바꾸어 놓은 것입니다.

하박국 3장 16절에서 18절이 바로 그 상황에서 나온 하박국의 고백이에요. 무화과나무와 포도나무, 그리고 감람나무는 가나안의 축복을 상징하는 나무들입니다. 그런데 세 나무의 모든 열매가 다 사라져 버린다는 것은 곧 그들이 앞으로 가나안의 축복을 완전히 빼앗기게 될 것이라는 뜻입니다. 바벨론이 곧 침공할 것이거든요. 그리고 그들이 유대인들을 다 멸하고, 남는 자는 포로로 끌고 가 버릴 것입니다. 따라서 그들의 밭에서는 더 이상 소출을 얻을 수 없습니다. 우리의 양과 외양간의 소도 다 빼앗길 겁니다. 정말로 처참하죠? 전혀 소망이 없습니다. 그런데 그런 상황에서 하박국 선지자가 외칩니다.

나는 여호와로 말미암아 즐거워하며 나의 구원의 하나님으로 말미암아 기뻐하리로다 합 3:18

그 비결, 그 비밀이 무엇일까요? 말씀 속에 답이 있습니다.

"나는 무화과나무, 포도나무, 감람나무, 밭의 소출, 외양간의 소… 그런 것들 때문이 아니라, 아니 그런 것들은 잠시 있다가도 없고, 없다가도 다시 있을 것인데, 그래서 나는 그것들 때문이 아니라, 그 모든 것 뒤에 계신 여호와 하나님 때문에 즐거워하며, 나의 구원의 하나님으로 인하여 기뻐할 것이다." 그게 하박국 찬양의 이유입니다. 그게 그의 믿음이에요.

오늘 우리가 가진 찬양의 이유는 무엇입니까? 우리는 과연 언제 즐거워하고 또 기뻐합니까? 물론 좋은 차를 샀을 때, 기쁘죠. 월세 살다가 전세로 옮기고, 전세 살다가 내 집을 마련하면, 밤새 잠을 못 이룰 만큼 기쁩니다. 직장에서 승진을 했을 때도 기쁘고, 오랫동안 고민했던 자녀가 좋은 직장에 들어갔을 때에도 우리는 너무 너무 기뻐합니다. 삶이 너무 즐겁습니다. 그런데 지금 하박국은 그런 것 하나도 없이, 아니 오히려 인생의 모든 등불이 꺼져 가는데도 기쁘답니다. 이유가 있습니다. "내겐 이것도 없고, 저것도 없습니다. 그렇지만 이게 있으니까…." 그때, 그게 무엇입니까? 바로 "나는 '구원의 하나님으로 말미암아' 기뻐하리로다!" 입니다. 할렐루야!

오늘날 우리에게 과연 그런 기쁨이 있습니까? 심지어 고난 앞에서마저 나의 구원의 하나님, 나를 구원하신 주님 때문에 '그럼에도 불구하고'의 찬양을 올려 드릴 수 있습니까? 우리는 정말로 예수님, 그분으로 인하여 충분해하고 있습니까? "주님, 다른 것도 좋지만, 주님이 가장 좋습니다. 주님만 있으면 됩니다!" 진정 그렇게 고백할 수 있습니까?

세상의 것들은 혹 잃을 수 있습니다. 돈을 잃기도 하고, 건강도 잃습니다. 명성도, 지위도 잃을 수 있습니다. 그러나 그때, 그 빈 공간을 주님으로 꽉 채우며 여전히 기뻐할 수 있습니까? 주님이 그만큼 여러분에게 소중한 존재이십니까? 하나님 그분 한 분으로 만족하는 성도들이 되기를 바랍니다.

지금 우리 손에 들고 누리는 것은 모두 하나님의 선물이지요. 그 믿음이 분명하지 않으면 우리는 평생 예수 믿어도 '무엇무엇 때문에' 감사를 드리는 수준의 신앙인이 될 수밖에 없습니다. 그래도 내 손에 뭔가가 쥐어져야 예수 믿는 것을 기뻐하고, 그래야 "감사합니다"라고 고백합니다. 하지만 하나님이 우리에게 기대하시는 수준은 하박국의 이 '그럼에도 불구하고'의 감사와 찬양입니다.

그래서 하나님은 우리에게 궁금해하며 물으십니다. "정말 나만 있으면 만족하니? 정말이야?" 그때 "예, 그럼요"라는 대답이 어떻게 가능합니까? 하나님이 모든 축복의 근원이시라는 사실을 기억하면 됩니다. 하나님이 관건입니다. 그리고 그것이 바로 우리가 15절의 말씀을 통해 듣는 하박국 고백의 이유입니다.

주 여호와는 나의 힘이시라 나의 발을 사슴과 같게 하사 나를 나의 높은 곳으로 다니게 하시리로다 합 3:19

"주 여호와는 나의 힘이시라." 무슨 뜻입니까? 세상이 아무리 뭐라 해도, 내 나무들에 열매가 없고, 밭에서 소출이 나도 갈대아인들이 실제로 다 빼앗아 가도, 그래도 결국은 하나님이 주인이시고 역사를 주관하신다는 사실을 믿고 고백하는 것입니다. 그걸 알면, 그 하나님의 섭리를 믿으면, 이제는 아무리 바벨론의 포로로 끌려간다 해도 괜찮습니다. 왜요? 결국은 그 과정을 통해 하나님이 나를 어떻게 다듬으실지를 아니까요, 오히려 기대하니까요. 그래서 그는 오늘도 여전히 하나님을 그의 힘으로 삼고, 그 구원의 하나님으로 인해 기뻐하겠다는 것입니다. 진짜로 그 믿음이 그에게 있으니까요.

저희 집에 물건이나 기계가 고장이 나서 공구 통을 들고 나서면, 아내는 심히 걱정스러운 표정을 짓습니다. 영 못 미더워해요. 저는 무엇이든 그걸 뜯어 놓고, 다시 조립하면, 이상하게도 꼭 뭔가 하나를 남깁니다. 부속 하나가 남거나 때로는 나사 하나가 남아요. 그러면 되기는 됩니다. 그런데 반만 됩니다. 그게 돌팔이와 기술자의 차이죠.

우리의 인생도 마찬가지입니다. 고난이 닥치고 문제가 생겼어요. 그때 우리가 누구를 힘으로 삼아야 합니까? 인생에 관한 한 전혀 돌팔이에 불과한 나를 힘으로 삼습니까, 아니면 가장 믿음직하신 하나님 그분을 힘으로 삼습니까? 누구를 힘으로 삼을 때 우리에게 제대로 된 찬송이 나옵니까? 그때 하박국의 고백이 들려옵니다.

"비록 지금은 아무리 예루살렘이 망한다 할지라도, 결국 그 예루살렘을 다루시는 이는 하나님이시다. 그걸 내가 분명히 믿는다." 바로 거기에서 '그럼에도 불구하고'의 믿음, 그리고 "주 여호와는 나의 힘이시라"라는 고백이 비롯되는 것입니다.

구원의 하나님으로 인해 기뻐하리로다

하박국서의 말씀을 진지하게 읽어 보십시오. 하박국서는 의심의 사람을 믿음의 사람으로 만들어 줍니다. 따지는 사람을 찬양의 사람으로 바꾸어 줍니다. 그리고 염려하는 사람을 예배하는 사람으로 만들어 줍니다.

> 비록 무화과나무가 무성하지 못하며 포도나무에 열매가 없으며 감람나무에 소출이 없으며 밭에 먹을 것이 없으며 우리에 양이 없으며 외양간에 소가 없을지라도 나는 여호와로 말미암아 즐거워하며 나의 구원의 하나님으로 말미암아 기뻐하리로다
>
> 합 3:17-18

걱정하지 마십시오. 우리 인생은 다 하나님 은혜와 사랑의 손에 붙들려 있습니다. 그러므로 너무 안달복달하지 마세요. 다 잘될 것입니다. 그 믿음으로 인하여, 하박국의 말씀과 찬양을 나의 것으로 삼는 하나님의 사람들이 되기를 바랍니다.

3
PART

기쁨과 새 영을 주시는 하나님

9
chapter

"기쁨" 심판 중에 피할 길
| 스바냐 |

그가 너로 말미암아 기쁨을 이기지 못하시며
너를 잠잠히 사랑하시며 | 습 3:17

설교 영상

하나님의 기쁨을 선포한 선지자

보통 선지자들은 그들의 출신 지역이나 직업, 또는 아버지의 이름을 언급하는 것으로 자기소개를 시작합니다. '엘고스 사람 나훔', '드고아의 목자 아모스', '아밋대의 아들 요나' 같이 말입니다. 그런데 스바냐는 조금 특이합니다. 그는 자그마치 4대에 걸친 자신의 족보를 소개하면서, 자신은 유대의 왕이었던 히스기야의 현손이라는 것을 강조합니다. 그렇습니다. 스바냐는 왕족 출신으로 하나님의 소명을 받은 사람이었습니다.

당시 북이스라엘은 이미 앗수르에 멸망당했고, 남유다 또한 큰 위기 앞에 있을 때였는데 스바냐는 나훔, 하박국, 예레미야와 함께 강력한 하나님의 경고를 선포했습니다. 그 때문이었을까요? 유다에서는 요시야왕이 잠깐 종교 개혁을 일으키며 국운을 되살리기 위해 애를 썼어요. 물론 이후 여호야김과 시드기야의 악한 통치가 다시 유다의 영성을 끌어내려 멸망으로 향하게 했지만, 분명 요시야의 종교 개혁이 있도록 불을 지폈던 이는 스바냐 선지자였습니다.

지금까지 살펴 오며 알게 되었듯, 선지서들은 보통 세 가지 중요한 내용을 담고 있습니다. 첫째는 "하나님의 심판"이고, 둘째는 "회개의 촉구"이며, 셋째는 "하나님의 위로와 회복의 약속"입니다. 그런 의미로 스바냐서는 선지서의 표본이 되는 말씀이라 할 수 있습니다. 왜냐하면 비록 세 개의 장으로 이루어진 작은 책이지만, 그 속에는 하나님의 심판, 회개의 촉구, 그리고 하나님의 위로와 회복의 약속, 이 세 가지가 명확히 담겨 있기 때문입니다.

내용을 보면 1장에는 예루살렘과 유다를 향한 "하나님의 심판" 이야기가 나오고, 2장에는 "열국을 향한 하나님의 심판" 이야기가, 그리고 마지막 3장에는 "회개하고 돌이키라. 그들이 남은 자들이다"라는 회복의 도전과 남은 자들에게 주시는 "격려와 약속"이 담겨 있습니다. 우리는 스바냐서의 말씀을 통해 세 가지 중요한 주제를 대할 수 있는데 그것들은 각각 "여호와의 날", "남은 자", 그리고 "나를 향한 하나님의 마음, 즉 하나님의 성품"에 관한 것입니다.

여호와의 날

먼저는 "여호와의 날", 하나님의 심판에 관한 것입니다. 앞서 요엘서를 살필 때, 이미 "여호와의 날"에 대해 나누었어요. 이는 하나님의 심판을 표현하는 특별한 용어로 스바냐서에도 똑같이 등장합니다. 곧 "유다를 향한 하나님의 심판, 여호와의 날이 이를 것이다"라는 말씀이에요. 특별히 그날, 이런 이들은 반드시 당신의 진노 아래 서게 될 것이라고 하십니다.

먼저는, 우상 숭배자들입니다(습 1:2-6).

> 내가 유다와 예루살렘의 모든 주민들 위에 손을 펴서 남아 있는 바알을 그곳에서 멸절하며 그마림이란 이름과 및 그 제사장들

을 아울러 멸절하며 습 1:4

하나님은 유대 땅에 가득한 바알의 흔적들을 너무 미워하셨습니다. 오래전 주어진 십계명도 아예 그렇게 시작하고 있죠.

너는 나 외에는 다른 신들을 네게 두지 말라 너를 위하여 새긴 우상을 만들지 말고 출 20:3-4

하지만 이스라엘은 가나안에 들어가자마자 물질적인 풍요를 소원하며 바알 신과 아세라를 좇기 시작합니다. 이후 수백 년간, 그들은 지긋지긋하게 우상들을 좇았습니다. 그들에게 하나님의 경고가 임했어요. "그들을 내 반드시 심판하리라!"

5절에서 하나님은 "지붕에서 하늘의 뭇별에게 경배하는 자들", 즉 별들을 숭배하는 이들도 멸하겠다 말씀하십니다. 요즘 별자리나 점성술에 대해 많이들 이야기하죠? 재미로라도 모양이라도 그런 것은 읽지도 말고 또 하지도 마시기 바랍니다. 하나님이 반드시 그런 이들을 심판하겠다 하셨거든요. 또 "여호와께 맹세하면서 말감을 가리켜 맹세하는 자들"은 무슨 뜻입니까? 이는 한편으로 하나님을 섬기고, 동시에 이방 신도 섬기는 양다리 우상 숭배자들을 말합니다. 그들 또한 심판을 받게 될 것이라는 거예요.

두 번째로, "하나님은 없다" 하는 자들도 여호와의 날, 즉 심판을 만나게 될 것입니다.

여호와를 배반하고 따르지 아니한 자들과 여호와를 찾지도 아니하며 구하지도 아니한 자들을 멸절하리라 습1:6

하나님은 사람을 지으시면서 그 안에 영원을 사모하며 당신을 찾는 심성을 담아 놓으셨습니다. 블레즈 파스칼이 말하듯, 사람에게는 본질적으로 하나님으로만 채울 수 있는 공간이 있습니다. 그런데 많은 이들이 "하나님은 없다" 주장하며 그분을 찾으려 들지 않아요. 중간중간 좀 착하게, 또 윤리적으로 바르게 살아 보려 애쓰는 이들이 있기는 합니다만, 소용없습니다. "하나님이 없다" 하는 자, 하나님을 찾지 않는 자들은 반드시 심판을 받게 될 것입니다.

세 번째로, 하나님을 조롱하는 자들 또한 심판을 받습니다.

여호와께서는 복도 내리지 아니하시며 화도 내리지 아니하시리라 하는 자를 등불로 두루 찾아 벌하리니 습1:12

"하나님이 있다고? 정말 있다면 나같이 죄짓고 맘대로 사는 사람들을 벌주셔야지, 왜 안 주셔? 정말 있다면 좀 나와 보라 그래" 하는 이들이 있죠? 그들도 모두 심판을 받게 될 것입니다. 그러므로 "여호와의 날", 곧 크고 두려운 날이 이르기 전, 전도서의 말씀대로 "창조주를 기억"(전 12:1)하고 반드시 그분 앞에서 인생길을 걷는 성도들이 되기를 바랍니다.

누가복음에 나오는 불의한 청지기 비유를 기억할 것입니다. 어떤 주인에게 청지기가 있었는데 그는 주인의 재산을 축내는 불의한 사람이었습니다. 이를 알게 된 주인이 그를 꾸짖어요. "자네 어찌 그럴 수가 있는가? 책임을 지고 일을 그만두게나. You are fired!"(해고야) 잠시 정적이 흐르고 살 궁리를 하던 저가 이상한 행동을 하기 시작합니다. 갑자기 주인에게 빚진 자들의 빚을 마음대로 탕감해 준 것입니다. 그때, 주인은 그가 옳지 않은 자이지만, 그의 미래를 미리 준비하고 있는 점을 칭찬했다는 이야기에요. 그 지혜를 우리도 배워야 할 것입니다. 심판의 날, 즉 우리 인생의 마침점을 의식하고 하나님을 경외하며 이 길을 걷는 우리가 되기를 바랍니다.

남은 자

두 번째로 주목하려는 주제는 "남은 자"에 관한 것입니다. 성경 전체를 아우르며 하나님이 강조하시는 바가 하나 있습니다. 그것은 아무리 온 세상이 죄악으로 물들고, 그래서 모두가 멸망의 위기 앞에 선다 해도, 하나님은 반드시 어딘가에 당신의 남은 자들을 준비하신다는 것입니다. 하나님은 늘 그러셨어요.

스바냐 1장과 2장에 하나님의 심판이 한창 선포되고 있습니다. 그런데 3장 12-13절에 이르러 말씀하십니다.

> 내가 곤고하고 가난한 백성을 네 가운데에 남겨 두리니 그들이 여호와의 이름을 의탁하여 보호를 받을지라 이스라엘의 남은 자는 악을 행하지 아니하며 거짓을 말하지 아니하며 입에 거짓된 혀가 없으며 먹고 누울지라도 그들을 두렵게 할 자가 없으리라 습3:12-13

무슨 말씀입니까? 그 심판의 상황 가운데에도 당신의 남은 자가 있을 거라는 말씀이에요. 그분은 늘 그러셨습니다. 창세기 6장에서 온 세상이 죄악이 차고 넘쳐 멸망하게 될 때에도 하나님은 의인 노아와 그 가족을 남겨 놓으셨습니다. 엘리야 선지자가 로뎀 나무 아래에서 "하나님, 다 죽고 저만 남았습니다" 절규할 때에도, 하나님은 말씀하십니다. "걱정하지 마라. 내가 이런 난국에도 바알에게 무릎 꿇지 않은 자 칠천 인을 남겨 두었느니라." 이사야 선지자도 절망 중에 소망을 외쳤어요.

> 밤나무와 상수리나무가 베임을 당하여도 그 그루터기는 남아 있는 것같이 거룩한 씨가 이 땅의 그루터기니라 하시더라 사6:13

다 사라지는 것 같습니다. 교회들도 다 변질된 듯 보입니다. 주위를 둘러보면, 하나님을 전심으로 두려워하는 지도자들도 별로 없어 보이고, 그래서 우리 보기에는 전혀 소망이 없어 보여요. 하지만 기억하십시오. 하나님은 어딘가에 반드시 당신의 남은 자들을 숨겨 놓으셨고, 그들을 통해 당신의 역사를 써 내려가십니다. 그분은 단 한 번도 역사의 주권을 다른 이에게 맡기신 적이 없어요. 그러므로 한 번 사는 인생, 한 번 믿는 예수, 우리가 바로 이사야의 그루터기같이 하나님의 남은 자로, 믿음의 사람으로 자리하게 되기를 바랍니다. 인생이 짧습니다. 그러므로 그 복을 갈망하십시오.

흥미로운 것은, 스바냐서의 말씀이 남은 자에 관한 특징으로 '공의와 겸손'을 꼽는다는 것입니다.

> **여호와의 규례를 지키는 세상의 모든 겸손한 자들아 너희는 여호와를 찾으며 공의와 겸손을 구하라 너희가 혹시 여호와의 분노의 날에 숨김을 얻으리라** 습 2:3

공의와 겸손! 그중에 '공의'에 대해서는 아모스 선지자를 통해 충분히 살펴보았으니, 이제 두 번째 성품인 '겸손'에 대해 조금 더 묵상해 보겠습니다. 하나님 앞에서 남은 자로 살아가려면 반드시 겸손해져야 하는데, 그건 도대체 어떤 삶을 말하는 것일까요? 어떻게 살아야 과연 하나님 앞에 겸손한 것일까요? 저는 믿습니다. 하나님 앞에서의 겸손은 '그분이 하나님이시고 나는 아니다'라는 것을 기억하는 것이라고 말입니다.

인생을 살아가는 방식은 복잡하지 않아요. 단 두 가지 중의 하나일 뿐입니다. 먼저는 나로부터 시작하여 세상과 하나님을 보는 방식입니다. 늘 내가 세상 중심에 있고, 인생의 대소사를 내가 선택하고 행합니다. 그때에는 하나님도 나에게 맞추어 주셔야 합니다. 더 정확히 표현하면, 하나님도 내가 원하는 대로 좌지우지할 수 있는 분이셔야 해요.

이에 반해 두 번째 삶의 방식도 있습니다. 거꾸로죠? 그것은 하나님으로부터 시작하여 세상을 보고 내 인생을 보는 방식입니다. 하나님이 나를 창조하셨습니다. 그분이 내 인생을 내셨고, 오늘도 그분이 이끄시며, 어느 날 그분이 나를 품어 주실 것입니다. 그러면 오늘 나는 당연히 그분이 원하시는 뜻을 구하고, 나를 그분께 맞춥니다.

비행기를 탈 때마다 저에게 큰 믿음이 있음을 재확인합니다. 아니 도대체 뭘 믿고 비행기에 올라타는지 말입니다. 그렇지 않습니까? 수백 명의 사람들이 비행기에 오릅니다. 짐도 어마어마하게 싣죠. 그런데 그처럼 큰 쇠로 된 기계 덩어리가, 엄청난 무게의 사람들과 짐들을 싣고서 몇 시간을 하늘 위에 머물다가, 내가 원하는 그 먼 곳으로 가, 거기 사뿐히 내려앉는다고요? 그걸 믿고 비행기에 오르는 것입니다.

사실 저는 비행기의 기장을 한 번도 본 적이 없습니다. 그런데 그의 실력, 그의 건강, 그의 정신 상태를 믿습니다. 대단하죠? 그뿐이 아닙니다. 사실 비행기란 수천수만 개의 부품으로 이루어진 기계가 아닙니까? 그런데 '중간 어디선가 갑자기 엔진에 문제가 생기지 않을까? 혹 수천 개의 전선들 가운데 하나라도 불량이지는 않을까? 혹 중력 장치에 이상이 생기지 않을까? 혹 공기를 빨아들이는 곳으로 큰 새 같은 게 빨려 들어가지 않을까? 혹 아침에 기장이 부부 싸움을 심하게 하고 나오지는 않았을까?' 이런 변수는 정말 수도 없이 많습니다. 그런데 저는 하나도 의심하지 않고, 그 쇳덩어리 위에 올라 눈을 지그시 감고 잠도 자고, 밥도 먹고, 책도 읽고, 설교 준비까지 합니다. 정말 놀라운 믿음이에요. 만일 제가 비행기를 믿지 못한다면, 아니 기장을 믿지 못한다면 아마 절대로 그럴 수 없을 것입니다.

오래전 "에어포스 원"이라는 영화가 있었습니다. 미국 대통령 전용기가 테러리스트들에 납치되는 이야기인데요, 유명 배우 해리슨 포드가 미국 대통령으로 분하여, 결국 모든 난관을 헤치고 문제를 해결해 모든 사람을 구한다는 전형적인 할리우드 영화입니다. 한순간 최첨단 미국 대통령 전용기가 납치됩니다. 꼬리에 꼬리를 무는 위기들이 발생하고, 숨 막히는 액션들이 전개됩니다.

하지만 그 문제들은 새 발의 피입니다. 제일 마지막에 가면 정말 엄청난 위기가 닥쳐요. 즉 비행기를 조종하는 기장이 죽는 겁니다. 그러면 우리는 정말로 '큰일 났다'고 생각합니다. 그러나 걱정하지 마세요. 주인공은 절대로 안 죽습니다. 특별히 할리우드 영화 주인공들은 늘 만능맨이요 영웅입니다. 주인공은 우연히 꼭 공군 출신입니다. 대통령이 언제 비행술을 배웠는지 그런 건 묻지 마세요. 곧 그가 기장의 자리에 앉고 관제탑과 교신을 하면서 침착하게 위기를 극복하고, 잠시 후 쿠쿵… 하며 비행기가 활주로에 무사히 착륙합니다.

그러면 약속이나 한 듯이 화면은 "와아~" 하며 일어서는 관제탑의 사람들, 그리고 비행기 안에 있던 사람들을 비춥니다. 모두 벌떡 일어나 만세를 부르며 환호하고, 모르는 사람과 얼싸안고 손뼉을 치면서 큰 기쁨을 나눠요. 순간 관객인 우리도 그 장면을 보며 뿌듯해합니다. "영화 재미있다. 잘 만들었네!"

그러나 실은 우리가 또 당한 겁니다. 만일 그게 실제 상황이라면 과연 어떻게 될까요? 기장에게 문제가 생기면, 그걸로 끝인 거예요. 우리는 비행기를 조종할 수 없습니다. 그게 인생이에요.

한 번 사는 인생길, 사실 우리는 비행기를 모는 법도 모르고, 또 항로가 어디로 어떻게 연결되는지도 모릅니다. 누가 한 번 끝까지 다 살아 봤나요? 누가 죽었다가 다시 살아 돌아왔습니까? 아무도 없습니다. 그래서 우리는 인생에 대해 제대로 아는 것이 하나도 없습니다. 오직 기장만이 압니다. 오직 그만이 비행기를 조종할 수 있고, 항로대로 비행기를 이끌어요. 가끔 지루하면 항로가 나오는 화면을 띄워 놓고, 홀로 훈수를 둡니다. "야, 이걸 왜 이렇게 멀리 돌아서 가냐? 누가 봐도 이리로 쭉 가면 한두 시간은 더 빨리 갈 텐데…." 한마디로 무지한 것이죠. 그런데 우리는 너무도 자주 우리의 인생을 그런 식으로 살아갑니다. 내가 막 나서서 비행기 조종석에 가 앉습니다. 그리고 이 버튼, 저 버튼을 마구 눌러 대요.

그런데 그렇게 하지 않는 것이 겸손입니다. 인생에서 우리가 할 일은 그 순간, 비행기는 기장에게 맡기고, 우리는 우리가 할 수 있는 대로 그 여행을 즐기는 것입니다. 똑같습니다. 우리의 인생을 이 땅에 내시고 걸어가야 할 길을 정하신 하나님을 인정하고, 그분께 나를 맡기고, 그분이 정하신 항로를 따라 걷는 것이 옳습니다. 그것이 겸손입니다.

오늘도 세상은 온통 자기 팔을 걷어붙이고 나서면서 "바알을 따라가자", "말감을 따라가자", "바벨론 뒤에 줄 서자", "아니다. 애굽을 좇는 게 맞다" 등 자기도 책임지지 못할 말을 하는 이들로 가득합니다. 그때 "아니다. 인생은 우리를 이 땅에 내시고, 함께 가 주시며, 또 결국 당신의 품으로 품어 주시는 하나님을 믿고 그분과 함께 가는 것이다"라고 외치며 겸손을 선택하는 자들, 그들이 남은 자들입니다. 스바냐서의 말씀으로 인해 범사에 하나님을 인정하고 경외하며 그 길을 걷는 21세기의 남은 자들이 되기를 기도합니다.

하나님은 어떤 분이신가

드디어 스바냐서에서 가장 주목하고 싶은 주제에 이르렀습니다. 그것은 하나님을 경외하며 겸손히 남은 자로 살아가기를 원하는 이들에게 주신 소망과 격려의 말씀입니다. 바로 그런 이들에게 하나님은 스스로 "내가 이런 하나님이 되어 주겠노라!"

약속하셨습니다. 중요한 것은, 그분의 그 약속 안에 하나님 당신의 성품들이 고스란히 드러나고 있다는 것입니다. 3장 17절을 주목해 주십시오.

너의 하나님 여호와가 너의 가운데에 계시니 그는 구원을 베푸실 전능자이시라 그가 너로 말미암아 기쁨을 이기지 못하시며 너를 잠잠히 사랑하시며 너로 말미암아 즐거이 부르며 기뻐하시리라 하리라 습 3:17

하나님은 당신 자신을 이런 분이라고 알려 주십니다. 첫째, "구원을 베푸실 전능자이시다." 둘째, "너로 말미암아 기뻐하시는 분이다." 셋째, "너를 잠잠히 사랑하시는 분이다." 하나씩 살펴보겠습니다.

나를 구원하시는 전능하신 하나님

가장 먼저 하나님은 당신을, "구원을 베푸실 전능자"라고 알려 주십니다. 하나님은 구원자이십니다. 그 이야기는 아예 창세 때부터 시작돼요. 아담과 하와가 죄를 짓고 타락했을 때, 하나님은 친히 희생 제물을 취하시고, 그 가죽으로 그들의 옷을 지어 입히시며 구원의 도를 알려 주셨습니다. 죄악이 관영한 세상을 홍수로 심판하실 때에도, 노아와 그 가족을 구원해 주셨습니다. 소돔과 고모라 땅에서도 롯과 그 가족을 구원해 주셨고, 홍해 앞 이스라엘에게도 바닷속에 구원의 길을 내시며 출애굽 구원을 완성하셨습니다.

이후 광야 시대, 가나안 정복 시대, 사사 시대, 통일 왕국 시대, 남북 왕조와 포로기 시대, 그리고 가장 중요한 예수 그리스도의 성육신과 십자가, 성령과 교회 시대까지 하나님의 구원 이야기는 끝이 없습니다. 아니 하나님 당신이 구원자셨어요.

아들을 낳으리니 이름을 예수라 하라 이는 그가 자기 백성을 그들의 죄에서 구원할 자이심이라 하니라 마1:21

하나님이 세상을 이처럼 사랑하사 독생자를 주셨으니 이는 그를 믿는 자마다 멸망하지 않고 영생을 얻게 하려 하심이라 하나님이 그 아들을 세상에 보내신 것은 세상을 심판하려 하심이 아니요 그로 말미암아 세상이 구원을 받게 하려 하심이라 요3:16-17

너희는 그 은혜에 의하여 믿음으로 말미암아 구원을 받았으니 엡2:8

구원하심이 보좌에 앉으신 우리 하나님과 어린양에게 있도다 계7:10

그러므로 하나님은 우리를 구원하시는 전능하신 하나님이

라는 사실을 기억하되, 특히 그분 주신 구원의 은혜를 날마다 기억하고, 그 구원이 무엇인지, 그 결과 내가 어떤 존재가 되었는지, 또 어떻게 구원을 누리며 살아가는지를 늘 현재형으로 되뇌며 살아가기 바랍니다.

"주 예수를 믿으라 그리하면 너와 네 집이 구원을 받으리라"(행 16:31). 이 말씀을 믿습니까? "내가 곧 길이요 진리요 생명이니 나로 말미암지 않고는 아버지께로 올 자가 없느니라"(요 14:6). 이 말씀도 믿으세요? 그렇습니다. 그분은 무엇보다도 나를 구원하시는 하나님입니다. 그게 가장 중요해요.

많은 이들이 불만을 토로합니다. "너희는 왜 그렇게 고지식하고 독선적이냐? 어떻게 예수를 믿는 것만이 구원의 길이라고 주장할 수 있느냐?" 그런데 답은 의외로 간단합니다. 하나님이 그렇게 만드신 것입니다. 죄에서 구원받고 영생을 얻으려면 그 방법밖에 없어요.

> **다른 이로써는 구원을 받을 수 없나니 천하 사람 중에 구원을 받을 만한 다른 이름을 우리에게 주신 일이 없음이라 하였더라**
> 행 4:12

목회를 시작할 때부터 저는 늘 성서의 땅을 방문하여 배우고 싶어했습니다. 그런데 그 꿈이 실현되는 데 24년이라는 시간이 필요했어요. 12년 전, 지역의 목사님들과 함께 성지 학습 여행을 위한 비행기에 몸을 실었습니다. 얼마나 감격스러웠는지요. 아직도 선명히 기억합니다. 요르단 땅에서부터 시작하여, 야곱의 얍복강을 지나 모세의 느보산을 방문하고, 출애굽의 경로를 역으로 추적하면서 '왕의 대로'를 따라 남하한 후, 오바댜서의 배경인 에돔 땅 페트라와 홍해를 거쳐 드디어 이스라엘 땅으로 들어갑니다. 얼마나 가슴이 뛰었겠습니까? 국경에 선명히 찍혀 있는 큰 표지 글, "Welcome to Israel"이 마치 저를 위한 것처럼 보였어요.

그런데 웬걸요? 그 국경에서 제일 먼저 인터뷰한 저만 걸리고, 다른 일행들은 모두 쉽게 국경을 통과했습니다. 분명히 인상도 펴고, 방긋방긋 웃으며 인사했는데도 저만 독방으로 데리고 가 처음부터 끝까지 꼬치꼬치 여러 번 캐묻는 것입니다. 무슨 범죄 기록이 있나요? 그렇다고 흉기를 숨겨 가지고 들어갔나요? 당신네 나라에 들어가서 돈 쓰고 가는 관광객이라고 설명해도 들여보내 주질 않았습니다. 총기를 든 국경 수비대원들이 다 저만 째려보는 것 같았어요.

일행 중에 저만 못 들어간 이유는 제 여권에 찍혀 있는 이라크 스탬프 때문이었습니다. 기분 나쁘다는 거죠. "너 도대체 뭔데, 우리의 적국인 이라크에 들어갔다 왔냐?"는 거예요. "친구 만나러 갔다 왔다." "친구 누구?" 선교사의 이름을 말하면 안 될 것 같아서 "내 친구가 거기서 커피 사업을 하는데, 그곳을 방문했다"고 말하면서 끝까지 버텼습니다. 그러면서 거의 두 시간을 독방에 머물렀어요. 일행은 이스라엘 쪽에 들어가 차 타고 저를 기다리고 있는데요.

점점 외로워지고 겁도 났습니다. 홀로 영화를 찍는 거죠. '아, 나만 못 들어가는구나…. 끝까지 못 들어가면… 다시 요르단 쪽으로 나가서, 혼자 비행기를 타고 미국으로 돌아가고, 이왕 여기까지 온 거 아내는 이스라엘을 다 보고 오라 해야지.' 그러면서 쓸쓸한 독방에 앉아 슬피 울며 이를 가는 겁니다. 결국 두 시간 이상의 조사를 거친 후에야 겨우 입국할 수 있었습니다.

제가 왜 못 들어갔습니까? 이스라엘에서 그렇게 정해 놓은 거죠. 이스라엘과 수교를 맺지 않는 무슬림 국가를 들락거리는 이들은 이스라엘에 쉽게 들어오지 못하게 하라는 겁니다. 그게 이스라엘이 정해 놓은 법이에요. 그러면 제가 아무리 애를 써도 소용이 없는 것입니다.

"그는 구원을 베푸실 전능자이시라." 전능하신 하나님이 우리의 구원을 위하여 '예수 그리스도'라는 구원의 길, 유일한 길을 열어 주셨습니다. "왜 그 길만이 구원에 이르느냐? 다른 길은 안 되느냐? 그럼 그건 독선이 아니냐?" 비판하는 이들이 분명히 있어요. 저도 '혹시 다른 길들도 구원에 이를 수 있도록 사정 좀 봐주시면 안 되나?' 가끔 생각합니다. 하지만 답은 하나입니다. 하나님이 그렇게 정하신 것입니다. 그러면 그 길밖에 없습니다.

예수님을 인생의 '주'와 '그리스도'로 믿습니까? 그렇다면 그 믿음으로 인해 구원을 받았고, 하나님의 자녀가 되었습니다. 이제 사망에서 생명으로, 원수에서 자녀로, 종에서 친구로 변화되었습니다. 구원을 선물로 받은 겁니다. 그러므로 이제는 하나님이 정해 놓으신 법을 따라, 구원의 하나님을 누리십시오. 기뻐하십시오. 감사하며 찬양하십시오. 믿음을 가진 남은 자의 삶은 구원의 하나님을 누리는 삶입니다.

나로 인하여 기뻐하시는 하나님

스바냐 3장 17절에 이어지는 하나님의 두 번째 성품은 더 감격스럽습니다. "그가 너로 말미암아 기쁨을 이기지 못하시며." 하나님은 '나로 말미암아 기쁨을 이기지 못하는 하나님'이라고 합니다.

가만히 묵상해 보았어요. '성경에 하나님이 나를 향하여 기쁨을 이기지 못하시는 모습이 어디 나올까?' 가장 먼저 떠오르는 곳이 누가복음 15장 예수님의 비유들이었습니다. 세 개의 비유가 세트로 등장해요. 첫째는, 잃어버렸다가 찾은 잃은 양의 비유이고, 둘째는 잃어버렸다가 찾은 잃은 드라크마의 비유이며, 셋째는 잃어버렸다가 다시 찾은 아들, 탕자의 비유입니다.

그 비유들에 공통점이 있습니다. 잃어버렸던 것이 있습니다. 그런데 그걸 되찾았습니다. 그때 그곳에는 무엇과도 비교할 수 없는 주인의 '기쁨'과 그 표현인 '잔치'가 자리했습니다. 그때 주인의 기쁨은 누구를 향한, 무엇에 대한 기쁨일까요? 구원

받은 당신의 자녀를 향한 기쁨입니다. 상상해 보십시오. 하나님이 우리를 보시고 당신의 기쁨을 이기지 못해 그 얼굴에 미소가 지어지고 숨도 가빠지신다는 겁니다.

저는 비교적 일찍 결혼을 하여 이른 나이에 아빠가 되었습니다. 그러다 보니 부끄러운 고백이지만 한참 동안 아이들이 예쁜 줄도 모르고 키웠습니다. 아니 제가 아이들과 같이 컸어요. 덕분에 아내가 고생을 많이 했죠. 물론 아이들이 예쁩니다. 하지만 '내 아이니까 예쁜 거지. 애들은 애들이지.' 그렇게 생각했어요. 그런데 어느 날부터인가, 제가 감당할 수 없을 만큼 아이들이 예쁘고 사랑스러워졌습니다. 첫째, 둘째, 셋째가 자라나는데, 아이들이 자라나는 단계마다 주는 기쁨이 다 다르게, 다른 색깔로 다가오는 거예요.

아이가 공부를 잘하면 그게 그렇게 예쁜 겁니다. 생각지도 못했는데 칭찬을 받고, 이런저런 상을 타 오면 그게 사랑스럽습니다. 악기를 연주하면 그게 또 예쁩니다. 말 싸움을 잘하여 '논쟁 대회'에서 이겨 와도 예쁩니다. 내가 옳지 않은 걸 아는데도, 그걸 이겨서 상을 타 와요. 정확히는 못된 거죠. 하지만 그것마저도 예뻐요.

이유가 있어요. 제 아이들은 무엇무엇 때문에 예쁜 게 아니라 저의 아이들이기에, 그 존재 자체가 예쁜 것입니다. 어떤 때는 심지어 아빠 닮은 못된 부분까지도 예뻐요. 그게 설명이 됩니까? 안 됩니다. 그냥 예쁘고 그냥 기쁜 겁니다. 아빠이고 자식이기 때문입니다. 아이는 존재 자체가 이미 큰 기쁨인 거예요.

이쯤 되니, 할아버지, 할머니들의 핸드폰 화면이 전부 다 손자 손녀의 사진으로 바뀌는 것이 넉넉히 이해됩니다. 자녀들 때의 것과는 상대도 되지 않을 만큼 예쁘고 또 기쁩니다. 하나님이 우리를 바라보실 때 가지시는 예쁨과 기쁨이 바로 그런 것이죠. 당연합니다. 하나님은 당신의 형상을 따라 우리를 지으셨습니다. 그러니 당신의 분신, 당신의 형상과 성품을 닮은 나를 보면서 당신 안에 있는 기쁨을 주체하지 못하시는 것입니다.

물론 내가 조금 못하는 것이 있습니다. 예수를 잘 믿어야 하는데 늘 조금씩 모자랍니다. 살짝 모난 부분도 있습니다. 맨날 "잘할게요. 약속할게요" 하면서 공수표를 날립니다. 그런데도 하나님은 그런 나를 보며 기뻐하십니다. 당신의 자녀이기 때문입니다. 당신의 형상을 따라 지어진 나, 하나님을 아버지라 부르는 나, 독생자 예수 그리스도의 생명과 맞바꾸기까지 사랑하신 나이기 때문이에요. 그렇기 때문에 하나님은 나를 보며 당신의 기쁨을 이기지 못한다 하세요. 이 말씀을 믿고 위로받으십시오. 하나님이 오늘 나를 그런 눈으로 바라보고 계십니다.

나를 잠잠히 사랑하시는 하나님

하나님의 세 번째 성품도 있습니다. "너를 잠잠히 사랑하시며 너로 말미암아 즐거이 부르며 기뻐하시리라"(습 3:17). 하나님의 은혜가 더 커지고 더 깊어집니다. 하나님은 나를 잠잠히 사랑하시는 하나님이시랍니다. 이 말씀을 잘 묵상해 보십시오. 하나님이 왜 나를 "잠잠히" 사랑한다 하시는 것일까요? 요란하고 떠들썩하게 사랑하실 수도 있는데요. 큰 소리로, 큰 행동으로 사랑하실 수도 있는데요. 왜 당신은 유독 "잠잠히" 사랑한다고 하셨을까요?

이런게 아닐까 합니다. 만일 하나님이 정말로 당신의 마음만큼 요란하고 티 나게 사랑하신다면, 당신의 욕심만큼 다 표현하면서 사랑하신다면, 아마 우리 중에는 그 누구도, 그분 사랑의 강도를 당해 낼 수가 없기 때문일 것입니다.

출애굽기 19장에서 광야의 하나님이 시내산에 임하실 때입니다. 하나님은 "지금까지는 내가 한 사람과 한 가문을 통해서 언약을 맺었는데, 이제는 드디어 이 민족 전체를 만나 '제사장 나라'가 되는 언약을 맺게 되었구나" 하시면서 아주 약간 흥분하시고, 아주 약간 설레셨습니다.

그런데도 이 땅에는 엄청난 일이 벌어졌습니다. 빽빽한 구름이 산을 덮고, 우레와 번개가 치고, 큰 나팔 소리들이 울려 댔습니다. 딱 그만큼인데도, 이스라엘은 도저히 감당할 수가 없어서 모세에게 "우리가 너무 두렵습니다. 이만하면 족하니 그냥 당신이 홀로 올라가 하나님을 만나고, 우리에게는 나중에 말씀만 전해 주세요"라고 부탁을 했던 일을 기억합니다. 혹시 그런 게 아닐는지요?

만일 하나님이 정말로 당신의 사랑을, 당신의 마음만큼 우리에게 표현하시고 부으시면, 틀림없이 우리는 아무도 그분 사랑을 감당할 수 없을 것입니다. 그래서 하나님은 사랑하는 마음을 절제하고 절제하셔서, 잔잔한 햇볕과 같이 우리를 "잠잠히" 사랑한다 표현하시는 게 아닐까요?

하지만 그것만으로도 이미 충분합니다. 하나님의 나를 향한 사랑은 한 번도 모자란 적이 없었습니다. 그분은 그렇게 나를 잠잠히 사랑하신 후, 이번에는 즐거이 부르며 기뻐하십니다. 더 이상 다른 표현이 필요 없습니다. 그걸로 우리는 충분합니다. 생각해 보세요. 지금 우리가 하나님께 찬양을 드려도 모자라지 않습니까? 그런데 도리어 하나님이 우리를 보며 너무 좋으셔서 그 기쁨을 노래로 표현하신답니다. 경험상 우리에게 언제 노래가 터져 나오죠? 말로 다할 수 없을 만큼 기쁨과 사랑이 클 때 노래가 터져 나옵니다. 바로 그게 우리를 향한 하나님의 사랑과 기쁨입니다. 로마서의 말씀을 떠올려 봅니다.

우리가 아직 죄인 되었을 때에 그리스도께서 우리를 위하여 죽으심으로 하나님께서 우리에 대한 자기의 사랑을 확증하셨느니라 **롬 5:8**

하나님의 잔잔한 사랑이 그대로 느껴지는 말씀입니다. 열두 선지자들의 시대에 우리 하나님은 참 힘드셨을 것입니다. 이스라엘 백성이 워낙 어질러 놓았어야죠. 하지만 그 가운데에서조

차 하나님은 잠잠히 그들을 향한 사랑을 드러내고 계십니다. 호세아를 통해 주셨던 말씀을 기억해 보십시오. 동시대의 이사야를 통해서 주신 말씀도 그렇습니다.

> 오라 우리가 여호와께로 돌아가자 호 6:1

> 오라 우리가 서로 변론하자 너희의 죄가 주홍 같을지라도 눈과 같이 희어질 것이요 진홍같이 붉을지라도 양털같이 희게 되리라 사 1:18

그 힘든 상황 속에서도 하나님의 당신의 백성들을 향한 사랑에는 전혀 흐트러짐이 없습니다. 에베소서의 말씀도 있습니다.

> 전에는 우리도 다 … 본질상 진노의 자녀이었더니 긍휼이 풍성하신 하나님이 우리를 사랑하신 그 큰 사랑을 인하여 허물로 죽은 우리를 그리스도와 함께 살리셨고 … 너희는 그 은혜에 의하여 믿음으로 말미암아 구원을 받았으니 엡 2:3-8

요한도 우리를 향한 하나님의 사랑을 이렇게 그립니다.

> 사랑은 여기 있으니 우리가 하나님을 사랑한 것이 아니요 하나님이 우리를 사랑하사 우리 죄를 속하기 위하여 화목제물로 그

아들을 보내셨음이라 요일 4:10

신구약 하나님의 말씀은 우리를 향한 아버지의 잔잔하신 사랑으로 가득 차 있어요. 조용히 나를 향한 하나님의 신실하신 사랑을, 나를 잠잠히 바라보며 전해 주시는 그 사랑을 묵상해 보십시오. 우리가 아무리 이렇다 저렇다 해도 사탄이 아무리 방해를 한다 해도, 하나님의 나를 향한 사랑은 늘 해바라기 사랑입니다. 그분은 절대로 나를 향한 사랑을 포기하지 않으십니다.

남은 자, 칭찬과 명성을 얻게 되는 삶

하나의 선지서로서 스바냐서는 물론 "여호와의 날", 즉 임박한 하나님의 심판을 강조하며 이스라엘의 회개를 촉구합니다. 하지만 그곳에는 여전한 하나님의 사랑 표현, "남은 자" 사상이 자리하고 있어요. 선지자는 우리게 그 자리로 나아오라 촉구합니다. 하나님을 인정하고, 공의와 겸손으로 행하는 남은 자가 되어 달라는 겁니다. 그 심판의 한가운데를 통과하며 유다 땅에서 남은 자가 되든지, 아니면 바벨론에 포로로 잡혀가 끝까지 신앙을 지켜 내는 남은 자가 되든지 하라는 것입니다.

그 힘든 시기에 어떻게 그것이 가능하죠? 우리를 잠잠히 사랑하시는 그분 때문에 가능합니다. "나 여호와는 너희와 늘 함께 있어 구원을 베풀고, 그런 이들을 기뻐하며, 그들을 잠잠히 사랑하는 하나님이다." 그분의 말씀입니다.

> 그때에 내가 너를 괴롭게 하는 자를 다 벌하고 저는 자를 구원하며 쫓겨난 자를 모으며 온 세상에서 수욕받는 자에게 칭찬과 명성을 얻게 하리라 내가 그때에 너희를 이끌고 그때에 너희를 모을지라 내가 너희 목전에서 너희의 사로잡힘을 돌이킬 때에 너희에게 천하 만민 가운데서 명성과 칭찬을 얻게 하리라 여호와의 말이니라 습 3:19-20

우리는 진정 행복자입니다. 하나님으로부터 이런 사랑과 은혜를 입은 이가 또 어디 있겠습니까?

10
chapter

"회복" 하나님 백성의 우선순위
| 학개 |

만군의 여호와가 말하노니
너희는 자기의 행위를 살필지니라 | 학 1:7

설교 영상

후배 명환이

1992년 1월, 강원도의 대관령교회로 첫 번째 목회를 나갔을 때입니다. 교회에 부임 인사를 드리고 바로, 그 지역의 선배 목사님들에게 인사를 드리러 갔습니다. 당시 제가 속해 있던 강원동지방, 서감찰장은 진부에 있는 박창복 목사님이라는 어른이셨어요.

지금은 길이 좋아져 원주에서부터 바닷가 강릉까지 4차선으로 이어져 있고, 특히 대관령 그 높은 산을 여러 개의 터널들로 연결해 순식간에 내달릴 수 있게 되었지만, 그때는 다 2차선이었습니다. 지금도 기억해요. 치악산을 넘어 한참 가다 보면 개발되기 이전의 평창이 나오고 순서대로 속사, 진부, 도암, 용산, 횡계, 그리고 대관령, 그다음부터는 다시 아흔아홉 개의 고개를 넘어 성산, 강릉으로 이어지던 그 길을요.

그중에 평창과 속사를 지나면, 진부라는 지역에 제법 중요한 면 소재지가 하나 나옵니다. 이효석의 《메밀꽃 필 무렵》이라는 소설의 배경이 되는 나전, 장열, 정선으로 향하는 길이 거기에서 시작되죠. 그곳에 빨간색 벽돌로 아름답게 지어진 진부교회 예배당이 자리하고 있었습니다. 제 기억으로는 그해에, 성전 건축을 마치고 입당 예배를 드렸어요. 그런데 여기에 가슴 절절한 이야기 하나가 담겨 있습니다.

아직 신학생이었을 때, 그러니까 제가 앞으로 강원도로 목회를 나갈 것을 생각도 해 보지 못하던 때의 어느 날이었습니다. 기숙사에 있던 한 후배와 이야기를 나누게 되었습니다. "졸업하면 뭐 할 거니?" 이 질문에 후배는 "시골에 가서 단독 목회를 할 거예요"라고 대답했습니다. 의외였어요. 그때 우리가 20대 초반이었거든요. 그 나이대의 신학생들은 으레 대학원을 간다거나 유학을 꿈꾸는 등의 이야기를 하곤 했는데, 그 어린 나이에 '목회', 그것도 담임 목회를 하겠다고 해서 굉장히 놀랐던 기억이 있습니다.

박명환이라는 한 해 후배였는데, 성격도 좋고, 운동도 잘하고, 노래도 잘해서 누구에게나 사랑을 받는 친구였습니다. 그런데 그 대화를 나눈 그해 여름방학을 마치고, 개강을 했는데 충격적인 소식을 듣습니다. 그 명환이가 여름방학에 고향 교회에 가 성경학교를 잘 인도한 후, 교사들과 아이들을 데리고 뒤풀이 겸 계곡으로 물놀이를 갔다가 그만 심장마비로 하나님의 부르심을 입었다는 것이었습니다. 문제는, 몇 년 후에 강원도 목회를 나갔는데, 그 친구가 바로 진부교회 박창복 목사님의 2대 독자였다는 것입니다. 깜짝 놀랐습니다.

목사님은 진부교회를 오랫동안 섬겨 오셨고, 또 당시 어렵게 예배당 건축을 시작했는데 교회에 이런저런 시험거리가 있었고, 그 와중에 건축비도 충분치 않아서 교회가 재정적으로 위기를 만나게 되었다고 하셨습니다. 그런데 그만 목사님의 귀한 신학생 아들이 여름성경학교까지 잘 섬기고, 그렇듯 홀연히 세상을 떠난 거예요. 동네가 다 뒤집어지고, 모두들 와서 위로하고, 목사님 독자의 장례를 치르면서, 교회 가족들의 마음이 다 녹아 버렸습니다.

그 후 제가 듣기론, 목사님이 장례 때 들어온 조의금을 다 건축헌금으로 드려, 결국 성전 건축이 무사히 마무리되고 이후 교회가 평안케 되었다는군요. 그때 깨달았어요. '사연이 없는, 헌신이 없는 성전 건축은 없구나'라는 것을요.

학개 선지자 이야기를 교회당 건축 이야기로 시작한 데는 이유가 있습니다. 학개 선지자의 메시지가 바로 "성전을 재건하라. 성전을 건축하라"는 말씀에 관한 것이기 때문입니다. 하지만 기억하겠습니다. 학개서에 등장하는 "성전 건축, 성전 재건" 문제는 사실 하나님과 이스라엘 백성의 관계를 이야기하기 위한 도구일 뿐이라는 것을요. 하나님이 "너희는 산에 올라가 나무를 가져다가 성전을 건축하라"고 말씀하신 이유는 이를 통해 "너희 삶의 우선순위를 분명히 하라"는 말씀을 하시기 위함이었습니다.

학개 이야기

지금까지 우리가 살펴 왔던 아홉 개의 소선지서들은 대부분 북이스라엘과 남유다가 멸망하기 전, 그 직전에 주신 말씀들이었습니다. 호세아와 아모스는 북이스라엘에게, 요나와 나훔은 북쪽의 앗수르에게, 오바댜는 남쪽의 에돔을 포함한 열국에게 말씀을 선포했고, 나머지 선지자들은 모두 남유다의 백성들에게 말씀을 선포했습니다.

하지만 백성들은 그 말씀을 청종하지 않았어요. 그 결과 북이스라엘은 앗수르에, 남유다는 바벨론에 의해 완전히 멸망을 당하게 되었습니다. 결국 북이스라엘은 곳곳으로 흩어져 흔적도 없이 사라지게 되었고, 150년을 더 버티다가 바벨론에게 멸망당한 남유다는 예루살렘성은 물론 절대 무너지지 않을 것이라 믿었던 솔로몬 성전까지도 완전히 파괴되는 수모를 당합니다. 그리고 남겨진 백성들은 바벨론의 포로로 끌려가 70년의 포로기를 통과하게 되었습니다.

그 기간 동안 이스라엘은 뼈를 깎는 갱신의 과정을 거칩니다. 그리고 드디어 역사의 수레바퀴가 돌아, 바벨론이 망하고, 바사, 즉 페르시아 제국이 출현하게 되죠.

주전 539년, 드디어 페르시아의 왕 고레스의 칙령이 발표됩니다. "새로운 시대가 열렸으니, 바벨론의 포로로 잡혀 왔던 이들은 고향 땅으로 돌아가도 좋다!"는 선언이었어요. 순간 70년간 그 땅에 끌려와 생을 이어 왔던 유대인들 가운데, 사모하던 예루살렘으로 돌아가 다시 하나님의 나라를 재건하기 원했던 이들이 짐을 꾸립니다. 바야흐로 1차, 2차, 3차 귀환이 시작된 것입니다. 가슴이 뛰었겠죠? 그러나 문제가 있었습니다. 그들을 기다리고 있던 것은 바로 차디찬 현실이라는 놈이었다는 것입니다.

그들의 형편을 헤아려 보십시오. 70년의 세월이 흘렀으니,

대부분의 포로 1세대들은 바벨론에서 세상을 떠났거나, 이미 노인의 모습을 띠고 있었을 것입니다. 따라서 실제 귀환 공동체에 속한 이들은 상당수가 그 땅에서 태어나 자란 2세, 3세, 빠르면 4세쯤 되었을 겁니다. 그런 이들이 돌아왔어요. 그런데 고향은 땅이 아니라 사람이라 하지 않던가요? 낯선 땅 예루살렘, 아는 사람도 별로 없는 그 동네는 그 자체만으로도 결코 쉽지 않았습니다. 날씨도 적응이 안 되었고, 농사도 제대로 지을 수 없었습니다. 게다가 그 땅에는 그들이 떠난 기간 들어와 자리를 잡은 이방인들, 또는 혼혈 민족들이 살고 있었습니다.

그중에 사마리아인들이 와서 묻습니다. "너희들 지금 뭐 하는 거냐?" "우리는 막 바벨론에서 돌아왔는데 이곳에 있던 성전을 재건하려고 해." "그렇다면 우리도 도와줄게." "고맙지만 이 일은 우리끼리 할게." "뭐? 도와준다는데도 거절해?" 그들의 마음이 상했습니다. 심술을 부리고 치밀하게 방해 공작을 폅니다. 곧 정권이 바뀐 페르시아의 중앙 정부에다 투서를 넣은 것입니다. "페르시아 왕이여, 저 유대 놈들이 다시 돌아와 성전을 재건한다 하는데, 그렇게 되면 저놈들은 반드시 나라의 독립을 꿈꾸고 반역을 시도할 것입니다. 그러면 세금도, 조공도 바치지 않을 것입니다. 그러므로 성전 재건을 위한 공사는 중단시키는 것이 가한 줄 아뢰오." 그럴듯하죠? 그 결과, 중앙 정부에서 행정 서신이 내려왔어요. "진위 파악 중, 공사 일시 중단!"이라고 말입니다.

결국 풍운의 꿈을 안고 돌아왔던 유대인들은 성전 재건이라는 멋진 꿈을 펼쳐 보기도 전에 "공사 중단"이라는 행정 명령 앞에 서야 했습니다. 황망했겠죠. 그런데 문제는, 그들이 은근히 그 상황을 좋아했다는 사실입니다. 어째서입니까? 일면 이해는 됩니다. 귀환한 그들은 당장 그곳에서의 생존을 위해 뭔가를 해야 했기 때문입니다. 고향 땅은 맞지만, 바로 사태 파악이 된 거죠. 고생길이 훤합니다.

일단 사회의 인프라 자체가 없습니다. 그런데 당장 이번 달부터 먹고는 살아야 하잖아요. 가족들도 돌봐야 하고, 새로운 사회에서 경쟁하며 소위 출세도 해야 하는데, 그런 상황 중에 '마침' 공사 중단이라는 통보를 받았으니, 비록 겉으로는 '어?' 했지만 속으로는 '앗싸!' 한 겁니다. '안 그래도 많이 버겁고 힘들었는데… 마침 행정 명령이 내려 왔어!'

그러고는 완전히 손을 놓고 현실과 타협합니다. "무슨 우리 형편에 성전 건축이냐? 꿈이 너무 야무졌다." 그리고 각자도생의 길로 향해요. "우리 집이나 잘살아야지. 먹고살 궁리부터 해야지. 일단 출세부터 해야지." 아 그랬는데 그것이 그만, 한 해 두 해, 하다가 자그마치 15년이라는 세월이 훌쩍 지나가 버린 것입니다.

바로 그때, 그런 이스라엘 앞에 학개 선지자가 나타났습니다. 학자들은 그의 나이를 포로기 전, 즉 솔로몬 성전의 '영광'을 기억하고 있었던 80-90세쯤 되었을 것이라 추측합니다. 그 노종이 일어나 입을 열어, 하나님의 안타까운 마음을 선포하기 시작한 거예요.

만군의 여호와가 말하노니 너희는 자기의 행위를 살필지니라 학1:7

그리고 하나님의 명령을 전합니다.

너희는 산에 올라가서 나무를 가져다가 성전을 건축하라 그리하면 내가 그것으로 말미암아 기뻐하고 또 영광을 얻으리라 여호와가 말하였느니라 학1:8

순간 하나님의 은혜가 임하였고, 놀랍게도 백성들이 하나님의 말씀에 순종하여 애를 쓰고, 또 페르시아 정부 쪽에서도 "허락"의 조서가 내려옵니다. 마침내 그들은 다시 열심히 성전 건축을 시도하고 마무리하여, 다리오왕 제6년, 즉 주전 515년에 드디어 두 번째 성전을 봉헌하게 되었습니다. 자, 그런 배경 하에 질문해 보시죠. "그날 이스라엘 백성에게 선포된 학개 선지자의 메시지는 오늘 우리에게 무슨 의미가 있습니까?"

성전을 재건하라

우선 학개서의 핵심 메시지는 "하나님 백성의 우선순위"에 대한 것입니다. 그 삶의 우선순위를 회복하라는 거예요. 1장

1절 배경 설명에 이어지는 2절부터의 말씀은 하나님의 백성들을 향한 불타는 마음을 잘 보여 줍니다.

만군의 여호와가 이같이 말하여 이르노라 이 백성이 말하기를 여호와의 전을 건축할 시기가 이르지 아니하였다 하느니라 여호와의 말씀이 선지자 학개에게 임하여 이르시되 이 성전이 황폐하였거늘 너희가 이때에 판벽한 집에 거주하는 것이 옳으냐 그러므로 이제 만군의 여호와가 이같이 말하노니 너희는 너희의 행위를 살필지니라 학1:2-5

처음 고레스왕의 칙령을 듣고 예루살렘으로 향할 때, 그들의 가슴은 불타고 있었을 겁니다. 하나님과 민족을 향한 열정에 사로잡혔습니다. 하지만 막상 현실에 부딪쳐 보니, 성전 재건은 정말 꿈같은 이야기였습니다. 당시 예루살렘은 잘 발달된 도시가 아니라 여전히 황폐한 땅이었습니다. 집도 제대로 없었고, 그저 돌과 흙뿐이었습니다. 사실 제대로 농사를 지을 밭도 준비되어 있지 않았습니다. 문자 그대로, '그라운드 제로'(Ground Zero), 그것이 그 땅의 형편이었어요.

틀림없이 그들은 당장 생존의 문제에 시달렸을 겁니다. 먹고살아야 했습니다. 그런데 제대로 된 일자리도 없고 도와주는 이도 없습니다. 게다가 여러 방해 공작들과 장애물들이 있었습니다. 그 땅에 살고 있던 타민족들은 돌아온 유대인들이 여차하면 반란을 일으킬 것이라 모함했고, 공사를 계속하면 죽이겠다는 위협도 가했습니다. 그 결과 성전 재건이라는 꿈은 1년도 못 되어 거의 포기 단계에 이르고 말았습니다. 힘이 쭉 빠진 거죠.

특히 2절을 보면, 당시 이스라엘 백성이 했던 말이 나옵니다. "여호와의 전을 건축할 시기가 이르지 아니하였다." 그들이 현실적이 된 것입니다. "상황을 보니 아직은 때가 무르익지 않은 것 같다. 그래, 일단은 우리가 살고 봐야지. 게다가 나라에서 정식으로 공문까지 오지 않았나? '공사 일시 중단'이라고 말야." 타이밍이 기가 막혔어요. 마침 잘된 겁니다.

이제 그들은 각자 자기들의 집부터 짓고, 자기들의 땅을 일구며 또 자기들의 자녀들을 키우는 일부터 몰두합니다. 풍운의 꿈을 안고 와서 시작한 성전 재건 프로젝트! 하지만 그 사명을 회피할 만한 좋은 핑곗거리가 생긴 겁니다. "상황이 허락지 않으니 할 수 없지. 어차피 이 일은 우리 일이 아닌 것 같아. 우리가 아니면 후손들이 상황을 봐서 해내겠지. 우리는 우리 인생부터, 우리 집부터 챙겨야 할 것 같아."

하나님의 시간들

학개서에는 무척 흥미로운 점이 하나 드러납니다. 그것은 유독 하나님의 말씀이 임한 시기와 일을 시행하는 날짜를 정확히 기록하고 있다는 것입니다. 즉 학개서에는 다섯 번에 걸친 정확한 날짜가 표기되어 있어요. 시기도, 숫자도 계속 반복적으로 나옵니다. 이게 무슨 뜻일까요? 예, 하나님이 그 시기와 시간을 하나하나 지켜보셨고, 또 세고 계셨다는 뜻입니다. 그 시간은 바로 '하나님의 시간'이었다는 거예요.

흥미롭게도, 지금 이스라엘 백성은 "아직은 때가 아니다"라고 말하고 있잖습니까? 그런데 하나님은 "지금이 그때다"라고 하십니다. 우리도 종종 "때가 아니다"라고 말하곤 하죠. 사실 우리는 불리해질 때마다 이유들을 찾습니다. 상황도 안 되고, 돈도 없고, 사람들도 모자라고, 그래서 벽돌을 쌓아 올릴 인력도 충분치 않고, 게다가 사마리아 사람들이 와서 협박하는데, 마침 중앙 정부에서는 "공사 중단"이라는 압력을 가하고 있습니다. 그러므로 "아직 때가 아니다"라고 우리 말해요. 그런데 그럼에도 불구하고 그들이 움직여야 할 이유가 있었습니다. 그것은 하나님이 "지금이 그때다"라고 말씀하시기 때문입니다.

신앙생활을 해 나갈 때, 종종 그런 일들이 일어나곤 해요. '이번 주일에는 꼭 일찍 일어나 온 가족이 함께 교회에 가 정성껏 예배해야지.' 오랜만에 용한 생각을 했는데, 아침에 일어나 보니 막내아이가 열이 좀 나요. 뭐죠? '마침'입니다. 그러면 '그냥 하루 쉬자' 하는 거예요.

또 다른 집에서는 일찍 일어나 예배드리러 갈 준비를 잘 했는데 '마침' 별것도 아닌 일로 아내와 남편이 티격태격해요. "에이, 기분 나빠. 나 오늘 교회 안 가!" 합니다. 이것도 '마침'이에요. '내일 아침에는 새벽 기도회에 한번 가야겠다' 결심했는데,

아침에 눈을 떠보니 많이 피곤해요. 그런데 '마침' 밖에 주룩주룩 비가 옵니다. '그러면 내일부터….' 그렇게 되는 겁니다.

이런 예는 끝없이 들 수 있습니다. 작정을 하고 이번 달부터 '온전한 십일조 생활을 해야겠다' 마음을 먹었는데, '마침' 금요일 밤 동생네서 급히 돈을 쓸 일이 생겼다고 전화가 옵니다. '급한데 어떻게 해….' 그러곤 넘어가는 거죠. 다음 달이 되면, '마침' 차를 바꿀 때가 되었으니 '그다음달부터…' 그렇게 되는 것입니다.

이번 해부터 성심껏 봉사해 보려 했는데, '마침' 나보다 어린 권사가 여전도회 회장이 되었네요. 그럼 '나는 선배인데 뭘 나까지 나서' 하는 겁니다. '마침' 핑곗거리가 생겼네요. 그래서 미루고 미루고 하다가, 결국은 아무것도 안 합니다.

"'마침' 공사 중단이라 하니, 하기 싫었는데 잘되었다. 그만 합시다." 예, 그것이 바로 이스라엘의 문제였습니다. 바로 그 순간, 그들 앞에 하나님이 갑자기 손을 드셨습니다. 그리고 문제 제기를 하세요.

> 이 성전이 황폐하였거늘 너희가 이때에 판벽한 집에 거주하는 것이 옳으냐 … 내 집은 황폐하였으되 너희는 각각 자기의 집을 짓기 위하여 빨랐음이라 학1:4, 9

하나님이 언짢으신 겁니다. 그날 당신이 원하셨던 것은 포로에서 귀환한 이스라엘 백성이 성전을 재건하고, 그들 삶의 가장 앞자리, 가장 중앙에 하나님을 모시고 살아가는 것이었습니다. 그런데 지금 당신의 백성들이 이 핑계 저 핑계로 맡겨진 사명을 망각하고서 자기들의 집부터 짓고, 자기들이 먹고살 길부터 찾는 걸 보시고는 언짢으셨습니다. 그래서 말씀하세요.

그러므로 이제 만군의 여호와가 이같이 말하노니 너희는 너희의 행위를 살필지니라 학1:5

"너희가 어떻게 했는지 정말로 한번 살펴보라"는 말씀입니다. "진짜 뭐가 문제인지를 따져 보라"는 겁니다. 그날 그들의 진짜 문제는 건축 자재가 부족한 것이 아니었습니다. 사마리아 사람들이 방해를 한 것도 아니었습니다. 진짜 문제는, 저들에게 하나님에 대한 열정, 하나님을 향한 헌신이 더 이상 자리하지 않고 있다는 것이었습니다. 그런데 '마침' 행정 명령까지 내려왔겠다, 순간 너도나도 그 손을 놔 버린 것입니다. 혹시 이스라엘 백성의 모습과 핑계 속에서, 하나님의 부르심을 아는데도, 차일피일 미루며 살아가고 있는 나의 모습을 보고 있는 분은 없습니까?

"주님, 알겠습니다. 제 인생, 주님의 것입니다. 주의 영광을 위해 살겠습니다. 충성하겠습니다. 헌신하겠습니다." 눈물로 고백하던 때가 내게 분명 있었습니다. "주님!" 그분의 이름을 부르기만 해도 가슴이 뛰고, "교회!" 그러면 늘 안타깝고 더 잘해 보려는 마음이 들던 때가 우리에게 있었습니다. 그런데 어느덧 세월의 흐름 속에 이런저런 풍파가 우리의 발목을 잡고 있는 겁니다. 그 순간, 나도 모르는 사이, 이렇게 말하는 나를 발견하는 거죠. "나야 그러고 싶지. 나야 예수님을 더 뜨겁게 믿고 싶지. 나야 더 충성하고 싶지. 그러나 지금은 아직 때가 아니야. 지금은 아직 형편이 녹록지 않아. 훗날 기회가 오면 그때…."

정말 상황이 문제입니까? 하나님의 사람으로 뜨겁게 섬기고 헌신하고 말씀으로 사는 일들이 정말 '상황' 때문에 미뤄지고 있는 것입니까? 우리가 갖고 있는 핑계들이 과연 정당한 이유 맞습니까? 혹시 '그냥 하기 싫은 마음'이 진짜 이유는 아닙니까? 그런데 그 순간 하나님이 말씀하시는 겁니다. "아니다. 그게 본질이 아니다. 진짜 문제는 네 삶의 우선순위가 잘못된 거다."

그것이 바로 학개 선지자의 외침이었습니다. "이스라엘아, 정신 차리고 지금 너희의 삶에 무슨 일이 일어나고 있는지를 보라!" 그 결과 오늘 너희의 삶이 어떻게 되어 가고 있는지 현실을 냉정히 판단해 보라는 말씀이에요.

> **너희가 많이 뿌릴지라도 수확이 적으며 먹을지라도 배부르지 못하며 마실지라도 흡족하지 못하며 입어도 따뜻하지 못하며 일꾼이 삯을 받아도 그것을 구멍 뚫어진 전대에 넣음이 되느니라** 학 1:6

예? 뭐라고요? 혹시 이 말씀을 대하면서 '이것이 오늘 내 삶에 일어나고 있는 모든 문제의 원인이 아닐까?'라는 질문을 해 보십시오. 이상하게, 될 듯한데 실제로는 잘 안되고 있는 그 이상한 상황 말입니다. 지금 하나님이 그걸 말씀하시는 것입니다. "많이 뿌려 봐라. 수입이 적게 될 것이다. 먹어 봐라. 배부르지 못하게 될 것이다. 마셔 봐라. 흡족하지 못하게 될 것이다. 입어 봐라. 따뜻하지 못하게 될 것이다. 삯을 받아 봐라. 구멍 뚫어진 주머니에 넣는 형국이 될 것이다."

이 목록을 살펴보세요. 곡식을 뿌리고, 거두고, 먹고, 마시고, 옷 입고, 일해서 월급을 받고… 이는 우리가 오늘도 매일 하고 있는 일들입니다. 정말 죽어라 애를 쓰며 살고 있어요. 그런데 문제가 있습니다. 그렇게 수고하며 달려가는데, 현실은 노력한 만큼 나아지지를 않는 겁니다. 늘 부족합니다. 잘 안되었습니다. 그런데 지금 하나님이 그 이유를 말씀하시는 거예요. "그거 아니? 그거 내가 그랬어." 바로 그 뜻입니다.

너희의 행위를 살필지니라

하나님이 바라시는 것이 따로 있는데, 백성들이 그걸 뒤로 하고, 엉뚱한 것들에만 정신이 팔려, 아니 그것들에게로만 향하고 있는 모습을 보면서 말씀하시는 겁니다. "결국 그렇게 해서는 인생의 진정한 만족을 얻지 못하게 될 거다. 실은 너희가 그렇게 행하였기 때문에, 너희가 허덕이고 쪼들리는 것이다." 9절 말씀은 더 자세합니다.

> 너희가 많은 것을 바랐으나 도리어 적었고 너희가 그것을 집으로 가져갔으나 내가 불어 버렸느니라 나 만군의 여호와가 말하노라 이것이 무슨 까닭이냐 내 집은 황폐하였으되 너희는 각각 자기의 집을 짓기 위하여 빨랐음이라 학1:9

"너희들이 참 애썼지만, 내가 다 불어 버렸다"라는 말씀이죠. 왜요? "황폐한 모습으로 있는 내 집부터 세우라고 했는데, 너희가 그 말을 다 무시하고 너희들의 집부터 세우려고 서둘렀잖니? 그래서 내가 너희 집들을 다 불어 버린 거야." 그 뜻이에요. 이어지는 10절을 보십시오.

> 그러므로 너희로 말미암아 하늘은 이슬을 그쳤고 땅은 산물을 그쳤으며 내가 이 땅과 산과 곡물과 새 포도주와 기름과 땅의 모든 소산과 사람과 가축과 손으로 수고하는 모든 일에 한재를 들게 하였느니라 학1:10-11

왜 그렇게 잘 안되고 그 모든 수고와 일에 자꾸 "한재"가 든다고 하시죠? 하나님이 그리 하셨다는 겁니다. 왜요? 당신이 백성들에게 기대하셨던 우선순위가 있는데, 그게 잘못되어 있어 그렇다 하십니다. 그러니 "제대로 해라!"라는 말씀입니다.

오늘 우리도 수고하고 애쓰며 인생길을 걷고 있습니다. 비슷한 고민을 가지고 있고, 또 비슷한 씨름을 하고 있어요. '어떻게 하면 더 잘 살 수 있을까? 어떻게 하면 성공할 수 있을까? 어떻게 하면 좀 더 인정받는 직장에서, 더 안정적인 수입과 함께, 또는 더 좋은 사업을 하면서 아이들을 더 잘 키우고, 더 잘 결혼시킬 수 있을까? 또 어떻게 하면 은퇴 준비를 잘할 수 있을까?'

물론 그게 뭐가 잘못이겠어요? 하지만 학개 선지자를 통해 밝혀 주시는 하나님의 마음은 분명합니다. "그건 맞는데, 그것만 하는 게 문제다"라는 겁니다. 그분의 의도는 틀림없습니다. "아니다. 거기에 '무엇보다도 우선하는 우선순위'가 분명히 따로 있다." 그렇다면 우리는 뭘 어떻게 해야 합니까?

그러므로 이제 만군의 여호와가 이같이 말하노니 너희는 너희의 행위를 살필지니라 학 1:5

만군의 여호와가 말하노니 너희는 자기의 행위를 살필지니라 학 1:7

두 말씀이 똑같습니다. "사랑하는 아들아, 딸아, 참으로 수고하고 애쓴다. 그런데 왜 그렇게 잘 안되는 것 같니? 그 이유를 한번 헤아려 보련? 정말로 너희 각각 자신들의 행위를 잘 살펴보려무나. 정말로 네가 요즈음 어떻게 살고 있는지를 따져 보렴. 너희의 행위를 살필지니라."

오늘 우리는 우리의 하나님을 어떻게 대하며 살아가고 있습니까? "주님, 주님이 가장 중요합니다. 주님 한 분이면 충분합니다." 그런데 정말입니까? 정말로 그렇게 살고 있습니까? 아니면 말은 그렇게 하지만 실은, "주님, 저 요즘 바쁘거든요? 잠깐만 뒤로 물러나 주세요. 아니면 좀 교회에 가 계세요. 제가 주일에 찾아뵐게요." 그렇게 살아가고 있습니까?

그날 대제국 바벨론을 페르시아 왕국의 손에 붙이셔서 새 제국을 일으키신 여호와께서 이스라엘을 원래의 자리로 회복시켜 주시면서, 기대하신 바는 딱 한 가지였습니다. "이제 다시는 나를 멸시하지 말고 나와 함께, 나와 사랑하면서 나의 나라를 세워 주려무나."

이스라엘 백성의 옛 선조, 족장들에게는 '제단'이 있었습니다. 아브라함, 이삭, 야곱 등은 어디를 가나 제단을 쌓고 여호와의 이름을 불렀습니다. 출애굽 이후 광야 시대에는 '성막'이 있었습니다. 가나안 정착 후에는 실로의 '성소'와 왕정 시대에는 솔로몬의 '성전'이 있었습니다.

이를 통해 하나님은 늘 이스라엘 삶의 한가운데 함께하셨고, 거기서 이스라엘을 만나시고, 말씀하시고, 또 축복해 주셨습니다. 그래서 이스라엘은 절기만 되면 아무리 멀리 있어도 성전에 나아와 제사를 드렸고, 포로기를 통과할 때에도 성전이 있던 예루살렘을 향해 창문을 열고 기도하며 사모하는 삶을 살았습니다. 성전은 늘 그들에게 있어 하나님의 살아 계시는 실재요, 처소요, 삶의 중심이었습니다. 그래서 지금 그 땅에 돌아온 백성들에게 하나님은 "나의 성전을 재건하라!" 요구하셨던 것입니다.

그런데 이스라엘이 조금 순종을 하는 듯하다가 '마침' 일이 생기니까 '옳거니' 하면서, "상황이 안 되니, 아직 때가 아닌가 보다" 하고서 그 손을 놓아 버린 것입니다. 그때 하나님이 그들의 마음속을 보신 겁니다. 안타까워서 말씀하세요. "내 집은 그렇게 황폐하게 해 놓고, 너희는 그렇듯 판벽한 집, 깔끔하고 멋지게 꾸며 놓은 집에 거한다고? 그게 말이 된다고 생각하느냐?"

하나님이 지금 마음이 많이 상하셨습니다. "흠… 그렇다면 너희들 어디 수고 한번 해 봐라. 열심히 뛰어 봐라. 그런데 너희가 그런다고 너희의 땅과 산에 곡물이, 기름이, 소산이, 육축이, 그 손으로 수고하는 모든 일이 정말로 잘될 듯싶으냐?" 그 말씀입니다.

혹시 우리 하나님을 심술궂은 하나님으로 여기지 말기 바랍니다. 하나님은 그때나 지금이나 조금도 변함이 없으세요. "나를 청종하라. 내가 여기 있노라. 먼저 나를 너희 인생의 중심에 놓으렴. 그게 맞아. 사랑하는 내 백성아, 내가 너희를 사랑한다. 나와 함께 가자." 그분은 오늘도 변함없이 동일한 말씀으로 우리에게 다가오십니다.

너는 범사에 그를 인정하라 그리하면 네 길을 지도하시리라 잠 3:6

가정도 마찬가지이며 교회도 그렇습니다. 하나님은 우리를 당신의 몸 된 교회로 부르시면서 말씀의 공동체, 예배의 공동체, 복음의 공동체, 생명의 공동체, 헌신의 공동체가 되기를 기대하셨습니다. 그래서 우리 기꺼이 그 수고를 감당하려고 애를 씁니다. 당연히 수고롭죠. 그러다 보니 불편한 점들이 하나둘 생겨나요. 당장 눈앞의 문제들부터 해결해야 할 듯싶습니다.

"목사님, 생각해 보세요. 오늘날 과연 누가 하나님의 그 큰 기대만큼 당신을 사랑하고, 몸 된 교회를 사랑하고, 희생하고 헌신하고 손해 보려고 합니까? 다들 자기 살기 바쁜데요. 또 다른 사람도 그만큼 안 하는데요. 이해 좀 해 주세요."라고 합니다. 어떤 분은 "이것 먼저 해 놓고, 여유가 되면 그때 하겠습니다" 하며 일단 뒤로 미루어 놓습니다.

심지어 어떤 분은 직분을 받을 때 감격 속에 하나님께 올려드렸던 자신의 기도조차 잊어버린 채 분주하게 자기의 인생길을 걷기도 합니다. 그러면서 먼저 대접받기를 좋아합니다. 먼저 인정받고 존중받기를 좋아합니다. 하지만 헌신하고 섬기는 것은 별로 원하지 않습니다. "주님이요? 교회요? 하나님의 나라요? 알죠. 하지만 제가 요즘 좀 바쁜 것 아시잖아요? 주일에 한 번 예배드리러 나와 주는 것만으로도 대단한 겁니다. 교회에 나와 주는 것, 주님 믿어 드리는 것, 예배드려 주는 것…, 다 그런 거예요."

어느 날부터 우리에게 그런 태도가 자리하게 되었는지 모르겠습니다. 마치 큰 선심을 쓰듯 예수를 믿습니다. 목사를 봐주는 양, 교회에 뭘 좀 해 주는 양 섬깁니다. "목사님, 좀 기다려 주세요. 제가 이것만 좀 해 놓고 여유가 생기면 그때 잘할게요. 보채지 좀 마십시오."

우선순위에 혼동이 있는 겁니다. 아니 완전히 잘못되어 있는 것입니다. 하나님은 늘 내가 1등인데, 나에게 있어 하나님은 늘 2등이에요. 말은 1등이라고 하죠. 하지만 실상은 늘 2등입니다. 김진선 작가의 "하나님은 3등입니다"라는 글을 소개하고 싶습니다.

"1등은 하고 싶은 일, 2등은 해야 하는 일, 3등은 하나님 만나는 일. 하고 싶은 일 다 하고, 해야 하는 일도 다 마치고, 그 후에 여유가 있으면 하나님을 만나 줍니다. 하나님은 3등입니다. / 어려운 일이 생길 때도 하나님은 3등입니다. 내 힘으로 한번 해 보고, 그래도 안 되면 가까이 있는 사람에게 도와 달라고 하고, 그나마도 안 될 때 하나님을 부릅니다. 하나님은 3등입니다. / 거리에서도 3등입니다. 내게 가장 가까이 있는 것은 나 자신, 그다음은 내 마음을 알아주는 사람, 그다음에야 저 멀리 하늘에 계신 하나님이십니다. 하나님은 3등입니다.

그런데 하나님께 나는 1등입니다. 무슨 일이 있어도 내가 부르기만 하면 도와주십니다. 내가 괴로워할 때는 만사를 제쳐놓고 달려오십니다. 아무도 내 곁에 없다 생각 들 때는 홀로 내 곁에 오셔서 나를 위로해 주십니다. 나는 하나님께 언제나 1등입니다. / 나도 하나님을 1등으로 생각했으면 좋겠습니다. 만사를 제쳐놓고 만나고, 작은 고비 때마다 손을 내미는 나도 하나님을 1등으로 모셨으면 좋겠습니다. / 내게 1등이신 하나님을 나도 1등으로 모시고 싶습니다."

그분은 당신의 사랑하는 백성들이, 오늘도 당신을 가장 중요한 분으로 여기며 믿음의 삶을 걸어가기를 기대하세요. 인생의 '성전'부터 제대로 지어야 하는데, 인생의 '집'부터 지어 보려고 애쓰는 이들, 주님은 그들을 기뻐하지 않으십니다.

하나님이 기뻐하시는 것이 어떤 것인지를 압니다. 하지만 일부러 모르는 척하기도 하고, 또 여러 가지 핑계들을 대면서 하나님의 우선순위를 일부러 인정하지 않는 이들이 오늘도 세상에는 많이 있습니다. 그런데 분명히 아십시오. 하나님은 모든 것을 다 알고 계십니다.

물론 하나님은 선하시고 인자하십니다. 하지만 그보다 더 중요한 것은 하나님이 당신의 백성을 정말로 사랑하신다는 것이거든요. 그래서 그분은 당신이 할 수 있는 일, 그래서 우리에게 꼭 필요한 일을 하십니다. 가장 쉬운 것이 무엇입니까? 그들의 수입을 제한하시는 겁니다. 그들의 소유를 결단코 늘리지 않으세요. 수고하고 애쓰지만, 당신의 손으로 그 길목을 누르고 계신 거예요.

그러므로 이제 만군의 여호와가 이같이 말하노니 너희는 너희의 행위를 살필지니라 너희가 많이 뿌릴지라도 수확이 적으며 먹을지라도 배부르지 못하며 마실지라도 흡족하지 못하며 입어도 따뜻하지 못하며 일꾼이 삯을 받아도 그것을 구멍 뚫어진 전대에 넣음이 되느니라 만군의 여호와가 말하노니 너희는 자기의 행위를 살필지니라 학1:5-7

"우선순위부터 회복하라!"는 것입니다. 그것이 그날 포로기에서 돌아온 이스라엘에게는 '성전 재건'이라는 문제로 자리하게 되었던 것입니다.

백성이 다 여호와를 경외하매

"그렇군요. 그래서 '성전 재건'이라는 주제가 등장한 것이군요. 잘 알겠습니다. 그런데 목사님, 그래서요? 그래서 그 말씀을 들은 이스라엘이 어떻게 반응했나요?" 너무도 감사하게, 노선지자 학개의 외침을 들은 이스라엘 백성은 그날, 지도자로부터 백성들에 이르기까지 복되게 반응했습니다.

스알디엘의 아들 스룹바벨과 여호사닥의 아들 대제사장 여호수아와 남은 모든 백성이 그들의 하나님 여호와의 목소리와 선지자 학개의 말을 들었으니 이는 그들의 하나님 여호와께서 그를 보내셨음이라 백성이 다 여호와를 경외하매 학1:12

학개는 참으로 행복한 선지자였음에 틀림없습니다. 지금까지 살펴보았던 아홉 명의 선지자들 메시지들은 거의 다 땅에 떨어졌다고 볼 수 있습니다. "회개하고 돌이켜라. 여호와께로 돌아가라!" 저들 목이 터져라 외쳤지만, 백성들은 그들의 메시지를 듣지도, 또 순종하지도 않았습니다. 그래서 결국 멸망으로 향했어요. 하나님의 심판이었습니다. 그런데 학개 선지자의 메시지를 들은 백성들은 웬일인지 바로 진지한 순종의 발걸음을 뗍니다. 저는 이것이 포로기를 통과하면서 그들이 받았던 '고난의 유익'이라 믿습니다.

그날 그들은 학개 선지자가 선포하는 메시지를 곧 '하나님의 말씀'으로 믿고 또 받았습니다. 와, 이스라엘이 많이 변했네요. 특히 하나님의 말씀을 받는 모습이 바뀌었습니다. 보통 고난을 통과하지 않은 성도들은 하나님의 말씀을 가볍게 생각하는 경향이 있습니다. 하나님의 말씀을 귀하게 여기지 않아요. 심지어 어떤 경우는 귀찮게 여기기도 하고, 때로는 잔소리로 여기기까지 합니다. '오늘 설교는 좀 심한데? 안 그래도 요즘 이것저것 쉽지 않은데, 내가 지금 교회까지 나와서 이런 부담스러운 소리를 듣고 있어야 해?' 하며 불평하기도 합니다.

그러나 같은 메시지를 들어도, 어려운 고난의 용광로를 통과해 본 사람은 좀 다르게 듣습니다. '어? 혹시 저 설교, 하나님이 나 들으라고 하시는 말씀 같은데? 그렇다면….' 고난은 우리를 진지하게 합니다. 우리를 영적으로 예민하게 해 줍니다. 그날 이스라엘이 그랬던 거죠. "너희들, 그렇게 하면 안 된다. 자기의 행위를 살펴보라." 그때 그들은 진지했습니다. 8절도 마찬가지입니다.

> **너희는 산에 올라가서 나무를 가져다가 성전을 건축하라 그리하면 내가 그것으로 말미암아 기뻐하고 또 영광을 얻으리라** 학 1:8

그러자 그들은 정말 산으로 가서 나무를 베고, 성전을 지었어요. 참 감동적입니다. 그래서 제겐 12절 말씀이 너무 귀합니다. 지도자들과 모든 백성이 같은 마음을 품은 것입니다.

> **모든 백성이 그들의 하나님 여호와의 목소리와 선지자 학개의 말을 들었으니 이는 그들의 하나님 여호와께서 그를 보내셨음이라 백성이 다 여호와를 경외하매** 학 1:12

저는 이 말씀 속의 기적이, 그 동일한 순종이 오늘 이 땅에 살고 있는 우리에게 그대로 일어나기를 소원합니다. 모든 성도가 학개서의 이 메시지를 인생과 가정과 교회 공동체를 향해 주시는 말씀으로 듣는 역사가 있기를 기도합니다. 그래서 그날 이스라엘에 일어났던 놀라운 변화의 역사, 회복의 역사가 동일하게 우리 삶에 일어나기를 갈망합니다.

기억하세요. 그날 이스라엘은 얼마든지 이렇게 반응할 수 있었습니다. "또 선지자야? 또 잔소리야? 또 시작이야?" 하지만 13절을 보십시오. 그들이 그날 하나님의 말씀을 청종하고 학개 선지자의 말을 하나님의 말씀으로 인정하자 무슨 일이 일어났습니까?

> 그때에 여호와의 사자 학개가 여호와의 위임을 받아 백성에게 말하여 이르되 여호와가 말하노니 내가 너희와 함께하노라 하니라 학 1:13

하나님이 그들의 선택을 보시고, 그 순종하는 모습을 보시고 약속하셨습니다. 어떤 약속입니까? "내가 너희와 함께하노라!" 언제요? 그들이 하나님의 말씀을 듣고, '정말로 순종해야지' 하고 생각을 바꾸었을 때입니다. 그때 이미 모든 상황은 종료되었습니다. 하나님의 축복이 이미 현재형으로 "내가 너희와 함께하노라" 하고 그들에게 임했습니다. 하나님이 "함께하노라" 하시면, 이미 모든 축복은 다 받은 것인 줄로 믿으십시오.

이제 그 일의 결국을 보겠습니다.

> 여호와께서 스알디엘의 아들 유다 총독 스룹바벨의 마음과 여호사닥의 아들 대제사장 여호수아의 마음과 남은 모든 백성의 마음을 감동시키시매 그들이 와서 만군의 여호와 그들의 하나님의 전 공사를 하였으니 그때는 다리오왕 제이년 여섯째 달 이

십사일이었더라 학 1:14-15

이스라엘 백성이 하나님이 원하셨던 대로 힘을 모아 결국 성전을 재건해 내었습니다. 그리고 이 과정을 통해 이스라엘도 먼저 하나님을 선택하고, 먼저 하나님을 청종하고, 먼저 하나님께 순종하는 삶의 방식을 '회복'하게 되었습니다.

먼저 그의 나라와 그의 의를 구하라
저희 부부는 인천의 부개동교회에서 자라났습니다. 그곳에는 학창 시절을 함께 통과한 동기들이 좀 많았어요. 족히 30명은 된 것 같습니다. 우리에게는 좋은 전통이 있었습니다. 학창 시절, 학교에서 밤 10시에 자율 학습이 끝나면 30-40분 정도 버스를 타고 동네까지 와서는 약속이나 한 듯 그 늦은 시간에 모두 교회로 몰려갔습니다. 그리고 교회의 지하 기도실로 내려가 마룻바닥에 무릎을 꿇고 앉아 기도하고 나서야 각자의 집으로 돌아갔어요. 그냥 그렇게 좋았습니다. 정말로 주님과 교회를 사랑했죠.

그런데 지금 와서 생각해 보니, 그때 주님을 사랑하고 교회를 사랑했던 동기들이 모두 축복을 받았습니다. 동기들 가운데 목사가 셋이나 나왔고, 의사, 간호사, 교사, 장교, 사업가도 나왔습니다. 모두 이 사회에서 든든히 자리를 잡고 충성하고 봉사하면서 지금껏 잘 달려가고 있습니다.

학개서의 말씀을 대하면서, 인생의 대소사에 있어 늘 하나님을 제일로 여기기로 다시 결단하는 성도들이 되기를 권합니다. 말씀대로 삶의 우선순위를 재조정하십시오. 저가 지혜롭습니다.

11
chapter

"성령" 여전하신 구원과 능력의 영
| 스가랴 |

이는 힘으로 되지 아니하며 능력으로 되지 아니하고
오직 나의 영으로 되느니라 | 슥 4:6

설교 영상

한 유대인 소년이 안타까운 마음으로 예언자에게 질문합니다. "선생님은 자그마치 15년간이나 계속하여 하나님의 말씀을 선포해 오셨는데, 어찌 된 일인지 세상은 전혀 바뀌지를 않네요. 그런데도 그 사역을 계속해 나가시겠습니까?" 그때 예언자는 이렇게 대답합니다. "얘야, 내가 예언을 하는 것은 세상을 바꾸기 위해서가 아니라, 세상이 나를 바꾸지 못하게 하기 위해서란다." 맞습니다. 하나님은 시대마다 당신의 마음을 이해하고, 말씀을 선포하며, 어떻게 해서든지 말씀대로 살아 내기 위해 몸부림치는 이들을 남겨 두셨습니다. 그 선지자들 한 명 한 명은 하나님의 이 세상을 향한 최후의 보루였습니다.

스가랴서 소개

지금까지 살펴 온 열 명의 선지자 중 아홉 명의 선지자, 즉 호세아부터 시작하여 스바냐까지는 포로기 이전, 즉 이스라엘이 멸망하기 이전에 말씀을 선포한 선지자들이었습니다. 그들은 어떻게 해서든지 하나님의 진노와 심판 앞에 서 있던 이스라엘을 회개케 하고, 백성들로 하여금 그 길에서 돌이키게 하려고 애를 썼습니다. 하지만 결과는 비참했습니다. 백성들은 선지자들의 메시지를 무시했고, 결국 처절한 심판을 받습니다. 북이스라엘은 앗수르에 멸망하여 흔적도 없이 사라졌고, 남유다 또한 바벨론에 의해 멸망하고, 끔찍한 포로기를 통과해야 했습니다.

물론 그 기간이 가져다준 유익도 있었습니다. 먼 이국땅 바벨론의 강가에서, 이스라엘은 자신들의 잘못을 돌아보며 회개하였고, 회당들을 중심으로 민족의 정체성과 신앙의 정절을 지켜 냈습니다. 70년이 지나자, 드디어 하나님은 새로운 제국 페르시아를 일으키셨고, 고레스왕을 통하여 유대인들의 귀환을 허락하십니다. 특별히 이사야 선지자는 그를 '하나님이 세우신 이방 왕'이라 명명했어요. 그도 그럴 것이, 고레스는 유대인들에게 단순히 "돌아가도 좋다"고 허락만 해 준 것이 아니라, 재정도 보태 주었고, 나아가 바벨론의 느부갓네살이 약탈해 간 성전의 기물들까지도 다 되돌려주라고 명령했기 때문입니다.

그렇게 이스라엘 백성은 세 차례에 걸쳐 고향 땅 예루살렘으로 귀환하기 시작했습니다. 앞서 학개서에서 살펴보았듯이, 예루살렘으로 돌아온 백성들은 감격 속에 성전 재건을 위한 기초를 놓으며 외쳤습니다. "최선을 다해 하나님의 성전을 재건해 냅시다!" 멋진 출발이었습니다.

하지만 무슨 일이 일어났죠? 그간 그 땅에 들어와 살고 있던 사마리아인들이 방해를 시작합니다. 위협하고 조롱했으며, 심지어 거짓 음모를 꾸며 페르시아 중앙 정부로 투서까지 보냈습니다. 그 결과 "공사 일시 중단"이라는 행정 명령이 내려와요. 바로 그 순간, 기억하십니까? 안 그래도 버거웠는데 '마침' "공사 일시 중단"이라는 공문까지 내려왔으니, 그들 기다렸다는 듯이 공사를 중단하고 맙니다. 자그마치 15년 동안이나 말입니다. 잠시 당시의 상황을 보여 주는 에스라 5장 말씀을 참고해 보겠습니다. 성전 재건이 멈추어 있던 어느 날이었습니다.

> 선지자들 곧 선지자 학개와 잇도의 손자 스가랴가 이스라엘의 하나님의 이름으로 유다와 예루살렘에 거주하는 유다 사람들에게 예언하였더니 이에 스알디엘의 아들 스룹바벨과 요사닥의 아들 예수아가 일어나 예루살렘에 있던 하나님의 성전을 다시 건축하기 시작하매 하나님의 선지자들이 함께 있어 그들을 돕더니 스 5:1-2

드디어 하나님이 예비하신 네 명의 리더들이 동역을 시작했습니다. 스룹바벨은 정치 지도자였고, 예수아는 제사장, 즉 종교 지도자였습니다. 그리고 학개와 스가랴는 예언 사역을 감당하는 하나님의 선지자들이었습니다.

백성들을 향해 먼저 포문을 연 선지자는 학개였습니다. 앞 장에서 살펴보았듯이, "삶의 우선순위를 분명히 하라"는 도전적인 메시지가 주어졌습니다. 그리고 두 달 후, 선지자 스가랴가 이어서 예언합니다. 그 후에 또다시 학개가 배턴을 이어받아 예언합니다. 정말 아름다운 동역이었습니다.

먼저 선포된 학개 선지자의 메시지는 짧고 강력했습니다. "정신 차려라. 너희 도대체 뭐 하고 있는 게냐?" 책망이 주를 이루는 남성적인 메시지, 이에 비해 스가랴 선지자의 메시지는 조금 여성적이었다 할 수 있습니다. 물론 그도 '회개'를 강조합니다. 하지만 그 내용은 자상한 격려와 위로가 주를 이룹니다. 어머니의 마음이라고나 할까요?

그리고 감사하게도, 두 선지자의 메시지를 통해 이스라엘이 변화되기 시작합니다. 동시에 페르시아의 중앙 정부에도 하나님의 은혜가 임하여 사실 확인이 이루어졌고, 결국 성전 재건 움직임이 다시금 시작됩니다. 그리고 4년 후, 드디어 예루살렘 성전이 완공되는 놀라운 일이 이루어졌습니다.

사실 스가랴서는 열두 개의 소선지서 가운데 가장 난해한 책으로 꼽힙니다. 스가랴서를 읽은 분들은 느꼈을 겁니다. 일단 내용이 가장 길고, 또 그 안에 담긴 여덟 개의 환상들을 해석해 내는 것이 여간 어렵지 않아요.

잠깐 전체 내용을 개관해 보면, 1장에는 이스라엘의 회개를 촉구하는 설교가 나오고, 이어 1장 후반부부터 6장에 이르기까지 여덟 개의 환상이 이어집니다. 첫 번째 환상은 '붉은 말을 타고 화석류 사이에 서 있는 사람의 환상'이고, 두 번째는 '네 뿔과 네 대장장이에 관한 환상'입니다. 세 번째는 '측량줄을 가진 사람에 관한 환상'이고, 네 번째는 '대제사장 여호수아에 관한 환상'입니다. 이어 다섯째가 '순금 등대의 환상'이고, 여섯째가 '날아다니는 두루마리의 환상'이며, 일곱 번째가 '에바 속 여인의 환상', 그리고 마지막 여덟 번째가 '네 병거의 환상'입니다. 그중에 앞의 다섯 개는 '회복, 격려, 축복이 담긴 긍정적인 환상'이고, 뒤의 세 개는 '경고와 경계가 담긴 부정적인 환상'이라 할 수 있습니다.

그러고 나서 이어지는 7장에는 '금식'이, 8장에는 '회복'이, 그리고 9장부터 14장까지는 메시아의 오심에 대한 '예언'이 담겨 있습니다. 이제 스가랴서에 담긴 세 가지 중요한 주제를 다루면서, 그날 주어진 하나님의 말씀이 오늘의 우리에게 무슨 의미가 있는지를 묵상해 보겠습니다.

내게로 돌아오라

가장 먼저 다루려 하는 주제는 "내게로 돌아오라" 말씀하시는 하나님의 "회개 촉구"입니다. 특히 회개와 돌이킴의 방법으로 하나님은 "과거의 역사를 통해 배우라"고 제안하십니다. 구체적으로는 조상들 가운데 하나님이 어떻게 일하셨는지, 또 앞선 선지자들의 말씀이 그들의 역사 가운데 어떻게 성취되었는지를 보고 배우라는 것입니다. 오늘 우리 같으면, 지난 교회사를 통해서, 또 개교회의 지난 역사를 통해서, 그리고 지금까지 우리 믿음의 여정을 통해 체험한 하나님의 역사를 보고 배워 잘못된 데서 돌이키라는 말씀이었습니다.

사실 우리에게는 늘 새로운 것을 찾는 경향이 있습니다. 말씀도 이왕이면 새로운 말씀, 마음에 확 와닿는 말씀, 더 큰 충격으로 나를 뒤집어 놓을 말씀을 기대하고 찾습니다. 하지만 사실 선지자들의 시대나 오늘의 시대나 공히, 하나님의 말씀은 특별히 새로운 것을 이야기하지 않습니다. 오늘 우리에게 필요한 하나님의 말씀과 역사적 증거는 이미 충분히 주어져 있기 때문입니다. 따라서 정작 중요한 것은 이미 우리에게 주어져 있는 과거의 말씀들과 깨달음들을 오늘 다시금 재확인하고, 새롭게 받아들이는 것입니다.

역사학자 리처드 니버(Richard Niebuhr)는 외쳤습니다. "기독교의 위대한 개혁은 여태 몰랐던 것을 새로 찾아야 이루어지는 것이 아니다. 그것은 이미 있는 것을 전혀 다르게 볼 때 일어난다." 새로운 것보다, 이미 주어져 있는 것을 새롭게 깨달을 때 개혁이 일어난다는 뜻입니다.

하나님은 우리에게 이미 충분히 말씀하셨고, 우리 또한 충분히 들었습니다. 수백 편, 아니 수천 편의 설교를 이미 들었고, 이해했고, 은혜 받았고, 또한 결단했습니다. 그런데 중요한 것은 과거의 배움과 체험을 '오늘의 말씀과 도전'으로 받아들이는 것입니다. 지금 스가랴 선지자를 통해 하나님이 그 도전을 하시는 겁니다. "과거로부터 도대체 뭘 배웠냐?"는 것입니다. 선조들을 통해서, 그들의 죄악과 하나님의 심판을 통해서, 결국 포로기를 통해서 무엇을 배웠는지를 정말로 "돌아보라"는 것입니다. 그리고 돌이키라는 거예요.

> 그러므로 너는 그들에게 말하기를 만군의 여호와께서 이처럼 이르시되 너희는 내게로 돌아오라 만군의 여호와의 말이니라 그리하면 내가 너희에게로 돌아가리라 만군의 여호와의 말이

니라 슥1:3

하나님은 변함없으십니다. 당신의 백성들이 "돌아오라"는 말씀을 듣고 돌이키는 것을 원하셨습니다. "이스라엘아, 잘 생각해 봐라. 네 조상들에게 내가 얼마나 많은 선지자들을 보냈느냐? 그런데 너희들이 끝까지 회개하지 않고 그리 살다가 어떻게 되었는지를 보아라. 그들 모두 끝까지 패역을 고집하다가 결국 심판을 받지 않았느냐? 그래서 다 흩어지고, 멸망하고, 포로가 되고, 세상의 조롱거리가 되지 않았느냐? 그런데 너희는 왜 아직도 그 죄악과 심판과 포로기의 역사를 보며 교훈을 얻지 못하고, 아직도 나를 경외하지 않느냐? 빨리 내게로 돌아오라. 회개하라. 그러면 내가 긍휼을 베풀어 주리라."

스가랴서에서 우리가 가장 먼저 확인하는 하나님의 마음이 바로 그것입니다.

너희 조상들을 본받지 말라 슥1:4

너희 조상들이 어디 있느냐 또 선지자들이 영원히 살겠느냐 슥1:5

내가 나의 종 선지자들에게 명령한 내 말과 내 법도들이 어찌 너희 조상들에게 임하지 아니하였느냐 슥1:6

조상들, 선배들을 보라는 것이 무슨 의미입니까? 그때의 경험들을 통해 배운 것을 잊지 말라는 것입니다.

저는 인천 사람이라 학창 시절 종종 월미도나 소래 쪽에 가서 망둥어를 잡았습니다. 먹으려고 잡은 것이 아니라 재미로 잡은 거죠. 그러니까 잡았다가도 그놈이 불쌍해 보이면 곧바로 놔 주곤 했습니다. 그런데 웃기는 건, 그놈이요… 잡았다가 놔 주면 빨리 도망을 가야 하는데, 도망을 안 가요. 대신 그 근처에서 어물쩡대다가 또 뭅니다. 그 친구의 입을 보면 아는 거죠. 이 꺼벙한 친구가 5분 전의 과거로부터 배우는 게 전혀 없습니다. 조금 전에 자기가 어디에 갔다 왔는지를 금방 잊고, 입이 다 터졌는데도 그걸 또 물고 있어요.

이스라엘이 그랬다는 겁니다. 하나님의 손길을 맛보고 혼도 났는데 돌아오지 않습니다. 과거를 잊었어요. 우리도 그럴 수 있습니다. 성경 속에서 하나님을 무시하다가 큰일을 당했던 이들이 많죠. 시기심에 눌려 최초의 살인을 저질렀던 가인, 하나님을 떠나 죄 가운데 행하다가 홍수로 심판받은 사람들, 소돔과 고모라의 죄악 가운데 거하다가 멸망을 당한 이들, 끝까지 완고하게 반응하다가 열 가지 재앙을 고스란히 받아야 했던 애굽 왕 바로, 하나님의 기적을 목도하고도 또다시 불평하고 원망하다가 불 뱀에 물린 이스라엘 백성, 탐심으로 인해 불순종하고 결국 가문 전체가 심판을 받았던 아간 등. 하나님이 우리의 직접, 간접 경험을 통해 가르쳐 주신 '영적인 진리'는 분명합니다. 그것들을 무시하지 말라는 겁니다. "여호와께로 돌아오라"가 바로 그 말씀입니다.

3대째 목회자 집안 출신인 선배님이 한 분 계십니다. 비교적 젊은 나이에 교회를 개척했는데, 한 달 만에 몇 명이 되고, 두 달째 되니 몇 명이 되고, 세 달째 되니 또다시 몇 명이 모이면서, 교회가 너무 잘되더라는 거예요. 그러던 중 드디어, 고대하던 아버지 목사님이 아들의 교회를 방문하게 되셨습니다. 왜, 아들들은 아버지에게 인정받고 싶어 하잖습니까? 교회를 함께 둘러보면서 마구 자랑을 하셨대요. 그런데 잠잠히 아들 목사의 이야기를 듣고 있던 아버지 목사님이 떠나면서 딱 한마디를 하셨답니다. "야, 꼭 니가 목회하는 것 같다?"

순간, 목사님은 망치로 한 대 얻어맞은 듯 충격을 받았고, 큰 깨달음을 얻으셨습니다. 그리고 그날 이후 평생을, 무슨 일만 있으면 아버지 목사님이 하셨던 말씀을 반복하여 떠올리곤 하셨답니다. '그렇지…. 내가 하는 게 아니라 주님이 하시는 거지.'

지난 여정 동안 체험했던 하나님의 은혜, 손길, 선하심을 기억해 보십시오. 반대로 기도하지 않고서 내 맘대로, 내가 앞서서, 또 내 경험을 의지하고, 내 재정을 의지하며 나가다가 큰코다쳤던 일도 떠올려 보세요. 그리고 그 과거로부터 배우십시오.

스가랴서에서 하나님이 그 말씀을 하시는 겁니다. "내게로 돌아오라. 회개하라. 다시 시작하라." 지난 과거 속에 있었던, 너희 조상들의 실수를 반복하지 말라는 겁니다. 혹 이 말씀을 들으면서 '그 말씀이 맞겠거니…' 동의는 하지만, 여전히 "그래도 내게는 아직 힘이 있고, 기회도 있으니까 한번 내 스타일대로 해 보겠습니다" 하고 나서지 않기를 바랍니다.

대신에 과거로부터 배우십시오. 성경 속 믿음의 선배들로부터 배우십시오. 지금까지 경험했던 자신의 시행착오로부터 배우세요. 스가랴서는 첫 번째 교훈으로, 오늘의 우리에게 "과거의 역사를 통해 배우라"고 말씀합니다.

네게 아름다운 옷을 입히리라

두 번째, 스가랴서에서 특별히 주목하려 하는 것은 "여전한 하나님의 은혜"에 관한 것입니다. 바벨론 포로기 이후, 유대 땅으로 돌아온 이스라엘 백성에게는 크게 두 가지의 관심이 자리하고 있었습니다. 먼저는, 선조들이 범했던 죄로 인해 예루살렘이 멸망했고, 하나님의 영광이 시온에서 떠났다는 것을 알고 있었기에, "이제 어떻게 해야 시온을 떠나신 하나님과 그분의 영광을 다시 모셔 들일 수 있을까?" 그게 궁금했습니다. 그래서 그들이 하나님의 임재를 상징하는 성전을 재건하려 그렇게나 애를 쓴 것이었습니다.

둘째, 동시에 그들은 "어떻게 강대국들의 틈새에서 강력한 다윗의 왕조를 다시금 재건해 낼 수 있을까?"라는 문제로도 고민했습니다. 그리고 그 고민이 곧 그들의 독특한 '메시아 사상'으로 발전했습니다. "과연 어떻게 해야 신흥 강국 페르시아와 다가오는 그리스와 로마로부터 영광스러운 다윗의 나라를 회복해 낼 수 있을까?" 그들은 고민하고 나름대로의 답을 얻습니다. "아, 우리에게 구원자, 메시아가 필요하겠구나!" 그래서 그들 안에 자연스레 '강한 메시아를 갈망하고 고대하는 소원'이 형성된 것입니다.

그런데 그런 상황에 처한 그들에게 이게 웬일입니까? 스가랴서에는 그 메시아가 '강한 메시아'가 아니라 '평화를 이야기하는 메시아, 고난을 당하는 메시아, 아니 나귀 새끼를 타고 오는 연약한 메시아, 심지어 힘없이 찔려 죽기까지 하는 무력한 메시아'로 소개되고 있습니다. 우리가 종려주일마다 대하는 마태복음 21장의 기록, 예수님이 나귀 새끼를 타고 예루살렘에 입성하시는 장면 말입니다. 그 모습이 바로 스가랴 9장 9절에 예언되어 있는 거예요.

> **시온의 딸아 크게 기뻐할지어다 예루살렘의 딸아 즐거이 부를지어다 보라 네 왕이 네게 임하시나니 그는 공의로우시며 구원을 베푸시며 겸손하여서 나귀를 타시나니 나귀의 작은 것 곧 나귀 새끼니라** 슥 9:9

당시 이스라엘 백성에게 있어 메시아란 적어도 늠름한 군마를 타고 날카로운 칼을 찬, 우락부락한 군사 지도자로 나타나야 했습니다. 하지만 스가랴서의 예언은 그분이 평화의 왕으로 오시기 때문에, 순한 나귀 새끼를 타실 것이라 말씀합니다. 그리고 예수님은 정말로 나귀 새끼를 타셨습니다. 스가랴서에 등장하는 메시아는 이렇듯 힘없이 와서, 자기 백성에게조차 배척당하고, 심지어 찔려 죽임을 당하는 '무력한 메시아'였습니다. 그러니 백성들은 쉽게 이해하지 못했을 것입니다. "도대체 무력하고 힘없고 바보 같고, 오히려 백성들에게 죽임을 당하는 메시아가 어찌 우리를 구원할 수 있단 말인가?"

하지만 우리는 그 이후의 이야기를 압니다. 물론 예수님은 연약한 모습으로 우리에게 나타나셨습니다. 이사야의 예언대로, 그분은 우리를 위하여 고난을 받으셨고, 우리의 허물 때문에 찔리셨고, 우리의 죄악 때문에 상하셨고, 우리의 평화 때문에 징계를 받으셨으며, 우리의 나음을 위해 채찍에 맞으셨습니다. 그래서 모두들 기막혀 했습니다. "이게 뭔가? 이런 나약한 십자가 죽음으로 도대체 뭘 할 수 있단 말인가?" 모두들 놀라고 또 실망했어요.

그러나 그 십자가가 우리 하나님 최고의 '지혜와 능력'이었다는 게 드러나는 데는 채 며칠이 걸리지 않았습니다. 십자가에서의 죽음, 부활, 승천은 사도행전 2장에 이르러, 이 모든 놀라운 비밀을 보고 깨닫게 된 베드로가 성령에 붙들려 선포한 말씀을 보십시오.

그런즉 이스라엘 온 집은 확실히 알지니 너희가 십자가에 못

> 박은 이 예수를 하나님이 주와 그리스도가 되게 하셨느니라 하니라 **행 2:36**

우리가 믿는 복음이 무엇입니까? 연약하고 힘없이 죽으신 예수님이 '우리를 죄에서 구원하시는 구원자'라는 것입니다. 물론 그 구원자는 이스라엘 백성의 기대와는 달리 형편없이 약한 모습으로 나타나셨습니다. 힘센 군마가 아니라 힘없는 나귀 새끼를 타고 오셨습니다. 칼과 창은커녕 무기력하게 잡혀서 십자가에서 허무한 죽음을 맞이하셨습니다. 하지만 하나님의 역설이죠? 하나님은 연약한 메시아로 하여금 우리의 모든 죄와 허물과 연약함을 담당케 하심으로, 구원의 역사를 완성하셨습니다.

그 십자가의 은혜를 인하여, 죄 중에 있던 우리의 모든 죄가 사함을 얻었다는 사실을 우리는 믿습니다. 물론 우리는 여전히 더럽고 자격 없는 죄인입니다. '전적인 타락, 전적인 무능.' 그것이 죄로 인하여 죽을 수밖에 없었던 우리의 형편이었습니다. 하지만 십자가에서 힘없이 죽어 가며 흘리신 예수님의 보혈이 우리의 모든 죄를 덮었어요. 그리고 하나님은 우리의 죄 위에 흘려진 독생자 예수 그리스도의 보혈을 보시곤, 우리의 모든 죄를 사하시며, 이제는 "죄 없다" 선언해 주셨습니다.

생각해 보십시오. 나의 모든 죄가 용서를 받고 사해지다니요. 그중에 일부만 들켜도 모든 것이 끝장나 버릴 끔찍한 죄들을 아예 없었던 것으로 해 주신다니요. 그래서 우리에게 놀라운 구원을 허락하시고, 하나님의 자녀로 삼아 주시며, 나아가 영생을 선물로 주셨다니요. 예, 그것이 복음입니다. 그것이 우리가 예수를 믿고 얻게 된 최고의 축복입니다. 바로 그 하나님의 '은혜'가 가장 극명히 드러나고 있는 환상이 스가랴 3장 네 번째 환상입니다.

대제사장 여호수아는 여호와의 천사 앞에 섰고 사탄은 그의 오른쪽에 서서 그를 대적하는 것을 여호와께서 내게 보이시니라
슥 3:1

어느 날 환상 중에 보니, 사탄이 대제사장 여호수아 앞에 서서 그를 마구 고소하고 있습니다. "너는 죄인 아니냐? 죄인 주제에 무슨 여호와 앞에서 제사를 인도하고 있냐?"라면서요. 맞습니다. 그는 죄인이었습니다. 이어지는 말씀을 보면, 실제로 그는 불에서 꺼낸 그을린 막대기처럼 검게 그을려 있었고, 또 더러운 옷까지 입고 있습니다. 모두 그의 죄악을 상징하는 것이죠. 그 모습을 보고 사탄이 송사합니다. "너 더럽다. 너 죄인이다. 네 주제에 무슨 하나님의 은혜를 이야기하냐?" 사실이었습니다. 그런데 놀라운 것은, 그 순간 하나님이 나타나셔서 사탄을 통렬히 꾸짖고 책망하신다는 것입니다.

> 여호와께서 사탄에게 이르시되 사탄아 여호와께서 너를 책망하
> 노라 예루살렘을 택한 여호와께서 너를 책망하노라 슥 3:2

하나님이 지금 여호수아 편을 들어주고 계신 겁니다. 그뿐이 아닙니다.

> 여호와께서 자기 앞에 선 자들에게 명령하사 그 더러운 옷을 벗
> 기라 하시고 또 여호수아에게 이르시되 내가 네 죄악을 제거하
> 여 버렸으니 네게 아름다운 옷을 입히리라 하시기로 슥 3:4

영적인 상상력을 발휘해 보십시오. 지금 하나님이 대제사장 여호수아가 입고 있는 더러운 옷을 벗기시고, "내가 네 죄악을 제거해 주겠다" 말씀하시며, "네게 아름다운 옷을 입히리라" 새 옷을 입혀 주신다는 것입니다. 무엇을 뜻합니까? 예수 그리스도의 십자가를 통한 구원의 은혜를 암시하는 것입니다.

틀림없이 이 환상 속에 나오는 대제사장 여호수아는 오늘의 우리를 상징합니다. 우리는 모두 죄인입니다. 사탄은 늘 우리의 죄를 붙잡고 송사를 진행합니다. "너는 죄인이다. 너는 더럽다. 너는 가능성이 없다. 너는 지옥에 갈 것이다. 네가 한 짓을 봐라." 다 맞는 이야기죠. 부인할 수 없습니다. 그 순간 우리는 고개를 떨구고 낙심의 노예가 됩니다. '그래, 나 죄인 맞다. 내가 나를 아는데, 오늘도 또 실패했다. 그래, 나는 죄인이라서 도저

히 안 되나 보다.'

그런데 한순간 놀라운 일이 벌어집니다. 그런 암울한 상황의 한가운데로 개입해 오신 하나님이 뜬금없이 내 편을 들어주시고는, 나를 송사하고 있는 사탄을 꾸짖으십니다. "무슨 소리를 하는 거냐? 이는 내 사랑하는 아들의 보혈을 주고 맞바꾼, 그래서 모든 죗값을 치르고서 사함을 받은 나의 사랑하는 아들이요, 딸이다. 네 놈이 감히 그를 죄인이라 불러?" 순간 우리의 얼굴에 미소가 지어집니다. "하나님, 감사합니다."

그런데 그게 다가 아니죠. 순간 하나님이 명하십니다. "그의 더러운 옷을 벗기라." 즉 "네 죄악은 다 사해졌다"는 의미입니다. 그러고 나서 "새로운 옷, 아름다운 옷, 의인의 옷을 입혀라" 하십니다. 무엇을 상징합니까? 완전한 용서와 용납, 하나님 구원의 은혜를 뜻합니다.

'믿음의 여정'이라는 것이 항상 신나고, 또 내 생각대로 잘 되는 것만은 아닙니다. 아니 어쩌면 예수님을 따라가는 삶이란 '늘 우리의 부족함을 더 느끼게 되는 여정'이라고도 할 수 있습니다. 그렇지 않습니까? 하나님에 대해 알면 알수록 나의 부족함이 더 드러나요. 사도 바울도 '만삭되지 못하여 난 자 같은 나'(고전 15:8), '죄인 중에 괴수 같은 나'(딤전 1:15)라고 말하지 않았습니까? 이는 정말로 맞습니다. 순간 우리도 함께 의기소침해집니다. 나도 정말로 그렇게 부족하다는 사실을 알고 있거든요.

그런데 사탄이 거기에 기름을 붓습니다. "맞다. 너는 안 된다. 너는 여전히 죄인이다. 가능성이 없어. 지난주에도 그렇게 살았잖아. 그런데 고개를 들고 예배를 드리러 나와? 하나님은 그런 예배 안 받으신다." 그게 사탄의 송사입니다. 날카롭고, 아프고, 또 차갑습니다. 충분히 낙심할 만한 상황입니다.

그런데 그 순간, 스가랴서의 네 번째 환상을 기억하기 바랍니다. 하나님이 일부러 큰 소리로 사탄을 꾸짖으며 내 편을 들어주십니다. "사탄, 네 이놈! 네가 뭔데, 내가 내 아들의 보혈로 정결케 한 내 자녀를 정죄하느냐?" 그리고 구원을 선언하시며 새 옷, 즉 '의의 옷'을 입혀 주시는 겁니다.

탕자가 거지꼴로 돌아왔습니다. 그때 아버지가 아들을 껴안고 입을 맞추며 외칩니다. "얘들아, 저 더러운 옷을 벗겨라. 그리고 제일 좋은 옷을 내어다가 입혀라." 제일 좋은 옷, 누가 봐도 이 집 아들이라는 걸 알도록 아들의 옷을 입히라는 겁니다. 지금 스가랴의 환상이 정확히 그걸 이야기하고 있습니다. 사실 이것은 우리의 이야기요, 모든 성도에게 일어나고 있는 사건입니다. 분명 사탄이 보기에도 "너는 죄인이다" 할 만큼 죄투성이인 우리에게 어느 날 전적인 하나님의 은혜가 임했습니다.

우리가 아직 죄인 되었을 때에 그리스도께서 우리를 위하여 죽으심으로 하나님께서 우리에 대한 자기의 사랑을 확증하셨느니라 **롬 5:8**

대제사장 여호수아의 환상을 통해, 이미 우리에게 임한 하나님 구원의 은혜를 다시금 확인하고 누리며, 철든 아들의 자리에서 새로이 출발하게 되기를 바랍니다.

오직 나의 영으로 되느니라

세 번째로 붙들려 하는 스가랴서의 말씀 주제는 4장에 등장하는 "여호와의 영"에 관한 말씀입니다.

그가 내게 대답하여 이르되 여호와께서 스룹바벨에게 하신 말씀이 이러하니라 만군의 여호와께서 말씀하시되 이는 힘으로 되지 아니하며 능력으로 되지 아니하고 오직 나의 영으로 되느니라 큰 산아 네가 무엇이냐 네가 스룹바벨 앞에서 평지가 되리라 그가 머릿돌을 내놓을 때에 무리가 외치기를 은총, 은총이 그에게 있을지어다 하리라 하셨고 슥 4:6-7

배경과 상황은 이러합니다. 이스라엘 백성이 멈춰져 있던 성전 재건의 역사를 다시금 시도했습니다. 학개서의 말씀처럼, 풍운의 꿈을 안고 포로 생활에서 돌아온 이스라엘이 야심 차게 성전 재건 프로젝트를 시작한 것입니다. 하지만 쉽지 않은 상황들과 반대자들의 방해 공작들로 인해 그 일은 15년간이나 멈추어 서 있었습니다. 이스라엘 백성에게는 간절한 마음이 없었습니다. 그러니 일이 제대로 될 리가 없죠. 따라서 그들에게는 여전히 낙심하고 있을 만한 이유가 충분했습니다.

그런데 바로 그 순간, 하나님이 찾아오셔서 커다란 음성으로 격려하시는 겁니다. "힘이 아니라, 능력이 아니라, 오직 나의 영으로만 되느니라. 큰 산아 네가 무엇이냐? 네가 스룹바벨 앞에서 평지가 되리라." 스룹바벨은 당시 이스라엘의 정치 지도자였는데, 하나님이 그 백성들 가운데 대표자로 불러내며 용기를 북돋아 주시는 겁니다. 그것은 힘으로 되는 것이 아니라 하십니다. 능력으로도 아니라 하세요. 대신에, 오직 무엇으로 된다고 하십니까? "오직 나의 영으로 되느니라." 다시 말해, 오직 성령의 능력으로만 그 일이 가능하다는 말씀입니다.

종종 우리의 힘으로는 더 이상 어찌할 수 없는 일들을 만납니다. 능력으로도 안 됩니다. 가진 소유로도, 경험으로도 안 됩니다. 그래서 우리는 두 손 두 발 다 들고서 포기하고 원망하며, 망연자실할 때가 있습니다. 그런데 그 순간, 스가랴서를 통해서 주시는 하나님 아버지의 음성을 들어 보십시오. "이는 힘으로 되지 아니하며 능력으로 되지 아니하고 오직 나의 영으로 되느니라."

하나님의 이름들 가운데 '여호와 체바오트', 즉 '만군의 하나님'이 있습니다. 바로 지금, 이스라엘이 처해 있는 절박한 상황에서, 하나님의 능력과 도움을 구하면서 부르라고 주신 이름이었습니다. 그 이름이 어디에 등장하는지 아십니까? 엘라 골짜기에서 골리앗을 만났던 다윗의 이야기에 등장합니다.

> 다윗이 블레셋 사람에게 이르되 너는 칼과 창과 단창으로 내게 나아오거니와 나는 만군의 여호와의 이름 곧 네가 모욕하는 이스라엘 군대의 하나님의 이름으로 네게 나아가노라 삼상 17:45

누구의 이름으로 나아간다고요? "만군의 여호와의 이름"으로 나아간다는 거예요. 왜요? 자기의 힘이나 능력이 아니라, 여호와 하나님의 능력, 그분의 도우심으로만 가능함을 다윗이 알았기 때문입니다. 이어서 다윗이 외칩니다.

> 오늘 여호와께서 너를 내 손에 넘기시리니 내가 너를 쳐서 네 목을 베고 블레셋 군대의 시체를 오늘 공중의 새와 땅의 들짐승에게 주어 온 땅으로 이스라엘에 하나님이 계신 줄 알게 하겠고 또 여호와의 구원하심이 칼과 창에 있지 아니함을 이 무리에게 알게 하리라 전쟁은 여호와께 속한 것인즉 그가 너희를 우리 손에 넘기시리라 삼상 17:46-47

기업하십시오. 우리에게 전혀 다른 방법이 없을 때, 오직 "하나님만이 도움이 되실 수 있는 상황에서 부르라"고 주신 그분의 이름이 바로 '만군의 하나님'(여호와 체바오트)이에요. 그런데 놀라지 마십시오. 이 스가랴서에만 '만군의 하나님'이라는 이름이 자그마치 52회나 반복하여 등장합니다. 틀림없습니다. 즉 우리의 심령과 인생과 특별히 힘든 상황 가운데, 모든 도움이 쓸데

없고 불가능할 때, 오직 하나님만이 진정한 도움이 되신다는 것을 믿고 부르짖으라는 겁니다. 그때 스가랴서의 이 말씀을 선포하십시오. "이는 힘으로 되지 아니하며 능력으로 되지 아니하고 오직 나의 영으로 되느니라."

7절에는 더 감동적인 메시지가 이어집니다.

> 큰 산아 네가 무엇이냐 네가 스룹바벨 앞에서 평지가 되리라
> 슥 4:7상

비록 태산과 같은 장애물이 앞에 있다 할지라도, 하나님의 성령은 그 산을 평지로 만들어 버리실 것이라는 말씀입니다. 분명 인생에 장애물들이 있습니다. 하지만 성령의 능력 앞에서는 정말로 아무것도 아닙니다. 이 말씀을 정말로 믿고, 믿음으로 선포하면, 어떤 상황에서도 하나님의 놀라운 능력이 나타나게 될 줄로 믿습니다. 그게 예수 믿는 이들에게 나타나는 능력이에요.

그런데 이것이 끝이 아닙니다. 그런 믿음과 선포에는 자명한 결과가 따르게 됩니다.

> 그가 머릿돌을 내놓을 때에 무리가 외치기를 은총, 은총이 그에게 있을지어다 하리라 슥 4:7하

이야기가 계속 이어져요. 얼마나 감격적인 장면인지요. 결

국 성령의 능력으로 성전이 재건되고, 성전의 머릿돌을 내려놓을 때, 백성들이 "은총, 은총입니다!"라고 외치게 된다는 말씀이에요.

도전합니다. 오늘 걷고 있는 믿음의 여정이 혹 이런저런 일로 인해 버겁지 않습니까? 그 중간 어딘가에서 길을 잃어버리지는 않았습니까? 혹시 인생의 새로운 장을 열고 싶지 않으세요? 소망이 없어 보이는 가정을 다시 세워 보고 싶지 않습니까? 주님께 제대로 된 충성과 헌신을 해 보고 싶지 않으세요?

무엇이 되었든 이제 더 이상 자신의 지혜와 경험과 힘을 의지하는 시도를 다 내려놓기를 권합니다. 힘으로 되는 게 아닙니다. 능력으로 되는 게 아닙니다. 이제 그쯤 되었으면, 알 때가 되었습니다. "오직 나의 영으로 되느니라" 그것만이 맞습니다.

스가랴서의 말씀을 믿고 스스로에게 이 말씀을 선포하기 바랍니다. 그리고 정말로 하나님의 영, 성령을 구하며 나아가십시오. 하나님 회복의 역사를, 다시금 일어나는 성령의 역사를, 성전을 다시 재건해 내는 역사를, 잃어버린 영혼들을 다시 주님께로 초대해 내는 놀라운 일을, 그 머릿돌을 우리 손으로 내어놓으면서, 믿음으로 선포하십시오. "주여, 주의 성령으로 이 놀라운 일들이 현실이 되게 해 주시옵소서." 그때 하나님의 일하심을, 놀라운 기적을, 그분의 역사를 체험하게 될 줄로 믿습니다.

한기채 목사님의 《삼중 혁명의 영성》이라는 책에 그분이 프랑스에서 방문했던 유명한 장소 두 군데를 비교하는 이야기가 나옵니다. 첫 번째 장소는 떼제 공동체입니다. 겉으로 보기에는 무척 허름하고 투박한 장소이지만, 오늘날 전 세계에서 영성을 추구하는 젊은이들이 모여, 하루에 3천 명씩이나 기도하며 인산인해를 이룹니다.

그런데 그곳에서 10킬로미터밖에 떨어져 있지 않은 곳에 또 하나의 유명한 곳, 클루니 수도원이 있습니다. 그 수도원의 건물은 정말 어마어마하고 화려하고 웅장합니다. 이는 주후 910년에 세워진 수도원으로, 훗날 로마에 바티칸이 세워지기 전까지는 세계에서 가장 큰 교회 건축물로 알려졌던 곳이랍니다. 중세를 거쳐 오면서, 정말 엄청난 일들이 있었어요. 많은 개혁적인 인물들, 추기경들, 또 여러 명의 교황들을 배출했다고 해요. 하지만 지금은 너무도 비참합니다. 그 엄청난 숫자의 수도사들이 기도하고 영성을 수련하던 곳이 지금은 완전히 몰락하여 종축(우수한 품종의 가축) 목장원으로 바뀌었고, 기도하는 장소는커녕 관광지로 바뀌어, 사람들이 오긴 하지만, 그 큰 건물들을 배경으로 사진만 찍고 가는 장소가 되고 말았습니다.

맨 처음 그 수도원을 왜 세웠을까요? 영성을 추구하고, 깊이 기도하고, 그래서 세상을 변화시키려고 만들었을 것입니다. 하지만 아무리 그런 목적을 가지고 세워진 곳이었어도, 영성을 잘 유지하고 개혁하지 않으면, 결국 어떤 일들이 일어나게 되는지를 너무도 잘 보여 주고 있습니다. 지금 스가랴 선지자를 통해 하나님이 보여 주시는 여러 환상들과 예언들이 바로 그 이야기를 하고 있는 겁니다.

앞 장에서 살펴본 학개 선지자와 스가랴 선지자의 말씀은 똑같습니다. 우리가 영적으로 다시 살아나야 한다는 것입니다. 또다시 변화되어야 한다는 겁니다. 무너져 있는 성전을 다시 세워야 한다는 것이고, 깨어져 있고 무디어져 있는 영성을 다시금 '회복'해야 한다는 겁니다. 그래서 하나님이 외치시는 거예요. "너희의 지난 70년 포로기를 돌이켜 봐라. 하나님의 은혜로 다시 돌아왔는데, 또다시 15년이나 지연되고 있는 성전 재건의 현실을 봐라. 도대체 무슨 일이 일어난 것인지를 돌아봐라. 내가 다시 회복시키고 싶다. 이스라엘아, 우리 그렇게 하자. 그러나 이걸 기억하렴. 그 일은 힘으로도 안 되고, 능력으로도 안 되고, 오직 나의 영으로만 되느니라."

세월의 흐름이 얼마나 빠른지 모릅니다. 오늘 우리의 인생은 그 흐름 속에 어디쯤, 또 어떤 모습으로 가고 있습니까? 혹시 퇴락한 클루니 수도원 같은 모습으로 서 있지는 않습니까? 혹 겉으로는 다 괜찮지만, 속사람이 병들어 무기력해져 있지는 않습니까? '내가 다시 주님으로 뜨거워질 수 있을까?' 의심과 기대 없음으로 걷고 있지는 않나요? 혹 조금만 더 방치하면 정말로 큰일이 나는 것은 아닐까요? 정말 괜찮습니까? 아니요, 안 괜찮습니다. 그래서 그날 하나님은 스가랴의 사려 깊은 메시지를 통해 이스라엘에게 말씀하시는 겁니다. "첫째, 과거에서 배우라. 둘째, 여전한 구원의 은혜를 누리라. 셋째, 힘이 아니라 능력이 아니라 오직 나의 영으로 되느니라."

그런 교회, 그런 인생 되게 하소서

우리는 과연 언제 하나님의 영을, 성령을 그렇듯 간절히 구했습니까? 그분의 도우심을 구하되, 옛날 야곱이 얍복강 가에서 천사와 씨름하듯, 간절히 구했던 적이 정말 언제였습니까? 우리는 정말로 간절히 그분의 영, 성령의 능력을 구하고 있습니까? 천국은 침노하는 자의 것이라 하셨는데, 과연 우리는 얼마나 큰 열정으로 그분을 구하고 있습니까?

그 마음의 소원을 가지고 구합시다. "주여, 하나님의 영, 성령을 간구합니다. 힘이 아니라 능력이 아니라 성령을 힘입어, 나를 변화시키고, 무너진 성전을 재건하고, 또다시 새로워져서 주의 능력으로 살아가는 신앙인이 되기를 소원합니다." 그런 이들에게 주신 약속의 말씀입니다.

> 너희 중에 아버지 된 자로서 누가 아들이 생선을 달라 하는데 생선 대신에 뱀을 주며 알을 달라 하는데 전갈을 주겠느냐 너희가 악할지라도 좋은 것을 자식에게 줄 줄 알거든 하물며 너희 하늘 아버지께서 구하는 자에게 성령을 주시지 않겠느냐 하시니라
> 눅 11:11-13

12
chapter

"열망" 바른 신앙, 바른 예배로
| 말라기 |

그런즉 내게로 돌아오라 그리하면 나도 너희에게로 돌아가리라 | 말 3:7

설교 영상

말라기 이야기

　앞선 두 선지서, 학개서와 스가랴서는 바벨론 땅에서 귀환한 이스라엘 공동체에게 "성전을 재건하라!" 선포하신 하나님의 말씀을 담고 있습니다. 우여곡절 끝에 이스라엘 백성은 결국 멈춰 서 있던 성전 재건의 역사를 완성해 냈습니다. 그 성전을 이전 솔로몬 성전과 구별하여 '스룹바벨 성전'이라 부릅니다. 얼마나 사연 많은 성전 재건의 과정이었습니까? 비록 그들의 성에 온전히 차지는 않았겠지만, 분명 눈물의 봉헌식이 있었을 것입니다.

　그리고 이스라엘은 다시금 새로이 시작합니다. 나라가 멸망했고 70년의 포로기를 겪은 후였으니 그들 얼마나 배우고 느낀 것이 많았을까요? 새 성전 앞에서 그들이 가졌을 만한 새 결단과 포부들을 헤아려 보십시오. "내 다시는, 내 반드시 오직 여호와 하나님만을 섬기며 한눈팔지 않고 믿음의 길을 가리라." 우리의 인생에도 혹 있었음직한, 어떤 신앙적인 계기가 되었을 것입니다.

　그러고 나서 어느덧 150년 정도의 시간이 빠르게 흘러, 주전 450년경이 되었을 어간입니다. 이스라엘의 외적인 모습은 안정을 찾은 듯했습니다. 주변의 강대국들이 나름 질서를 유지했기에, 이스라엘도 그 질서 안에서 그럭저럭 자신들의 삶을 영위해 갈 수 있었습니다. 하지만 여기, 유독 가슴이 답답하여 견딜 수 없어 하는 하나님의 사람이 있습니다. 이 장에서 만나 보려

하는 선지자 말라기입니다.

　이유가 있습니다. 하나님의 선민이라 자부하던 이스라엘 백성의 가슴이 또다시 식어 버렸기 때문입니다. 150년 전, 감격적인 성전 재건의 역사를 이루어 냈을 때와는 달리, 그들의 신앙이 또다시 형식적이고 무기력해졌습니다. 제사장들과 백성들은 성의 없는 제물들, 병들고 눈먼 제물들을 가지고 나와 예배하였고, 우상을 숭배하는 이방인들과의 잡혼이 성행했으며, 도덕적으로 영적으로 또다시 총체적인 어둠이 드리웠습니다. 3장의 말씀이 지적하듯, 새 성전의 지성소에서조차 하나님의 영광을 볼 수가 없었습니다. 바로 그런 상황에, 구약의 마지막 선지자 말라기가 일어나 하나님의 마음을 선포합니다.

　말라기서를 요약해 보면, 1장에는 이스라엘을 향한 하나님의 사랑이, 2장에는 백성들과 제사장들의 죄악이, 3장에는 메시아에 대한 예언과 십일조와 헌물에 대한 가르침이, 그리고 마지막 4장에는 여호와의 날에 관한 예언의 말씀이 각각 등장합니다. 자, 함께 질문해 보시죠. "그날 그들에게 주셨던 하나님의 말씀이 오늘 이 땅의 우리에게 무슨 의미로 다가옵니까?"

하나님을 잘못 대하는 이스라엘
　말라기서를 열자마자 우리는 당시 이스라엘 경내의 제사장들이 얼마나 왜곡된 삶을 살고 있었는지를 지켜볼 수 있습니다.

내 이름을 멸시하는 제사장들아 나 만군의 여호와가 너희에게 이르기를 아들은 그 아버지를, 종은 그 주인을 공경하나니 내가 아버지일진대 나를 공경함이 어디 있느냐 내가 주인일진대 나를 두려워함이 어디 있느냐 하나 말1:6상

심각합니다. 하여 하나님은 지금 단단히 화가 나셨습니다. 벌써 제사장들부터 하나님을 두려워하지 않고 있었기 때문입니다. 그들은 사명이 아니라 직업적으로 제사장직을 수행하고 있었고, 하나님을 경외하기는커녕, 그분의 이름을 멸시하는 삶을 살고 있었습니다. 그 결과, 백성들도 그렇게 행하여 그들의 예배, 그들의 제사는 완전히 망가져 있었습니다. 그래서 하나님 탄식하십니다. "내 이름을 멸시하는 제사장들아, 나를 공경함이, 나를 두려워함이 어디 있느냐?"

순간 빨리 무릎을 꿇고서 "하나님, 저희가 잘못했습니다"라고 해야 하지 않겠습니까? 그런데 그들은 오히려 고개를 들고 반문합니다.

너희는 이르기를 우리가 어떻게 주의 이름을 멸시하였나이까 하는도다 말1:6하

정말 뻔뻔하지 않습니까? 그 순간 하나님은 그들의 '헌신 없는 제사', '헌신 없는 예배'를 지적하십니다. "뭐? 어떻게 나를 멸

시했냐고? 이게 바로 너희의 잘못이다" 말씀하시는 것입니다.

너희가 더러운 떡을 나의 제단에 드리고도 말하기를 우리가 어떻게 주를 더럽게 하였나이까 하는도다 말1:7

당시 그들이 제사를 통해 하나님께 바치는 떡은 진설병과 소제의 떡이었습니다. 주의를 기울여 주십시오. 그들이 떡을 드리지 않았다는 것이 아닙니다. 대신 그들이 더러운 떡, 잘못된 떡을 드렸다는 것입니다. 그게 다가 아닙니다.

너희가 눈먼 희생 제물을 바치는 것이 어찌 악하지 아니하며 저는 것, 병든 것을 드리는 것이 어찌 악하지 아니하냐 말1:8상

백성들이 제물로 가지고 온 것들을 보니 온통 하자가 있었다는 말씀입니다. 좋은 것을 드리자니 살짝 아깝고, 안 드릴 수는 없어서 택한 것이 결국, 자기들도 별로 원치 않던 짐승들, 즉 눈먼 것, 병든 것, 저는 것 등이었습니다. 그런 것들을 가지고 와서 하나님께 드리더라는 것입니다.

혹시 안 받으니만 못한 선물을 받아 본 적이 있습니까? 억지로 마지못해서 주는 선물 말입니다. 선물은 그 속에 정성과 사랑, 특별히 서로 간의 특별한 '관계'가 담겨야 하는데, 마지못해 주는 선물은 순간 나를 '싸구려'로 만듭니다. 지금 하나님이 그

걸 느끼시는 겁니다. 그래서 탄식하십니다.

이제 그것을 너희 총독에게 드려 보라 그가 너를 기뻐하겠으며 너를 받아 주겠느냐 말 1:8하

"나한테 병들고 썩어 빠진 제물들을 가져오며 나를 싸구려로 취급하는 백성들아, 그것들을 너희 총독에게 한번 줘 봐라. 너희 총독이 그걸 받겠냐? 아니 너희 목숨이 유지나 되겠느냐? 그런데 너희들은 어떻게 나한테 그런 짓을 할 수가 있냐?" 틀림없습니다. 그들에게는 눈에 보이는 총독이 눈에 보이지 않는 하나님보다 더 두려운 존재였던 것입니다. 그러면서 하나님을 향한 그들의 제사, 그들의 예배는 점점 더 황폐해져 갔고, 결국 이제는 어떤 예배를 통해서도 하나님을 경험할 수 없게 되었습니다.

그런데 우스운 것은 그런 와중에도 이스라엘이 하나님의 축복만은 빠지지 않고 구하고 있더라는 것입니다.

너희는 나 하나님께 은혜를 구하면서 우리를 불쌍히 여기소서 하여 보라 말 1:9상

하나님을 싸구려로 취급하면서, 막상 입을 열어 기도할 때에는 "하나님, 축복 주세요. 하나님, 우리에게 은혜를 베풀어 주세요" 복을 빌고 있다는 것입니다. 결국 마음이 많이 상하신 하

나님이 말씀하십니다.

너희가 이같이 행하였으니 내가 너희 중 하나인들 받겠느냐
말 1:9하

당연히 안 받으신다는 것입니다. "너희들의 예배와 너희들의 헌신이 그렇듯 형편없는데 어떻게 나에게 와서는 뻔뻔하게도, 축복해 달라고 할 수 있느냐?" 10절에서 하나님의 상한 마음은 절정에 이릅니다.

너희가 내 제단 위에 헛되이 불사르지 못하게 하기 위하여 너희 중에 성전 문을 닫을 자가 있었으면 좋겠도다 말 1:10상

너무 가증하다는 것입니다. "그런 제사, 그런 식으로 드리는 너희의 예배를 나는 원치 않으니 너희 방 빼라! 너희 중에 성전 문을 닫을 자가 있었으면 좋겠다." 말씀하셨어요. 실제로 하나님은 "내가 너희를 기뻐하지 아니하며 너희가 손으로 드리는 것을 받지도 아니하리라"(말 1:10하) 분명히 거절하셨습니다.

당시 이스라엘 백성의 하나님 멸시가 가장 극명히 드러나는 부분은 단연코 '십일조와 헌물'이었습니다. 그들을 향한 하나님의 애절한 호소가 들려옵니다.

만군의 여호와가 이르노라 너희 조상들의 날로부터 너희가 나의 규례를 떠나 지키지 아니하였도다 그런즉 내게로 돌아오라 그리하면 나도 너희에게로 돌아가리라 말 3:7상

이스라엘이 잠깐 철이 들었나요? "그래, 하나님이 저렇게 원하시는데, 우리도 양심이 있지." 그래서 그들이 "우리가 어떻게 하여야 돌아가리이까"(말 3:7하) 묻습니다. 놀랍게도 그 순간, 하나님은 전혀 뜻밖의 대답을 하세요.

사람이 어찌 하나님의 것을 도둑질하겠느냐 그러나 너희는 나의 것을 도둑질하고도 말하기를 우리가 어떻게 주의 것을 도둑질하였나이까 하는도다 이는 곧 십일조와 봉헌물이라 말 3:8

상황이 조금 이상하지 않습니까? "하나님, 우리가 오랜만에 철이 든 것 아닙니까? 좀 은혜롭게 이야기를 해 보자고요. 제가 회개하겠다니까요. 이제 제대로 신앙생활 해 보겠다니까요. 그런데… 은혜롭지 못하게, 돈 이야기부터 꺼내세요?" 조금 이상하기는 합니다. 돌이킴에 대한 이스라엘의 질문에 하나님은 "십일조와 헌물"이라 대답하셨기 때문입니다.

이 부분은 조금 큰 그림으로 보아야 합니다. 지금 하나님이 가장 마음 상해하신 부분이 있었죠? 그것은 그들의 깨어진 제사, 형편없는 예배에 관한 것이었습니다. 그래서 하나님은 "너

희들이 가져오는 제물을 보라"고 말씀하셨던 것입니다. 그것부터 고치라는 거예요. 그리고 그걸 통해, "너희들의 온 정신을 빼앗은 맘몬, 물질의 신, 돈 문제를 제대로 정리하라" 요구하신 것입니다. 그것이 '십일조와 봉헌물' 이야기의 배경이었습니다.

십일조 논쟁의 본질

그때나 지금이나 사람들의 정신을 미혹하는 것은 늘 돈 문제입니다. 심지어 믿음의 길을 가는 데도 물질의 문제가 그렇게나 어렵습니다. 그런데 하나님이 말씀하세요. "나에게로 돌아오려느냐? 그렇다면 맘몬에게 빼앗긴 너희의 정신과 영혼부터 돌이켜라. 바로 그곳이 바른 출발점이다"라고요.

오해하지 마십시오. 말라기서의 핵심 주제는 결코 "십일조 논쟁"이 아닙니다. 말라기서의 핵심 주제는 오히려 "무너진 예배의 회복"이에요. 하나님의 소원이 거기에 있다는 거죠. 그 당시 하나님이 이스라엘에게 모멸감을 느끼셨던 이유는 그들이 하나님을 경외하지 않았고, 그래서 부정한 제물들을 가져다드리며 제사를 진행했기 때문이었습니다. "그래서 너희가 저주를 받은 것이니, 그 원인부터 바로잡아 내가 약속한 축복을 누리라"는 것이 말라기서의 핵심 주제, 하나님의 소원이었습니다.

솔직히 '십일조와 봉헌물'에 대한 말씀은 늘 우리의 본성을 거스릅니다. 누구에게나 부담이고, 또 누구에게나 도전이 되어요. "결국 누가 주인이냐?" 그 문제거든요. 혹시 이 주제가 거치는 돌이 되지 않기를 기도합니다.

우리 가운데 신앙생활을 오래 한 분들은 여러 설교자들이 이 본문을 '십일조'에 관한 성경적 근거로 사용하는 것을 보았을 것입니다. "십일조를 하지 않는 성도는 하나님의 것을 도둑질하는 사람입니다. 말라기 3장 9절을 보십시오. '너희 곧 온 나라가 나의 것을 도둑질하였으므로 너희가 저주를 받았느니라'고 하시지 않습니까? 십일조를 안 하기에 사업이 안되는 것입니다. 하나님의 것을 떼어먹고 잘되겠습니까?" 실제로 어떤 설교자는 '협박용 말씀'으로 본문을 사용하기도 합니다.

심지어 어떤 분들은 이를 더 극단적으로 왜곡, 적용합니다. 즉 십일조를 '투자의 개념'으로 이해하는 거예요. "말라기 3장 10절을 보십시오. '만군의 여호와가 이르노라 너희의 온전한 십일조를 창고에 들여 나의 집에 양식이 있게 하고 그것으로 나를 시험하여 내가 하늘 문을 열고 너희에게 복을 쌓을 곳이 없도록 붓지 아니하나 보라.' 하나님께 투자하면 하나님이 대박 나게 해 주신다는 말씀입니다. 한번 해 보십시오. 투자 대비, 엄청나게 수지맞는 장사입니다."

그래서 그 논리를 따라 어떤 분은 '미리 십일조'라는 개념까지 만들어 하나님을 조정하려 듭니다. "하나님, 이번 달 십일조 제가 100만 원 먼저 합니다. 그러면 이번 달 수입이 얼마가 되어야 하는지 계산되시죠? 1천만 원입니다." 완전 엉터리죠. 하나님과의 인격적인 관계나 헌신은 온데간데없고, 그저 십일조를 투자 가치가 높은 비즈니스 상품으로 이해하는 태도입니다.

사우스캐롤라이나주에 있는 뉴스프링교회는 약 3만 명 모이는 미국에서 두 번째로 큰 교회입니다. 그 교회는 종종 "90일 십일조 도전 캠페인"을 합니다. 십일조 생활을 시작했는데 석 달 내로 하나님이 물질의 축복을 주시지 않으면, 교회가 그 헌금을 되돌려 주는 캠페인입니다. 물론 목사님은 "올바른 헌금 생활을 위해 성도들의 동기를 자극하기 위함"이라 말합니다. 실제로 몇 년 전에는 1,600명의 성도들이 이 캠페인에 참여하여 약 6천만 불(한화로 약 810억 원)의 십일조를 모았대요.

하지만 저는 지금껏 이야기한 모든 것이 지나친 왜곡과 잘못된 적용이라 생각합니다. 주지하시다시피 내가 하나님을 조종하려는 왜곡은 얼마든지 일어날 수 있습니다.

물론 일면 맞는 부분도 있습니다. "여호와 하나님을 전심으로 경외하면 그분이 축복하시고, 하나님을 무시하면 그분이 저주하신다." 원론적으로는 맞습니다. 하지만 우선적으로 중요한 것은, "물질적인 축복이냐, 저주냐?"가 아니라 그전에 "하나님과 내가 어떤 관계를 맺고 있느냐?"임을 꼭 기억하기 바랍니다. 이 문제를 바르게 대하는 방법은 간단합니다. 하나님과의 영적인 관계를 제대로 세우는 겁니다. 그러면 십일조와 헌물은 전혀 문제가 되지 않습니다.

우리 역시 많은 경험을 해 보았습니다. 하나님의 은혜와 주인 되심을 알고, 그분을 정말로 사랑하면, 누구나 그분이 원하시는 것에 스스로를 조율하게끔 되어 있습니다. 그때는 무엇을 하더라도 하나도 어렵지 않습니다. 십일조와 헌물 문제도 포함해서요. 종교개혁자 존 칼빈(John Calvin)은 이에 관해 이렇게 말합니다.

"오늘날 우리 교회의 문제는 돈에 대해서 너무 많은 이야기를 하는 것이 아니라, 돈에 대해서 바른 이야기를 하지 않는 것이다."

십일조의 의미가 무엇입니까? 십일조는 "제 인생은 제 것이 아니라 하나님의 것입니다. 저는 제 힘이 아니라 하나님의 힘과 은혜로 오늘을 삽니다"라는 신앙 고백입니다. 따라서 이를 바르게 이해하고, 바른 원칙을 세워 놓는 일은 아무리 강조해도 지나치지 않습니다.

대표성의 원리

십일조에 대하여 조금 더 살펴보겠습니다. 우선은 역사적인 접근입니다. 성경에 나오는 첫 번째 십일조에 대한 기록은 아브라함의 것입니다. 그돌라오멜의 연합군을 격파하고 얻은 전리품 중 십분의 일을 멜기세덱 제사장을 통해 하나님께 드렸죠. "이 승리는 나의 능력 때문이 아니라 하나님의 은혜로 온 것입니다"라는 고백이 담긴 행위였습니다.

그다음, 야곱이 형 에서를 피해 도망가다가 하나님의 약속을 듣게 된 후, 벧엘의 언약을 세웁니다. "하나님, 만일 제가 무사히 이 땅으로 다시 돌아오게 된다면, 하나님이 하신 일임을 믿고, 하나님은 나의 하나님이 되시고, 이 땅은 거룩한 곳이 될 것이며, 제 소유의 십분의 일을 드리겠습니다."

이후 모세 시대에 이르러 십일조는 모든 이스라엘 백성에게 율법으로 명문화됩니다. 실제로 레위기는 모든 것의 십분의 일을 하나님께 구별하여 드리라고 명시하고 있습니다. 인생, 결혼, 농사, 자녀, 전쟁 등 인생에 일어나는 모든 일에 있어서 하나님의 은혜와 도우심을 인정하라는 의미죠.

물론 어떤 분들은, "예수님과 함께 은혜의 시대가 열렸기 때문에 더 이상 율법을 문자적으로 지키지 않아도 괜찮다. 왜 다른 건 강조하지 않으면서, 십일조만 강조하느냐?"고 주장하기도 합니다. 하지만 저는 십일조의 정신, 십일조의 영성과 원리는 여전히 살아 있고, 하나님이 우리에게 순종을 기대하신다고 믿습니다. 그리고 저 역시 그 믿음대로 성도들을 가르칩니다.

십일조의 영성이 무엇입니까? "열 개 중의 한 개는 하나님의 것이고 나머지 아홉 개는 제 것입니다"가 아니라, 최소한 그 행위를 통해 "하나님이 오늘 내 삶의 모든 것을 채우시고 또 이끄십니다"라고 고백하는 것입니다. 그분이 누구이시며 또 내가 누구인지를 잊지 말자는 것입니다. 십일조는 성도의 신앙 고백입니다. 결론적으로 십일조는 여호와 하나님을 인정하느냐, 안 하느냐에 대한 순종 테스트입니다. 그래서 한국 교회는 이를 교회의 귀한 영적 자산으로 삼아 왔습니다.

그런데 말라기 시대 이스라엘의 문제가 무엇입니까? 하나님을 그들의 입술로는 인정했지만, 실제 삶에서는 인정하지를 않았다는 겁니다. 그래서 십일조와 헌물을 제대로 하지 않았습니다. 자기들의 인생이 하나님께 달려 있다고 진짜로 믿지 않았거든요. 즉 이스라엘의 운명이 하나님께 달려 있다고 말은 하지만, 정말로 인정하지를 않았습니다. 대신 자신들의 운명은 수리아의 총독에게, 자기 집 은밀한 곳에 모아 둔 재산에, 오늘날로 말하면 은행 펀드에, 평생 걸려 이룬 사업체의 크기에, 또 잘 키워 놓은 자녀들의 성공에 달려 있다 생각했습니다. 그래서 십일조를 안 했습니다. 하나님을 인정하지 않은 것이죠.

하나님이 우리에게 주신 것들이 참 많습니다. 생명과 재능과 시간을 주셨고, 물질과 건강과 가정을 주셨습니다. 그리스도인은 하나님이 정말로 모든 것의 주인이시고, 우리는 청지기라고 믿습니다. 이 말은, 하나님이 모든 것에 대한 주권을 가지고 우리에게 요구할 권리가 있는 분이심을 인정한다는 겁니다. 그러므로 우리는 하나님이 주신 은사와 기회를 가지고 최선을 다해 그분을 섬기는 것이 너무도 당연해요.

우리가 왜 주일 성수를 강조하죠? 시간에 대한 하나님의 주권을 인정하기 때문입니다. 물질도 마찬가지죠. 물질의 주인이 하나님이심을 인정하고, 나머지는 하나님의 뜻대로 사용하기를 원하는 것, 그 영성이 들어간 행위가 바로 십일조와 헌물이에요.

그런데 하나님이 정해 놓으신 그 원리를 인정하지 않으니, 하나님이 그들을 "도둑"이라 부르신 것입니다. 하나님이 주신 은사를 가지고 그분을 섬기지 않으면 '은사 도둑'입니다. 하나님이 주신 시간을 구별하여 드리지 않으면 '시간 도둑'입니다. 그리고 하나님이 주신 물질을 구별하여 드리지 않으면 '물질 도둑'입니다. 그래서 하나님이 지금 "너희가 나의 것을 도둑질했다"고 말씀하신 것입니다.

엄마, 십일조가…

오래전 저희 첫째 아이가 대학을 졸업하고 첫 번째 직장을 잡았을 때입니다. 본인보다 아빠인 제 가슴이 더 뛰었습니다. '드디어 내 인생에 투자의 시대가 지나고 수금의 시대가 열리는구나! 아이의 월급이 얼마인데, 세금을 떼고 얼마씩을 받는다 하니, 거기서 차 할부금이 얼마고, 보험료는 내가 내 준 것 얼마씩 계산해서 돌려받고, 우리 집 살림에 보탬이 되도록 월세조로 얼마씩 받고….' 혼자서 막 꿈에 부풀었습니다.

얼마나 대견한지요! "야호" 하면서 아예 아이 방으로 쳐들어가 거래를 시작합니다. "아, 그러니까 언제부터 얼마씩…" 하면서 이야기를 시작하는데 아이가 대뜸 이럽니다. "아니요. 이번 달 말고 그다음 달부터요." 이유를 묻자 어디서 들었는지 첫 열매는 하나님 것이니까 먼저 드리고 시작하겠대요. "엥? 그런 건 어디서 들었냐?" 했더니 아빠에게 들었다는 거예요.

언젠가 그 아이의 아빠도 어릴 때, 그러니까 신학교 1학년 때였어요. 교회에서 처음 사례비라고 주신 봉투가 있었는데 거기에다가 "하나님, 제 인생의 첫 열매를 드립니다"라고 써서 그대로 헌금함에 넣었다는 걸 자랑스럽게 이야기했었는데, 그걸 기억하고 있었던 거죠. 자기도 그렇게 하겠다는 것입니다.

제가 뭐라고 했겠습니까? "뭐… 그래라" 그랬죠. 어떻게 해요. 물론 수금 계획에 차질은 좀 생겼지만, 그 아쉬움에 비할 수 없는 뿌듯함과 큰 감사가 자리했습니다. "아, 이 아이가 정말로 하나님을 인정하고 살고 있구나. 이 녀석이 하나님을 하나님으로 대접하며 살아가려는 마음이 있구나." 제 아이의 이야기를 예로 들어 부끄럽습니다만, 저는 믿습니다. 하나님이 그 아이의 인생을, 육신의 아빠보다도 훨씬 더 귀하게 이끌며 책임져 주실 것을 말입니다.

2년 후, 둘째도 자연스레 그 분위기에 편승합니다. 그래서 첫째와 둘째에게는 십일조에 대한 갈등이 전혀 없었습니다. 사실 고등학생 때부터 아이들이 바이올린 레슨을 하면서 용돈벌이를 시작했는데, 그때부터 십일조 훈련이 잘되어 있었기 때문에, 직장을 잡으면서도 재정에 대한 원칙을 지키면서 지금껏 잘 살아가고 있습니다.

그런데 막내에게는 조금 다른 이야기가 있습니다. 그 친구가 첫 번째로 했던 아르바이트는 고등학생 때 스페니쉬 마켓(Spanish Market)이라고, 밤새 열리는 야시장에 가서 거리 음식을 만들어서 파는 일이었습니다. 그러니까 각각의 상인들이 또 외주를 주는 거예요. 그러면 우리 아이 같은 이들이 가서 일을 하고 일당을 받습니다.

얼마의 시간이 지난 후, 그러니까 잠도 제대로 못 자고, 밤새 며칠씩 일을 해서 피 같은 돈을 벌어 왔습니다. 제 기억으로는 약 두 주치 되는 임금이었는데, 300불 정도 되었습니다. 그 돈을 신나게 받아 들고 왔는데, 엄마 아빠가 대뜸 거기서 30불 십일조를 떼자고 합니다. 사실 십일조를 떼는 게 거의 팔 하나가 떨어져 나가는 느낌이잖아요? 그러니까 차마 안 하겠다는 말은 못하겠고 한참을 기막힌 얼굴로 서 있더니, 갑자기 엄마를 확 껴안으며 이렇게 절규합니다. "엄마, 십일조가 너무 비싸!" 얼마나 웃었는지 모릅니다. 그래도 십일조를 하는 거죠. 왜요? 성경적 경제 원리를 믿으니까요.

시편 24편 1절에서 하나님은 선언하셨습니다.

땅과 거기에 충만한 것과 세계와 그 가운데에 사는 자들은 다 여호와의 것이로다 시 24:1

만물이 하나님의 것이라는 사실을 인정합니까? 하나님이 주인이세요. 그리고 거기서 출발하는 헌금 생활은 그분의 주인 되심과 나의 청지기 됨을 믿음으로 고백하는 행위입니다. 그러므로 그 사실을 인정하는 이들에게 있어서 십일조는 특별하지 않습니다. 당연한 거예요. "온갖 좋은 은사와 온전한 선물이 다 위로부터 빛들의 아버지께로부터 내려오나니"(약 1:17)라고 성경은 말합니다. 그러니 그 사실을 믿는 자는 십일조와 헌물을 제대로 할 수 있습니다. 하지만 정말이라고 믿지 않으면 절대로 행할 수 없습니다.

동시에 저는 십일조와 헌금에 대한 우리의 순종이 율법이 되지 않기를 바랍니다. 혹시 오늘 정말로 하나님께 드릴 수 없을 만큼 어려운 형편에 처한 분이 있습니까? 그렇다면 십일조에 대한 부담에서 완전히 자유하십시오. 괜찮습니다. 매달 의식주 같은 생존의 문제로 씨름하는 분들은 십일조를 못해도 됩니다. 대신 간절히 구하십시오. "하나님, 저희 가정도 기쁨으로 헌신할 수 있는 형편이 되도록 인도해 주십시오."

전에 섬기던 공동체에 가난한 유학생 가정이 있었습니다. 교회에서 구제비로 도왔던 가정입니다. 그런데 어느 날 그 집의 감사헌금 봉투에 제목이 하나 올라왔습니다. "하나님, 이번 달에 십일조를 드릴 수 있게 되어서 너무 감사합니다." 한참을 그 감사 제목을 바라보며 앉아 있었던 기억이 있습니다.

우리가 말라기 말씀에서 두 번째로 기억할 것은 "온전한 십일조"라는 단어입니다.

만군의 여호와가 이르노라 너희의 온전한 십일조를 창고에 들여 나의 집에 양식이 있게 하고 그것으로 나를 시험하여 내가

하늘 문을 열고 너희에게 복을 쌓을 곳이 없도록 붓지 아니하나 보라 말 3:10

여기서 "온전한 십일조"란 정직한 십일조를 말합니다. 형편 따라서, 기분 따라서, 짐작 따라서 하는 것을 뜻하지 않습니다. 최선을 다하는 모습을 말합니다. 혹 액수를 계산하기가 복잡한 분도 있을 것입니다. 그럴 때는 하나님 앞에서 인색하지 않도록 마음을 정하는 것이 좋습니다. 그 부분이 정확하지 않을 때 유혹이 옵니다. '이 정도면 되지 않겠나?'라고요. 아니요. 온전한 십일조가 맞고, 정확하지 않을 때는 후한 것이 좋습니다.

또 헌금 생활에 대한 세 번째 원리도 있습니다. 참된 헌금 생활에는 반드시 헌신과 희생이 들어가 있어야 한다는 것입니다. 구약 시대의 제물을 영어로 'Sacrifice'라고 합니다. 직역하면 '희생'이에요. 제물은 곧 희생입니다. 따라서 내 삶의 일부를 떼어 내는 듯한 희생이 없으면, 그것은 바른 제물이 아니라는 점을 기억하겠습니다.

그리고 마지막, 우리가 올려 드리는 십일조와 헌물 속에는 결국 우리의 인생 전체를 하나님께 드리고자 하는 선한 욕심 또한 담겨 있어야 합니다. "제 인생과 소유는 정말로 아버지의 것입니다. 주의 뜻대로 사용하여 주옵소서." 그런 선한 욕심 말입니다. 그때 하나님이 우리를 당신이 약속하신 축복의 자리로 자연스레 이끌어 주실 것입니다.

> 만군의 여호와가 이르노라 너희의 온전한 십일조를 창고에 들여 나의 집에 양식이 있게 하고 그것으로 나를 시험하여 내가 하늘 문을 열고 너희에게 복을 쌓을 곳이 없도록 붓지 아니하나 보라 만군의 여호와가 이르노라 내가 너희를 위하여 메뚜기를 금하여 너희 토지 소산을 먹어 없애지 못하게 하며 너희 밭의 포도나무 열매가 기한 전에 떨어지지 않게 하리니 너희 땅이 아름다워지므로 모든 이방인들이 너희를 복되다 하리라 만군의 여호와의 말이니라 말 3:10-12

하나님의 말씀을 마음에 담고 또 순종하여, 결국 하나님을 바르게 경외하고 인정하는 십일조와 헌물의 주인공이 되어 하나님의 약속이 진짜임을 체험하고 간증하는 성도들이 되기를 바랍니다.

남편이 그렇게 절실히 만난 하나님을

독일 프랑크푸르트의 한마음교회에 1970년생인 김병구 집사님이라는 분의 이야기입니다. 오래전 파독 광부로 독일에서 일하게 된 아버님을 따라 여덟 살 때 독일로 이주하신 분이죠. 여덟 살 이후 그는 광산 지역인 딘스라켄이라는 곳에서 자랐습니다. 하나님의 은혜로, 아버님이 그곳의 순복음교회에서 예수님을 만나셨고, 그 교회를 섬기고 지키고 헌신하면서 때로는 교회의 사찰처럼, 또 때로는 교역자처럼 지내셨답니다.

하지만 아버지의 충성스러운 섬김의 여파로 김병구 소년을 포함한 삼형제는 메이커 신발 한 번 신어 보지도 못하고 늘 가난하게 자라났습니다. 주님과 교회를 깊이 사랑하던 아버지는 늘 선교지에 가서 헌신하는 꿈을 꾸셨고, 결국 약 20년 전 후원 교회도 제대로 없는 평신도 선교사로 헌신하여 러시아의 어느 시골 마을로 떠나셨습니다.

김병구 집사님은 대학을 마르부르크에서 마치고, 프랑크푸르트에서 회계사 시험에 합격하셨습니다. 원래는 세무사 시험을 거쳐서 회계사가 되는 것이 독일의 관례인데 이분은 바로 건너뛰어 회계사가 되셨다는군요. 시험이 많이 어려운데, 서원하고 기도하던 중에 아는 문제만 나왔다고 간증하십니다.

그 순복음교회에서 지금의 아내인 루프트한자 스튜어디스 출신 이선영 집사님을 만나 결혼하고 7년 만에 아들을 얻어요. 결혼할 때, 김 집사님은 아내 될 분에게 이렇게 신앙 고백을 했답니다. 자신은 독일의 한 광산 노동자의 자녀로 자라나, 하나님의 은혜로 여기까지 올 수 있었고, 부모님에게 주일 성수와 십일조 신앙을 배웠는데, 이것은 본인 삶의 기초라고, 따라서 당신도 이를 이해하고 함께해 주었으면 좋겠다고 말입니다.

아내인 이선영 집사님은 당시 온전한 십일조가 뭔지 모르고 있었을 때였는데, 그때 남편이 이런 제안을 했답니다. 처음에는 십일조가 어려운 것이니 자기와 3년 계획을 세우자고요. 첫해에는 20퍼센트의 십일조, 그다음에는 40퍼센트의 십일조, 그리고 80퍼센트, 결국 온전한 십일조로 가자고 말입니다. 결혼하는 아내가 이를 동의해 주었어요.

그러고는 한참을 건너뛰어 근래의 이야기입니다. 사실은 프랑크푸르트 한마음교회가 몇 년 전 참 아름답게 성전 건축을 마쳤는데, 다 알다시피 건축 과정에는 사연이 많잖아요? 그 여정 중 한순간, 새벽 기도 시간에 재정이 모자란다는 이야기를 듣게 되셨대요. 그날 집사님이 목사님 방으로 찾아와서는 자신의 어려웠던 어린 시절과 부모님의 선교지에서의 헌신을 이야기한 후, 하나님이 기뻐하시는 이 일을 위하여 이번에 10만 유로를 드리고 싶다면서 헌금을 가져왔다고 해요. 한화로 1억 6천만 원 정도 되는 헌금이었답니다.

그런데 중요한 것은 헌금의 액수가 아니라, 그 여정 중에 있었던 그분의 행동이에요. 그분은 자신의 헌신과 결단을 아내가 이해해 줄까 싶어, 새벽 기도 후 집에 가서 먼저 옆방으로 들어가 "주님, 아내의 마음도 열어 주세요" 기도한 후, 아내에게 "건축헌금을 드리고 싶다"고 이야기를 꺼냈대요. 한국은 물론이거니와 이민 생활을 하는 보통의 성도에게 있어 10만 유로는 정말 엄청난 액수의 헌금입니다. 그러니 아내도 크게 놀란 거죠. 그러나 남편의 진지한 간증과 그 마음의 소원을 듣고 결국은 동의를 해 주어, 그날 가지고 온 것입니다.

이 이야기가 어떻게 마쳐지는지 아십니까? 이 이야기를 들려주신 목사님이 제게, 그 아내 집사님이 그해 제자훈련을 받으시는데, 어느날 아침 이렇게 고백하시더라 간증해 주었습니다. "남편이 그렇게 절실히 만난 하나님을, 저도 절실히 만나, 절실히 섬기고 싶습니다." 남편의 섬김과 헌신의 여정이 잔잔히 그 아내를 이끌어 주었다는 것입니다. 이야기를 잠잠히 전해 듣는데, 그 여정이 너무 귀해서 왈칵 눈물이 쏟아지는 걸 간신히 참았습니다.

그 간증을 정리하는데, 제 안에도 그런 소원이 선명해지는 걸 느꼈고, 기도했습니다. 하나님이 우리 중의 누군가에게도 그런 뜨거운 마음과 선한 도전과 새로운 결단과 순종의 발걸음을 허락해 주시기를 갈망합니다.

이스라엘을 선대하시는 하나님

자, 지금까지의 말씀이 하나님을 향한 '이스라엘 백성들의 불성실한 태도와 이에 대한 지적'에 관한 것이었다면, 두 번째 우리의 관심은 '그럼에도 불구하고 이스라엘을 선대하시는 하나님의 모습'에 있습니다. 지금까지 그들은 하나님을 선대한 적이 없습니다. 그런데 놀랍습니다. 하나님은 그들을 사랑하시되 끝까지 사랑하십니다. 말라기서에는 하나님의 그 사랑이 세 가지로 표현되고 있습니다.

그럼에도 불구하고의 사랑(말 1:2-3)

첫 번째 하나님의 사랑은 1장을 열자마자 나오는 하나님의

'사랑 고백'에서 발견됩니다.

> 여호와께서 이르시되 내가 너희를 사랑하였노라 하나 너희는 이르기를 주께서 어떻게 우리를 사랑하셨나이까 하는도다
> 말 1:2

벌써 망치로 한 대 얻어맞은 듯합니다. 왜냐하면 "사랑하였노라"라는 히브리어 단어의 시제가 단순한 과거형이 아니라 여전히 계속되고 있는 연속적인 사랑을 표하고 있기 때문입니다. "나는 전에도 너희를 사랑해 왔고, 지금도 사랑하고 있으며, 앞으로도 영원히 사랑할 것이다"라는 뜻입니다. 그들을 향한 하나님의 진지한 사랑 고백이지요.

지금 이스라엘은 신성 모독의 자리에 서 있습니다. 더러움과 탐심, 예배에 대한 권태감, 하나님을 향한 무관심, 그뿐 아니라 도덕적인 타락, 실제 도둑질, 불경 등 모두 이스라엘의 현재 기막힌 모습을 드러내는 단어들입니다. 그런데 보십시오. 하나님은 그들의 모든 부족함에도 불구하고, 아니 그 잘못들을 다 알고 계심에도 불구하고 그들을 사랑하셨습니다. 지금도 사랑하십니다. 그리고 앞으로도 영원히 사랑하실 것입니다. 그 사랑이 나를 향한 하나님의 사랑이라는 사실을 또한 믿습니다.

메시아를 보내 주시는 사랑 (말 3:1-3)

두 번째 하나님의 사랑은 3장에서 재확인됩니다. "공의의 하나님이 어디 있느냐? 하나님이 있다면 어찌 이럴 수 있느냐?" 패역함 속에 불평하고 있는 이스라엘에게 뜻밖에도 하나님 사랑의 약속은 이렇게 주어집니다.

> **만군의 여호와가 이르노라 보라 내가 내 사자를 보내리니 그가 내 앞에서 길을 준비할 것이요 또 너희가 구하는 바 주가 갑자기 그의 성전에 임하시리니 곧 너희가 사모하는 바 언약의 사자가 임하실 것이라** 말 3:1

누구에 대한 말씀일까요? 바로 메시아, 예수 그리스도를 보내 주시겠다는 약속의 말씀입니다. 3장에 이르러 말라기 선지자는 구원자 예수님의 길을 예비하기 위해 미리 보내실 엘리야, 즉 세례 요한과 그 뒤에 오시는 메시아에 대한 예언을 선포합니다. 무엇 때문이죠? 하나님의 사랑 때문입니다. 우리를 너무도 사랑하시기 때문에, 유일한 방법인 구원자 예수님을 보내 주시겠다는 약속의 말씀입니다.

치료하는 광선을 비추시는 사랑 (말 4:2)

세 번째 하나님의 그들을 향한 사랑의 증거가 4장에 나오는 "치료하는 광선", 회복의 은혜에 관한 것입니다.

> 내 이름을 경외하는 너희에게는 공의로운 해가 떠올라서 치료하는 광선을 비추리니 너희가 나가서 외양간에서 나온 송아지 같이 뛰리라 말 4:2

물론 "여호와의 날"은 심판의 날이 맞습니다. 하지만 그날은 동시에 구원의 날, 치유의 날, 회복의 날이 될 것이라는 하나님 약속의 말씀입니다. 과연 그러합니다. 구원자 예수님이 오시면 우리의 마음을 덮고 있던 죄의 세력들이 물러나게 됩니다. 그 결과 중 하나로, 병든 인생과 몸이 치유되기 시작합니다.

요한복음 5장, 베데스다 못가에 누워 있던 병자를 기억하십니까? 지난 38년 동안, 늘 고개를 숙이고 인생의 암울함 속에 살아가고 있던 그에게 한 줄기 빛으로 다가오신 예수님은 친히 치료의 광선이 되사 그를 회복시키신 후 말씀하십니다.

> 보라 네가 나았으니 더 심한 것이 생기지 않게 다시는 죄를 범하지 말라 요 5:14

공의로운 해, 치료하는 광선이 임할 때 우리 가운데 마음이 병든 자, 영혼이 눌린 자, 심한 병에 시달리는 자, 그들 모두에게 하나님의 치유의 기적이 일어나게 될 줄로 믿습니다. 바야흐로 '신유의 은총'입니다. 그래서 결국 그들이 마치 외양간에 갇혀 있던 송아지가 밖으로 나와 뛰는 것처럼, 마귀의 구속에서 놓임을 받는 기쁨, 육신의 질병에서 해방된 이의 기쁨을 맛보며 자유케 된다는 말씀이에요. 할렐루야! 이것이 '여호와 라파' 하나님의 우리를 향한 사랑의 세 번째 증표입니다.

혹시 이런저런 건강의 문제로 묶여 있는 분 있습니까? 해결되지 않는 죄의 문제로 눌려 있는 분은 없나요? 또 아무에게도 말하지 못할 고민으로 인해 버거워하는 분은 어떻습니까? 어떤 형편에 있다가 하나님 앞에 나왔든지, 말라기 선지자를 통해 주시는 하나님 사랑의 약속이 치유와 회복의 말씀이 되어 삶의 구체적인 장들마다, 이 회복의 은혜가 임하게 되기를 간절히 소원합니다.

하나님을 향한 열정과 예배를 회복하라

말라기 선지자는 오늘 식어진 가슴으로 예수님을 믿으며 가고 있는 이들에게 도전하되, 바른 열정, 특별히 그들의 바른 예배가 회복되기를 기대합니다. 물론 이 장의 본문은 십일조와 헌물에 대해 강조하고 있지만, 중요한 것은 '온전한 십일조' 그 자체가 아니라, 그것으로 인해 회복되는 '온전한 신앙'입니다. 바른 신앙, 특별히 바른 예배가 회복될 때, 말라기서에 나오는 모든 축복이 우리를 향한 축복이 될 줄로 믿습니다. 그 놀라운 은혜의 증인들이 되어 주시길 주의 이름으로 권합니다. 아멘.

에필로그

친숙하지 않았던 열두 소선지서를 한꺼번에 이야기하는 경험은 우리에게 여러 유익을 가져다줍니다.

첫째, 소선지서를 통해 우리는 우리가 처한 '형편과 처지'를 정확히 알게 됩니다. 현재 우리의 모습, 우리의 위치, 하나님을 향한 마음, 우리가 가진 우선순위 등이 소선지서의 말씀들을 통해 정확히 드러나고 또 진단됩니다. 결국 그들의 이야기는 우리의 이야기이지요. 하여 그 누구도 당시의 이스라엘을 향해 "부족하다", "한심하다"고 쉽게 평가하거나 조롱할 수 없습니다. 그들을 통해 오늘 우리 스스로의 모습을 보게 되기 때문입니다.

둘째, 우리는 소선지서의 말씀을 통해, 우리를 향해 가지고 계신 하나님의 '기대와 바람'도 알게 됩니다. 뜻밖에도 하나님의 기대는, 그리고 그분 기대의 수준은 우리의 예상을 훨씬 웃도는 것이었습니다. 당신을 향한 사랑, 예배, 사회윤리, 자의식, 삶의 모습, 열매, 그리고 십일조와 봉헌물 등은 결코 작거나 낮은 수준의 것이 아닙니다. 그런데도 그분은 절대 그 기대치를 낮추지 않으십니다. 대신 도전하시죠. "이것이 내가 기대하는 수준이다. 거기에 진정 순종하려느냐?" 부담스럽습니다. 하지만 그것들은 동시에 선한 욕심과 도전을 불러일으켜 우리를 향한 새 부르심이 됩니다.

셋째, 소선지서의 말씀을 읽을 때 우리가 알게 되는 하나님의

'진노와 심판'도 있습니다. 메뚜기 떼, 기근, 한재, 이웃 나라의 침략, 목마름, 마른땅 등 예외 없이 모든 선지서는 하나님의 진노와 심판이 실재라고 증거합니다. 따라서 실제 진노와 심판을 가져오시는 하나님을 기억하고, 그분 앞에서 바르게 살아가야 한다는 것이 우리가 붙들게 되는 또 하나의 영적 교훈이에요.

그러나 넷째, 만일 우리가 하나님의 말씀을 듣고 회개하고 돌이킨다면, 그분은 언제나 우리를 용서하시고, 회복시키시고, 다시 축복하신다는 사실도 기억해야 합니다. 모든 선지서는 우리에게 '여전한 하나님의 사랑과 은혜'를 이야기합니다. 그것들 또한 분명한 실재라는 거예요.

그 외에도 소선지서에서 우리가 놓치지 말아야 할 주제는 열방을 향한 하나님의 관심, 즉 '선교'에 관한 말씀들입니다. 하나님의 마음에는 언제나 다른 민족들, 열방까지가 포함되어 있습니다. 또 여러 곳에 등장하는 '거짓 선지자 논쟁'도 흥미롭습니다. 특히 그 주제는, 설교자와 회중들 모두에게 자리하고 있는 영적 책임감을 일깨워 주고 있어요.

원고를 마무리하면서 잠잠히 그때 그곳으로 가 봅니다. 정치·종교 지도자들의 타락, 더 많은 소유와 명예와 권력과 인기를 찾아 표류하는 백성들, 끊임없이 다가오는 전쟁의 위협들, 연속하여 등장하는 거짓 선지자들과 미혹의 메시지 등등을 말입니다.

그리고 보니, 그렇게나 오랜 세월이 흘렀는데 세상은 하나도 변하지 않았네요. 주위를 둘러보십시오. 전쟁은 계속되고, 재해는 끝이 없으며, 난민들은 절규하고, 힘없는 이들은 신음하고 있습니다. 여전히 폭정과 위협과 불균형과 불의가 판을 치고 있어요. 그 결과 많은 이들이 소망을 잃은 채로 살아갑니다. 솔직히 교회는 좀 더 나은가요? 꼭 그렇지만도 않은 것 같습니다. 많은 교회들과 교계의 지도자들이 말라기 시대의 제사장들처럼 하나님의 이름에 먹칠을 하고, 성도들로 하여금 그분과 멀어지도록 하고 있어요. 똑같습니다.

바로 그러하기에 선지자들은 오늘도 여전히 현재형의 외침으로 우리에게 다가옵니다. 과거로부터 지혜를 얻으라는 것입니다. 언제는 안 그랬냐는 것입니다. 궁극적인 우리의 소망은 오직 하나님 한 분뿐이시라는 것입니다. 다른 데서 해법을 찾지 말라 하세요. "오라 우리가 여호와께로 돌아가자 여호와께서 우리를 찢으셨으나 도로 낫게 하실 것이요 우리를 치셨으나 싸매어 주실 것임이라"(호 6:1).

결국 하나님은 우리를 '남은 자'의 자리로 초대하십니다. "밤나무와 상수리나무가 베임을 당하여도 그 그루터기는 남아 있는 것 같이 거룩한 씨가 이 땅의 그루터기니라 하시더라"(사 6:13). 다 사라진 것 같죠. 세상에는 소망이 보이지 않고, 많은 교회들이 주님의 이름에 먹칠을 해 대며, 하나님의 종이라 자타가 공인하던 이들이 넘어지고, 전심으로 하나님을 두려워하는 이들이 보이지 않는 듯합니다. 하지만 이야기는 아직 끝나지 않았습니다. 하나님이 오늘도 당신의 남은 자들을 이곳저곳에 숨겨 놓으셨거든요. 아니 선지자들의 메시지는 오늘의 우리를 그 남은 자의 자리로 초대합니다.

인생이 힘듭니까? 방향 감각을 잃었습니까? 진정한 소망을 찾지 못해 안타까우세요? '이게 정말 되는 싸움이야?' 의심하고 있습니까? 그때 소선지서의 말씀들로 돌아가십시오. 그곳에서 우리는 우리의 모습을 더 잘 보게 될 것입니다. 그곳에서 우리는 하나님이 우리에게 원하시는 것이 무엇인지를 알게 될 것입니다. 그곳에서 우리는 그분의 진노와 심판을 통해 어떻게 살아야 할지를 배우게 될 것이고, 그곳에서 우리는 사랑으로 우리를 추적하며 남은 자의 자리로 초대하시는 그분의 음성을 듣게 될 것입니다.

이제 그곳에서 인생의 좌표를 재확인하고, 선명하게 주어지는 결승점을 향해 다시 출발의 발걸음을 떼십시오. 그 놀라운 은혜의 수혜자들과 간증자들이 되기를 간절히 기도합니다.